A EPIDEMIA DO BURNOUT

A EPIDEMIA DO BURNOUT

O Aumento do estresse crônico e o que fazer para cuidar dele

JENNIFER MOSS

ALTA BOOKS
GRUPO EDITORIAL
Rio de Janeiro | 2024

A Epidemia do Burnout

ISBN: 978-85-508-2232-7

Impresso no Brasil – 1ª Edição, 2024 – Edição revisada conforme o Acordo Ortográfico da Língua Portuguesa de 2009.

Dados Internacionais de Catalogação na Publicação (CIP) de acordo com ISBD

M913e Moss, Jennifer

A Epidemia do Burnout: O Aumento do Estresse Crônico e o que Fazer para Cuidar Dele / Jennifer Moss ; traduzido por Isabella Veras. - Rio de Janeiro : Alta Books, 2024.
288 p. ; 15,7cm x 23cm.

Tradução de: The Burnout Epidemic
Inclui bibliografia e índice.
ISBN: 978-85-508-2232-7

1. Medicina. 2. Saúde. 3. Burnout. 4. Estresse Crônico. I. Veras, Isabella. II. Título.

2024-3 CDD 610
CDU 61

Elaborado por Vagner Rodolfo da Silva - CRB-8/9410

Índice para catálogo sistemático:
1. Medicina : Saúde 610
2. Medicina : Saúde 61

Grupo Editorial Alta Books

Produção Editorial: Grupo Editorial Alta Books
Diretor Editorial: Anderson Vieira
Editor da Obra: José Ruggeri
Vendas Governamentais: Cristiane Mutüs
Gerência Comercial: Claudio Lima
Gerência Marketing: Andréa Guatiello
Assistente Editorial: Patricia Silvestre
Tradução: Isabella Veras
Copidesque: Rafael Fontes
Revisão: Bernardo Kallina; Hellen Suzuki
Diagramação: Maria Cristina Pacheco

ALTA BOOKS
GRUPO EDITORIAL

Rua Viúva Cláudio, 291 – Bairro Industrial do Jacaré
CEP: 20.970-031 – Rio de Janeiro (RJ)
Tels.: (21) 3278-8069 / 3278-8419
www.altabooks.com.br – altabooks@altabooks.com.br
Ouvidoria: ouvidoria@altabooks.com.br

Editora **afiliada à:**
abdr ASSOCIAÇÃO BRASILEIRA DE DIREITOS REPROGRÁFICOS
ASSOCIADO CBL Câmara Brasileira do Livro

Para minha pequena ilha e meu mundo inteiro,

Jim, Wyatt, Olivia e Lyla

SUMÁRIO

Introdução: A Epidemia do Burnout 11

PARTE UM

Insights 25

1 As Seis Causas do Burnout 27

2 Os Mais Vulneráveis de Nós 83

PARTE DOIS

Estratégias 127

3 A Intenção Era Boa, Mas Acabou Mal 129

4 Como Medir o Burnout 163

PARTE TRÊS

Liderança 187

5 Liderando com Curiosidade 189

6 Como se Tornar um Líder Empático 211

7 Não Se Esqueça de se Cuidar Também 239

Agradecimentos 263

Sobre a Autora 267

Notas 269

Índice 283

A EPIDEMIA DO BURNOUT

INTRODUÇÃO

A EPIDEMIA DO BURNOUT

VAMOS TENTAR FAZER RAPIDINHO UM TESTE DE RORSCHACH REVERSO. Eu escrevo uma palavra, e você pensa em uma imagem.

Burnout.

Ao ver essa palavra, você idealiza uma daquelas imagens genéricas cinza de um cara apoiando a cabeça na mão enquanto encara melancólico a tela apagada do monitor – com pilhas de papel de cada lado da mesa?

Quem sabe você imagine um palito de fósforo cuja chama acabou de se apagar – a fumaça serpenteando até se dissipar.

Você visualiza uma mãe atormentada carregando três sacolas de mercado abarrotadas enquanto várias crianças irrompem da van – cada uma com um uniforme diferente?

Ou talvez, para você, o burnout tenha outro sentido e pareça um personagem à la Seth Rogan que, empacado no sofá às 14h, acende um bong e espera sua próxima aventura absurda.

Presumo que tenha deixado algumas imagens de fora.

Infelizmente, por mais de um milênio, transformamos o conceito de burnout em memes tragicamente tendenciosos. E ao menosprezarmos essa grave doença como se fosse uma imagem genérica, perderemos quase US$1 trilhão anual em produtividade globalmente, teremos US$190 bilhões em despesas de saúde e, só nos Estados Unidos, 120 mil pessoas morrerão.

Quando o Japão foi forçado a criar uma central de atendimento contra *Karoshi* (que pode ser traduzido como "morte por excesso de trabalho") para ajudar a estancar o aumento de suicídios por excesso de trabalho no país, isso não deveria nos convencer do tamanho da urgência? E quando as taxas de suicídio de médicas estadunidenses são 130% maiores do que a média nacional, não deveríamos reconhecer a situação como uma crise?

E quanto à pandemia, que piorou exponencialmente um problema já existente? Eu estudo o burnout e trabalho junto a organizações para combatê-lo há muitos anos, mas nada contribuiu mais para o meu entendimento desse tópico do que experienciar o ano de 2020. Já fazia algum tempo que eu vinha avisando: "O burnout está piorando. As pessoas estão adoecendo!" Então, de repente, todos fomos lançados em um território desconhecido: até abril, 2,6 bilhões de pessoas entraram em lockdown, e 81% dos locais de trabalho no mundo foram total ou parcialmente fechados[1]. Uma porcentagem enorme de trabalhadores do conhecimento começou a atuar de casa – muitos colaborando pelo Zoom, cujos usuários ativos dispararam de 10 milhões para 200 milhões[2]. Essa mudança súbita fez o que quase nenhuma outra coisa conseguiu antes: expor como estávamos todos no limite e desgastados – e já há algum tempo. E piorou muito, muito mesmo, o nosso burnout.

Mesmo sabendo que não sou a única que considera essa questão uma ameaça gigantesca e emergente para a nossa saúde mental, o pequeno grupo dos que compartilham dessa opinião, apesar de poderoso, não é suficiente.

Precisamos avançar nisso. Ignorar esse problema pervasivo, que vem se agravando rapidamente, não só implica muitos custos financeiros, mas também custos humanos que são simplesmente inaceitáveis. Em vez disso, precisamos criar condições em nossos ambientes profissionais que levem a uma força de trabalho saudável, feliz e produtiva – que floresça, e não apenas sobreviva.

Apesar de o combate ao burnout parecer uma tarefa arrebatadora e hercúlea, ela pode ser mais fácil do que você pensa – contanto que tenhamos as ferramentas certas. E, quer estejamos preparados ou não, não podemos ignorar sua urgência; estamos em uma epidemia de burnout.

Acho que chegou a hora – conforme testemunhamos essa doença tomando locais de trabalho ao redor do globo – de repensá-la.

Repensando o Burnout

Apesar de o conceito de burnout ocupacional ter se originado na década de 1970, a comunidade médica vem discutindo sua definição há muito tempo. Em 2019, a Organização Mundial da Saúde (OMS) finalmente o incluiu na Classificação Internacional de Doenças (CID-10), descrevendo-o como "uma síndrome resultante de um estresse crônico que não foi gerenciado adequadamente no local de trabalho"[3]. Ela é caracterizada por três dimensões:

» Sensação de esgotamento de energia e exaustão.
» Aumento do distanciamento mental, sentimentos negativos ou cinismo em relação ao trabalho.
» Produtividade profissional reduzida.

A definição da OMS é importante porque reconhece que o burnout é mais do que um problema que acomete os funcionários; é uma questão *organizacional* que requer uma solução em nível *organizacional*.

Na minha experiência, os bons líderes sabem que o burnout é um problema, e as empresas fazem o melhor para oferecer serviços e benefícios para ajudar os funcionários a diminuir seus níveis de estresse e melhorar seu bem-estar. Mas vamos falar a verdade: essas tentativas, apesar de bem-intencionadas, não estão funcionando. O autocuidado tem sido a estratégia de prevenção *du jour* há décadas, mas ainda assim o burnout vem crescendo. Por quê?

Porque estamos ignorando os fatores sistêmicos e institucionais que são as verdadeiras causas da questão.

Se quisermos abordar o problema do burnout, o primeiro passo é repetir e internalizar este mantra: ele está na sua organização, não nos funcionários. Yoga, férias, tecnologias de bem-estar e aplicativos de meditação podem até ajudá-los a se sentirem melhores e mais saudáveis. Mas, quando se trata de prevenção, é perigoso sugerir que essas ferramentas são a *cura*. O que isso quer dizer? Para começar, que já não podemos sugerir estratégias de bem-estar que colocam sob responsabilidade individual a prevenção e o controle do burnout. Em vez disso, precisamos examinar nossa liderança e o papel das nossas organizações nisso.

De acordo com Christina Maslach e seus coautores Susan Jackson e Michael Leiter, os maiores especialistas sobre o assunto, existem seis principais causas para esse problema. Apesar de parecidas, aqui está a lista na qual a maioria das pesquisas acadêmicas se baseia[4]:

1. Carga de trabalho.
2. Percepção da falta de controle.
3. Falta de compensação ou reconhecimento.
4. Relacionamentos ruins.
5. Falta de justiça.
6. Incompatibilidade de valores.

A lista claramente demonstra que as principais causas do burnout, na verdade, não são de responsabilidade individual e podem ser evitadas se a liderança adotar estratégias de prevenção a longo prazo.

Quando conversei com Maslach, ela me pediu para imaginar canários em uma mina de carvão. São pássaros saudáveis e estão cantando ao entrar na mina. Mas, se conseguirem sair, expostos ao monóxido de carbono e já sem cantar, você imagina alguém lhes perguntando por que adoeceram? Não, porque a resposta seria óbvia: a responsável é a própria *mina de carvão*.

Essa imagem me marcou. Apesar de o desenvolvimento de habilidades de inteligência emocional – como otimismo, gratidão e esperança – poder fornecer às pessoas o combustível necessário para seu sucesso, se um funcionário está enfrentando um burnout, precisamos parar e nos questionar o porquê disso. Nunca devemos sugerir que, se tivessem mais determinação ou fizessem mais uma aula de yoga ou começassem um curso de *mindfullness*, teriam evitado o burnout. Faz tempo que proponho mais empatia e otimismo em cargos de liderança. Acredito que praticar a habilidade da gratidão ajuda a tornar a experiência de trabalho e de vida mais feliz e produtiva. Apoio a ideia de construir resiliência para lidar melhor com o estresse quando ele surgir. Mas essas ferramentas não são a cura nem a vacina.

Imaginemos que uma boa cultura de trabalho é como uma receita bem-feita. É preciso ter os ingredientes (as pessoas) e o direcionamento (políticas) certos e alguém que consiga usá-los para criar o resultado correto (liderança). Esse também é um modelo para outros seguirem, de modo que possamos continuar a colher os frutos do nosso trabalho.

Quando a cultura é ruim, isso resulta da combinação inadequada dos ingredientes. Uso essa analogia para deixar claro que, quando se trata do burnout, a cultura de trabalho tem um papel enorme. É por isso que ele se tornou epidêmico e que precisamos repensar como preveni-lo.

Sim, precisamos ajudar nossos funcionários a desenvolver as habilidades que contribuem para sua saúde mental e felicidade. Mas combater o burnout é outra história. Apesar de, no final das contas, os funcionários serem responsáveis pela própria felicidade, é responsabilidade nossa prover condições que a favoreçam, e não a depreciem. O burnout acontece quando essas condições não são atendidas.

Claramente, ele não está restrito a uma única área. Milhões de funcionários em milhares de indústrias e setores ao redor do mundo também são acometidos por burnouts extremos. Ouvi muitas histórias ao longo dos anos. Elas nunca deixam de me surpreender, me enfurecer e partir meu coração. Eu diria que o aprendizado mais interessante, e meu motivo para querer escrever este livro, foi a consistência da história de origem do burnout. Ela quase sempre remonta a causas evitáveis. E, apesar de quase todo livro que aborda esse problema sugerir que a cura está no autocuidado, a maioria das pessoas se surpreende ao descobrir que, na verdade, isso não resolve a questão.

Para produzir resultados melhores, precisamos identificar melhor os impactos a longo prazo que levam à felicidade e, ao mesmo tempo, prejudicam o bem-estar.

Como o Burnout acontece

Dados da Gallup afirmam que apenas 15% da força de trabalho mundial está engajada profissionalmente. Nos Estados Unidos, isso representa aproximadamente 30%, uma melhora marcante nas estatísticas, ainda que continuem deprimentes, visto que trabalhamos tanto[5]. Na verdade, trabalhamos 90 mil horas, ou 50% do tempo que passamos acordados, de acordo com alguns que se deram o trabalho de fazer as contas[6].

Trabalhar, quando nos sentimos bem e estamos engajados e energizados, pode nos trazer uma alegria significativa. Faz parte do que aumenta a satisfação que sentimos ao dar sentido e uma sensação de realização às nossas vidas. No entanto, com tanta gente afirmando estar desengajada e infeliz com os empregos, o trabalho começou a ganhar uma reputação reducionista, o que ajudou, e muito, os *sitcoms* e humoristas da televisão.

Se você fosse um alienígena assistindo ao programa *The Office*, não teria certeza se era uma tragédia ou uma comédia. Ao menos aprenderia com o mais sábio dos homens, Michael Scott, que: "Ninguém devia ir para o trabalho pensando: 'Oh, é aqui que eu posso morrer hoje.' Para isso, tem o hospital... [o] escritório é o lugar onde os sonhos se realizam."[7] Pelo menos o trabalho tem isso a seu favor, não é?

Os clichês do local de trabalho não vão sumir, porque, como tais, eles tendem a espelhar a vida real – as reuniões que se estendem consistentemente, por exemplo. Esse roubo de tempo é tão frustrante quanto uma pessoa que furta seu almoço da geladeira comunitária apesar da etiqueta com o seu nome. Ele aparece em xerox quebradas, no computador que trava e nas elipses das telas de carregamento. Nós o encontramos nas notas passivo-agressivas em cima da pia e na louça desleixada que ficou na cozinha do escritório – que foi o que motivou a pessoa a escrever a mensagem passivo-agressiva em primeiro lugar.

Essas são pedrinhas nos nossos sapatos. Se o trabalho ainda for satisfatório e nós nos sentirmos valorizados e engajados em nossas atividades, essas irritações são suportáveis. Acreditamos que serão remediadas, e em boas culturas de trabalho, realmente o são. Se nossas organizações enfatizarem consistentemente uma abordagem de liderança centrada nas pessoas, deixamos esses pequenos problemas de lado e não lhes prestamos nada além de um revirar de olhos.

Mas se nossos sistemas estão falindo, e nos sentimos sobrecarregados, desvalorizados, vítimas de microgerenciamento e perdemos a fé na liderança, essas pedrinhas se tornam pedregulhos que não podem ser ignorados.

O burnout tende a começar com exaustão, mas logo traz vergonha ou dúvida, ou ambas, sobre nossas competências. Nossa autoeficácia piora; começamos a nos sentir cínicos e, depois, impotentes. E são muitas as histórias de burnout. A maioria delas surge do simples desgaste resultante do estresse crônico.

O psicólogo organizacional, coach executivo e treinador Eyal Ronen percebeu que estava sofrendo de burnout apenas no dia em que notou que a empresa em cujo departamento de vendas trabalhava mudara o descanso de tela do seu notebook. O descanso de tela alternava fotos de férias que os funcionários poderiam "ganhar" se conseguissem alcançar certas metas de venda. Isso não é nada atípico para equipes focadas em vendas, mas, para Ronen, era uma divergência de valores: "Eu sentia que eles estavam tentando me motivar feito um macaco, de um jeito muito primitivo. Adorava a empresa e os produtos que vendiam, mas não é assim que me sinto motivado. Eu queria me sentir conectado a um propósito."

Ronen compartilhou que já fazia um tempo que vinha vendo os sinais, as longas horas de trabalho e o desalinhamento entre seus valores e os objetivos da empresa; tudo isso já estava em curso quando ele chegou e percebeu aquele descanso de tela. Aquilo foi só o empurrãozinho de que precisava para sair da companhia.

É assim que o burnout acontece. Vemos exemplos parecidos de pedrinhas que se tornam pedregulhos em milhares de casos nas nossas forças de trabalho. Talvez sejam os meses de discussões perpétuas com colegas de trabalho, ou alguém que foi enfiado em uma nova função para a qual recebeu pouco ou nenhum treinamento e na qual está lutando para se manter. Ele surge nas coisas aparentemente inócuas e chatas, mas é a gota d'água que mais nos afeta.

Marie Åsberg, psiquiatra e professora do Karolinska Institute em Estocolmo, chama essa sensação de "dar de cara com a parede". É quando conferem um fardo adicional ao funcionário, e ele sofre um colapso mental. Ela descreveu essa incapacidade de assumir qualquer outra responsabilidade como "viver sem margem". Por estarmos tão tensos e por termos sofrido com estresse crônico por tanto tempo, não temos margem nenhuma para erros. Infelizmente, não é assim que a vida funciona. Sempre há algum fator de estresse no caminho, então não seria realista esperar que nossos limites não sejam testados.

Para Ronen, o descanso de tela foi a gota d'água, simbolizando um relacionamento transacional entre ele e seu trabalho. Ronen queria um propósito e se sentir valorizado; em vez disso, se sentia desconectado e desengajado. Ele deu de cara com a parede.

Em nossa entrevista, Åsberg compartilhou que, na Suécia, o burnout é definido de outro jeito. No CID-10, ele contém uma categoria médica que está no mesmo grupo que o transtorno de adaptação e o transtorno pós-traumático, outras condições causadas pelo estresse excessivo que continuam após a remoção dos fatores de estresse. Suecos que sofreram burnout severo são tratados como portadores dessa condição.

Segundo ela, essas condições começam no trabalho e, depois, transbordam para todas as áreas da vida. É um transtorno de exaustão crônica induzido pelo estresse. Åsberg desenvolveu o conceito de um "funil de exaustão" para ilustrar como o trabalho pode tomar nossas vidas e como nosso espaço para outros interesses desaparece, levando-nos à exaustão total.

De acordo com a pesquisadora, a maioria das pessoas leva meses para se recuperar. Alguns, disse, podem levar mais de dois anos e ainda sentir os efeitos permanentes do trauma por anos a fio. Ela colocou da seguitne forma: "Na minha experiência, o tempo é a única ferramenta funcional para a recuperação do transtorno de exaustão severo. Por isso que é tão crítico que previnamos que algo tão catastrófico aconteça em primeiro lugar."

Ronen saiu da empresa e da indústria. Depois de se recuperar, ele iniciou uma *startup*, que agora é uma multinacional bem-sucedida. A organização que ele deixou perdeu seu talento, mas a nova empresa que ele lidera saiu ganhando. Essa boa notícia traz esperança. Apesar do trauma do burnout, muitos conseguem recuperar o que perderam; para isso, no entanto, pode ser necessário deixar para trás coisas que eram importantes.

Mesmo tendo sofrido desse problema, Ronen conseguiu reestruturar seu tempo na empresa de maneira saudável. Ele disse que os benefícios não foram suficientes para conter seu burnout. Isso foi uma descoberta significativa para mim nos últimos anos e influencia enormemente minha pesquisa e escrita. Ronen disse que considerava aquela uma "boa empresa" para se trabalhar, mas, na mesma conversa, ele destacou como a liderança estava fora de sintonia quando se tratava de prevenir o burnout.

Bem-estar em Crise

Comecei a escrever este livro no início de 2020. Por vários anos, como jornalista e consultora ajudando líderes a combater o estresse crônico, testemunhei os efeitos perniciosos do burnout, mas a pandemia elevou esse problema a níveis epidêmicos. Fomos além no quesito burnout.

No final de 2020 e início de 2021, juntei-me a Leiter, Maslach e David Whiteside, diretor de insights e pesquisa da YMCA *WorkWell*, para compreender melhor o impacto da pandemia no bem-estar e no burnout. Nossa pesquisa combinou diversas escalas comprovadas, inclusive o Inventário de Burnout de Maslach, (MBI-GS) um teste psicológico para medir o burnout ocupacional, e a Areas of Worklife Survey [Pesquisa de Áreas de Trabalho, em tradução livre], que mede a percepção dos funcionários em relação às qualidades do ambiente de trabalho que afetam sua experiência de engajamento ou burnout.

Com apoio da *Harvard Business Review*, coletamos feedback de mais de 1.500 participantes de 46 países em diversos setores, funções e níveis hierárquicos no outono de 2020. Destes, 67% trabalhavam em posições acima do nível de supervisão.

Em resumo, o que descobrimos? O burnout é um problema global. Aqui estão algumas estatísticas:

» 89% dos participantes afirmaram que sua vida profissional estava piorando.

» 85% relataram que seu bem-estar havia diminuído.

» 56% disseram que suas demandas de trabalho haviam aumentado.

» 62% daqueles que estavam com dificuldade para lidar com a carga de trabalho experimentaram burnout "frequentemente" ou "muito frequentemente" nos últimos três meses.

» 57% dos funcionários sentiam que a pandemia teve um "grande impacto" ou "dominou completamente" seu trabalho.

» 55% de todos os participantes não sentiam que estavam conseguindo equilibrar a vida doméstica e profissional – 53% citaram o ensino remoto como motivo.

» 25% se sentiam incapazes de manter uma conexão forte com a família, 39% com os colegas e 50%, com os amigos.

» Apenas 21% avaliaram seu bem-estar como "bom" e apenas 2% o avaliaram como "excelente".

As 1.500 pessoas em nossa pesquisa não só se encaixaram melhor no perfil de burnout do que os quase 50 mil participantes que haviam feito o teste MBI-GS antes da pandemia, mas também obtiveram pontuações muito altas nos quesitos exaustão e cinismo – dois fatores que predizem o burnout, de acordo com o Inventário de Burnout de Maslach.

"Os resultados deste teste deixam claro que muitas pessoas estão enfrentando sérios problemas na relação com o trabalho", comentou Leiter. "Não surpreende que as pessoas estejam mais exaustas – estão se esforçando muito para manter o trabalho e vida pessoal viáveis. Mas o aumento do cinismo é ainda mais problemático. Ele reflete uma falta de confiança no mundo. Muitos ficaram desapontados com a falta de planejamento do governo para a pandemia, bem como com as injustiças no trabalho e no bem-estar que a Covid-19 realçou."

De acordo com nossas descobertas, os *millennials* apresentam os níveis mais altos de burnout. Isso se deve em grande parte a uma menor autonomia no trabalho, menor senioridade e maiores estressores financeiros e sentimentos de solidão. O último fator foi o que mais contribuiu para o problema, de acordo com nossa pesquisa. Como disse um *millennial*: "A pandemia teve um impacto tremendo no meu bem-estar – enfrentei problemas de saúde mental e, com isso, acabei me deparando com grandes obstáculos. Minha saúde física mudou, porque não consigo me exercitar como antes. E também fui afetado financeiramente. Sinto que minha carreira regrediu mais uma vez."

Enquanto nossa equipe lia as 3.300 respostas qualitativas, sentimos um aperto no coração. As histórias de estresse e ansiedade eram tantas que se infiltravam à primeira oportunidade em qualquer brecha disponível e subiam pelas paredes psicológicas daquelas pessoas. Eu sentia o medo delas até o âmago. Pior ainda, sua deterioração na saúde mental não estava sendo abordada. Muitos dos participantes não se sentiam à vontade para discutir essa questão em seu local de trabalho e, como resultado, 67% desse grupo estavam em risco de burnout.

Os dados mostram que a pandemia teve grande impacto nos trabalhadores. Todavia, durante esse período, os empregadores ainda pediam que seus funcionários participassem de atividades de bem-estar que, para muitos, pareciam "só mais trabalho".

A executiva de uma empresa global de contabilidade compartilhou comigo que sua empresa recentemente havia disponibilizado acesso geral a um aplicativo de meditação. Mesmo depois de uma série de e-mails corporativos lembrando-a de todas as funcionalidades e benefícios que o aplicativo poderia oferecer, ela ainda não conseguia encontrar tempo para usá-lo. A executiva disse que, se consegue algum tempo livre, ela o usa para comer uma barra de granola e ir ao banheiro. Rindo, ela comentou: "É tão irônico. Não eram eles que deveriam tornar o ambiente de trabalho menos estressante para que eu não precise de um aplicativo para me acalmar? Parece um pouco sem noção."

No entanto, há boas notícias: algumas pessoas com quem conversei expressaram gratidão pelo interesse dos empregadores em ajudá-las a reduzir o estresse. Apesar da infinidade de ofertas de bem-estar, esse "o que vale é a intenção" me lembrou de por que algumas empresas administram bem esses momentos de crise e outras não.

Com nossa pesquisa, descobri que um grande fator que prevê o bem-estar no trabalho durante períodos de estresse é a confiança e a comunicação. Se você confia que seu empregador está dando o melhor apesar das circunstâncias, isso concede muita liberdade. E daí se seu chefe pediu para você fazer yoga pelo Zoom e você odiou? Pelo menos ele tentou. Quem liga se os desfiles de pets e o "happy hour da família" não funcionaram? A empresa estava só testando para ver o que acontecia.

Descobri que essa confiança poderia ter sido construída bem antes do início da crise. Mas ela só pode ser desenvolvida se houver uma comunicação frequente e humilde. Algumas empresas valorizavam menos o que sabiam e mais a habilidade dos líderes, como equipe, de tentar resolver o problema. E definiam o sucesso a partir do trabalho em equipe de todos.

Em se tratando de algo tão novo como uma pandemia, a humildade e a empatia da liderança ajudam bastante, e é por isso que é tão importante desenvolver essas competências com antecedência.

Para uma Liderança Empática

Nas minhas conversas com os líderes, eu os encorajo a repensar a definição de liderança empática, especialmente quando se trata de prevenir o burnout. Tendemos a associar a empatia à Regra de Ouro "Não faça com os outros o que não gostaria que fizessem com você". Mas acho que isso não vai longe o suficiente. Se você realmente quiser demonstrar empatia, é preciso que "não faça com os outros o que eles não gostariam que lhes fosse feito". Isso requer que você se coloque no lugar do outro, avaliando e afastando seu próprio viés e privilégio, e também ouvindo ativamente as pessoas antes de agir.

Não podemos nos esquecer de cuidar de nós mesmos. Precisamos reconhecer que nosso trabalho pode ser uma parte essencial e saudável de nossas vidas, especialmente quando ele nos completa e anima. Pesquisas feitas pela Mayo Clinic sugerem que médicos com uma abordagem mais integrada ao trabalho e à vida são menos propensos ao burnout[8].

Ainda assim, aqueles que buscam um propósito – e líderes como você – não estão imunes a esse problema. Na verdade, podem estar em risco. Mais tarde, nos aprofundaremos nisso, destacando como o ditado "Trabalhe com o que você ama e nunca mais precisará trabalhar na vida" é uma ideia agradável, mas também um completo mito.

Uma curiosidade: em 1599, William Shakespeare escreveu o sétimo poema de *O Peregrino Apaixonado*. Foi aqui que a expressão *burn'd out* apareceu pela primeira vez. Ela contextualizava a paixão como um processo de exaustão de energia em relação ao amor[9]. Nem preciso dizer que muitas pessoas amam o que fazem. Muitas sofrem de burnout. Podemos nos deixar motivar por um trabalho cheio de propósito, mas para pessoas como eu, que são motivadas por uma missão, é difícil seguir esse conselho. E, para falar a verdade, meu próprio burnout me transformou de especialista em vítima.

Podemos ter todo o conhecimento e todas as ferramentas do mundo, mas ainda temos pontos cegos. Todavia, é possível prevenir tudo isso com soluções simples. Dessa forma, não precisamos dar de cara com a parede para implementar essas mudanças em nossas vidas, ou esperar que nossos funcionários deem de cara com a parede antes que possamos reagir. Somos responsáveis pelos outros e por nós mesmos em todos os níveis.

...

UMA ÚLTIMA OBSERVAÇÃO: este não é apenas um livro de liderança no qual fornecerei dicas para prevenir o burnout na sua organização. Este livro também trata de repensar esse problema completamente. Nossos níveis de burnout em toda a indústria global são épicos, e você poderia muito bem ser um dos que sofreram com isso. Você provavelmente está agindo como eu agi, incentivando os outros a tirarem folga e garantindo que estejam bem, mas não cuidando nem um pouco de si mesmo.

Não pode ser assim. Precisamos entender o que o burnout é de verdade e o que realmente significa viver em um mundo no qual uma epidemia desse problema está ocorrendo ao nosso redor. Então, precisamos nos reeducar sobre o papel que desempenhamos para impedir essa propagação.

No decorrer deste livro, vou lhe pedir para questionar tudo o que sabe sobre o assunto e, em seguida, construir novas habilidades para enfrentá-lo. Com histórias reais que nos mostram o melhor e o pior dos ambientes de trabalho, casos fascinantes, pesquisas e *insights* preciosos, podemos desenvolver uma abordagem compartilhada para resolver um problema completamente solucionável.

PARTE UM

INSIGHTS

1

AS SEIS CAUSAS DO BURNOUT

O BURNOUT NÃO É ALGO QUE SIMPLESMENTE ACONTECE DA NOITE PARA O DIA. É uma erosão gradual dos mecanismos de enfrentamento e da capacidade de adaptação ao estresse crônico diário, que eventualmente resulta em sobrecarga. Portanto, este pode ser um bom momento para lembrar aqueles de nós em posições de liderança do que não caracteriza uma prevenção do burnout.

Uma das sugestões de que menos gosto para reduzir tal fenômeno é dizer aos outros: "Basta dizer 'não'". A maioria dos funcionários não pode se dar o luxo de dizer ao chefe ou aos clientes "Foi mal, isso não é possível". Essa abordagem é tendenciosa, envolta em privilégios e, pior ainda, culpabiliza as vítimas. Infelizmente, isso ainda é visto como um conselho comum quando se trata de reduzir a carga de trabalho excessiva.

Também pode ser um bom momento para lembrar os líderes de que o burnout não vai sumir com os alongamentos de uma aula de yoga ou com o suor da academia. Ele não distingue entre uma inspiração profunda e um cansaço ofegante. E certamente não será prevenido com a sugestão de que talvez as vítimas deveriam simplesmente escutar o som da chuva por trinta segundos em vez de quinze. Essa é a psicologia de líderes em negação.

Sim, o autocuidado é benéfico. Pode melhorar o humor quando necessário, e faz parte de uma estratégia ampla de bem-estar. Contudo, é uma tática, não uma estratégia completa. E é imediata demais para realmente prevenir o burnout.

Melhor dizendo, o burnout é uma constelação complexa de práticas e políticas inadequadas no local de trabalho, heranças institucionais antiquadas, papéis e personalidades mais vulneráveis que outros, além de questões sistêmicas e sociais inalteradas que há muito nos afligem.

Agora que já passamos pela negação, é hora de investigar mais a fundo as verdadeiras causas do burnout. A boa notícia é que é possível evitá-las, desde que identifiquemos seu habitat e interajamos com elas desde cedo.

O Índice de Burnout de Maslach (MBI) e as décadas de pesquisa de Christina Maslach, Susan Jackson e Michael Leiter indicam que o burnout tende a ser provocado pelos seguintes fatores:

1. Carga de trabalho.
2. Percepção de falta de controle.
3. Falta de compensação ou reconhecimento.
4. Relacionamentos ruins.
5. Falta de justiça.
6. Incompatibilidade de valores.

Quando cito essas seis causas no meu trabalho, alguns perguntam se é preciso experienciar todas elas para estar sofrendo de burnout. E a resposta é um "não" bem enfático. Todas são igualmente prejudiciais, mas algumas são mais frequentes.

Vou dedicar bastante atenção a cada uma, porém, antes disso, vamos examinar um grande fator subjacente – a higiene inadequada no ambiente corporativo – e como isso entra em conflito com as necessidades e desejos dos funcionários.

A teoria dos dois fatores

As raízes do burnout frequentemente estão associadas à higiene inadequada no ambiente corporativo. O que isso significa? Podemos encontrar uma definição simples em exemplos do que a maioria de nós reconhece como boa higiene. Escovar os dentes, tomar banho, pentear o cabelo – requisitos mínimos para manter a saúde física e que são tão rotineiros que os fazemos automaticamente. Mas, se parássemos, sentiríamos o impacto quase imediatamente e, com o tempo, as pessoas ao nosso redor também.

No ambiente de trabalho, essas necessidades básicas precisam ser atendidas. A higiene da organização deve estar tão integrada que sua presença passará despercebida. Alguns exemplos de boas práticas de higiene incluem salários justos e pontuais; funcionários que se sentem seguros tanto física quanto mentalmente; todos sabendo o que estão fazendo ou podendo ter acesso a alguma ferramenta ou recurso, se não souberem; pessoas que se dão bem – o básico. Entretanto, e infelizmente, o velho ditado "o senso comum não é tão comum" muitas vezes acaba se aplicando.

Como líderes, podemos ter lacunas em relação a requisitos básicos de higiene que não estão sendo atendidos em nossas organizações. Alguém está se sentindo intimidado sem que tenhamos percebido? As pessoas se sentem psicologicamente amparadas? Estamos recompensando e reconhecendo as pessoas certas? Todo mundo na equipe sabe o que precisa fazer agora?

Frederick Herzberg foi o responsável pela invenção da teoria da higiene no início dos anos 1960, a qual ficou mais conhecida atualmente como teoria dos dois fatores ou teoria da motivação-higiene. Em essência, ela contrapõe os fatores que nos motivam às necessidades básicas que precisam ser atendidas para nos manter satisfeitos no trabalho[1]. Herzberg descobriu que satisfação e insatisfação não estão em um contínuo, com uma aumentando à medida que a outra diminui, mas que, em vez disso, são independentes entre si.

Resumidamente, os fatores higiênicos são necessários para garantir a satisfação do funcionário, enquanto os fatores motivacionais o incentivam a melhorar seu desempenho. Herzberg também chegou a classificar nossas ações, procedimentos e motivos. Por exemplo, se alguém pratica uma determinada ação relacionada ao trabalho por necessidade, ele a define como um *movimento*, mas se essa ação decorre de vontade própria, ele a considera uma *motivação*.

Imagine um funcionário que diz "Preciso limpar o chão dos quartos do hospital, porque é meu trabalho" e outro que diz "Adoro deixar o chão brilhando para os meus pacientes, pois sinto que isso ajuda na recuperação". Precisamos garantir que a última afirmação reflita com maior precisão os sentimentos dos funcionários em relação ao trabalho.

Para aplicar essa teoria, os empregadores são encorajados a projetar trabalhos que potencializem e motivem os objetivos primários dos contratados. A teoria de Herzberg enfatiza a importância de sistemas de reconhecimento e recompensa como ingrediente-chave tanto para atender às necessidades quanto para potencializar a motivação. Falaremos disso mais adiante. Ele também argumenta que a motivação e a higiene são igualmente importantes. Ao prevenir a insatisfação, reduzimos as oportunidades para o surgimento do burnout. No entanto, não quer dizer que isso gerará um comportamento positivo ou motivado no trabalho. Precisamos garantir uma boa higiene – isso é fato –, mas, para aumentar a motivação, o trabalho deve parecer significativo, passional e envolvente.

A hierarquia das necessidades na prática

Há uma interseção interessante entre a teoria de Herzberg e o trabalho de Abraham Maslow, um dos acadêmicos mais proeminentes do século XX, que é amplamente reconhecido pela criação da hierarquia das necessidades. A teoria de Maslow sugere que as necessidades mais primárias de um indivíduo devem ser atendidas antes que ele encontre motivação para atender a outras superiores. As quatro camadas mais fundamentais e primárias de sua agora famosa pirâmide contêm o que o acadêmico chamou de "necessidades deficitárias", como estima, amizade e amor, segurança e integridade física. Se as necessidades deficitárias não forem atendidas – à exceção das fisiológicas mais fundamentais: ar, água e comida –, o indivíduo se sentirá ansioso e estressado[2].

Uma curiosidade: Maslow seria o mentor de Herzberg e influenciaria profundamente o seu trabalho nas abarrotadas clínicas de reabilitação de Nova York. Foi lá que Herzberg identificou e definiu o burnout pela primeira vez. A teoria das necessidades de Maslow – nossa busca por compaixão, amor, segurança e integridade física – alimentou a pesquisa científica do outro. Essa teoria contextualiza as análises de Herzberg, ajudando-o a perceber que, quando somos privados de nossas necessidades básicas no local de trabalho, temos dificuldade em permanecer nele.

Isso também reforça a importância de diferenciar higiene de motivação – as necessidades básicas daquelas extras que nos motivam a nos engajar mais, sermos mais produtivos e eficientes. Na versão de Maslow, essa é a distinção entre as necessidades deficitárias e as de crescimento. Ele acreditava que as deficitárias eram similares aos instintos e desempenhavam um papel importante na motivação dos comportamentos. Para exemplificar, as necessidades ligadas à fisiologia, segurança, socialização e estima são deficitárias, vindo à tona quando nos são privadas. É preciso satisfazê-las para reduzir a tristeza, depressão, ansiedade e o estresse – sentimentos que, em outros contextos, costumam ser desagradáveis[3].

Já as necessidades de autoatualização, que ocupam o topo da hierarquia de Maslow, referem-se à realização do potencial, autorrealização e busca por crescimento pessoal e experiências de pico. No topo da pirâmide, a "necessidade de autoatualização" ocorre quando os indivíduos atingem um estado de harmonia e compreensão por estarem engajados em alcançar seu próprio potencial[4]. Podemos ver que esse mesmo padrão aparece nas teorias de Herzberg.

Os fatores motivacionais são diferentes dos higiênicos. Os primeiros incluem tarefas desafiadoras, o reconhecimento das conquistas individuais, a responsabilidade, a oportunidade de fazer algo significativo, a participação na tomada de decisões e a sensação de ser importante para a organização. Por outro lado, os fatores higiênicos englobam salário, condições de trabalho, políticas e administração da empresa, supervisão, relacionamentos de trabalho e status e segurança.

Com frequência, os funcionários não reconhecem quando uma organização possui boas práticas de higiene, mas a ausência destas pode causar grande distração. As pessoas percebem. O burnout ocorre quando essas funcionalidades que são esperadas no dia a dia da vida profissional desaparecem ou nos são retiradas.

Agora, vamos nos aprofundar nas seis causas do burnout, começando por aquela que se mostra problemática com maior consistência: o excesso de trabalho.

PRIMEIRA CAUSA

A CARGA DE TRABALHO

De acordo com uma reportagem da Gallup sobre os maiores mitos do burnout, "Os funcionários que concordam que sempre têm tarefas demais são 2,2 vezes mais propensos a afirmar que sofrem burnout no trabalho com frequência ou sempre. Mesmo os trabalhadores de alto desempenho podem passar rapidamente do otimismo para a desesperança quando estão tendo dificuldades em lidar com metas ou expectativas de desempenho ingerenciáveis"[5].

O legado do excesso de trabalho é um problema que perdura há milênios. De acordo com o arqueólogo egípcio Zahi Hawass, há evidências de que aqueles que arrastaram e posicionaram os blocos de granito de 2,5 toneladas que compõem as pirâmides foram condenados a uma morte prematura e faleceram com ossos deformados e membros fraturados. Esses trabalhadores morriam, em média, entre trinta e trinta e cinco anos de idade, comparado à expectativa de vida de cinquenta a sessenta anos dos membros da nobreza. Hawass declarou em um artigo da *New Scientist*: "Eles literalmente morriam de tanto trabalhar."[6]

Atualmente, de acordo com Joel Goh, Jeffrey Pfeffer e Stefanos Zenios, o trabalho é a quinta maior causa de morte nos Estados Unidos, estatística que ficou famosa pelo livro de Pfeffer, *Morrendo por um Salário*[7]. A Organização Internacional do Trabalho relata que jornadas longas demais contribuem para a morte de 2,8 milhões de trabalhadores a cada ano[8]. Além disso, a pressão relacionada ao trabalho aumentou nos últimos cinco anos, com mais de um terço dos participantes da pesquisa citando cargas de trabalho excessivas e prazos apertados como suas maiores preocupações[9]. Eis então que surge uma crise que revela como um problema já gigantesco pode explodir rapidamente.

O Burnout e a pandemia

Em 2020, as cargas de trabalho tiveram um aumento abrupto, aparentemente da noite para o dia. Esse acréscimo, em uma sociedade já marcada pelo excesso de trabalho, causou um crescimento alarmante de burnouts naquele ano. De acordo com os dados da NordVPN, que monitoram quando os usuários se conectam e desconectam de seu serviço, os Estados Unidos adicionaram três horas à jornada de trabalho, enquanto a França, a Espanha e o Reino Unido esticaram as suas, acrescentando duas horas[10].

Como mencionei na introdução, a nossa pesquisa nos proveu com uma quantidade extraordinária de dados qualitativos – em resumo, milhares de histórias sobre o impacto do burnout nas vidas dos participantes. Suas palavras sempre acabavam mexendo comigo. Foi a lenha na fogueira de que eu precisava para continuar avançando, escrevendo. Eu precisava compartilhar suas histórias.

Um deles disse: "Parece que todo mundo na minha empresa e equipe está trabalhando com mais intensidade e por mais tempo a cada dia que passa. É um período de um esforço muito concentrado, que não parece sustentável. O trabalho remoto está aumentando nosso nível de estresse, porque precisamos fazer mais chamadas para nos alinharmos/checarmos/trabalharmos juntos. Somado a isso, a carga de trabalho parece maior, e, à medida que absorvemos/cumprimos mais tarefas, parece que estão nos pedindo para fazer cada vez mais."

Ao passo que as jornadas de trabalho se estenderam e as reuniões aumentaram, a maioria de nós ainda estava se sentindo mentalmente confusa, estressada com inúmeros fatores externos, incluindo nossa saúde e segurança física. Todavia, um estudo global que contou com mais de 12 mil funcionários, gerentes, profissionais de RH e executivos de alto escalão de onze países descobriu que, durante o estresse de 2020, 42% dos participantes ainda se sentiam pressionados a cumprir os padrões de performance das empresas, 41% disseram que era esperado que lidassem com mais tarefas rotineiras e tediosas, e outros 41% que estavam precisando conciliar cargas de trabalho ingerenciáveis[11].

Quando nos vemos em meio a mudanças significativas, é um mito dizer que nada muda nos negócios. É bizarro que tenha faltado tal reconhecimento durante esse período. Repetidas vezes, orientei os líderes a pegarem leve consigo mesmos e com todos da empresa. As expectativas que eles tinham para si e os outros eram completamente insustentáveis e compunham a causa para o burnout se espalhar tão rapidamente.

A pandemia apenas colocou esse problema sob um holofote gigante. Mas havia grandes exemplos de como os líderes, apesar de estarem em um território desconhecido, priorizavam as soluções.

Sextas de "folga"

Entrevistei Todd McKinnon, CEO da Okta, uma empresa de gerenciamento de identidade e acesso com sede em São Francisco que cresceu durante a pandemia. Ela recebeu investimentos significativos por vários anos, mas, após dez anos no vermelho, seria a pandemia que lhe conferiria um valor de bilhões de dólares. A empresa ajuda os funcionários a trabalharem de qualquer lugar com a mesma proteção de identidade que teriam se estivessem sob os *firewalls* de um escritório físico. McKinnon discutiu como estava redefinindo o conceito de férias remuneradas, já que os funcionários estavam enfrentando tanto as condições de trabalho durante uma pandemia quanto uma fase de crescimento rápido.

Enquanto empresa na qual trabalhadores remotos são a alma do negócio, a experiência virtual é uma consideração que sempre se faz presente. McKinnon diz que sempre se empenhou para empoderar seus funcionários, de modo a tomarem as próprias decisões sobre horários flexíveis e férias no trabalho. No entanto, durante a pandemia, percebeu que eles não estavam tirando as folgas necessárias para se recuperarem.

Ele disse: "Os dados mostram que, em casa, nossa equipe estava meio que trabalhando o dia inteiro. Então, nossa reação foi estabelecer férias obrigatórias. Diante disso, a empresa deu a eles as sextas-feiras de folga, mas também não funcionou. Por quê? Porque a carga de trabalho era a mesma, mas a semana comercial ficara mais curta. Então, tinha gente trabalhando aos sábados para conseguir acompanhar. O que funciona é realmente mudar os projetos – isso é o que é necessário fazer. Se realmente quiser diminuir a pressão sobre a equipe, é preciso ajustar a carga de trabalho."

É exatamente essa a abordagem correta ao tentar prevenir o burnout. E não só durante uma crise. McKinnon é um bom exemplo de uma pessoa que pega os dados e age a partir deles, o que ajuda quando não temos uma sistematização histórica para nos apoiar.

O impacto do excesso de trabalho

O excesso de trabalho crônico não só tem um impacto severo em nossa saúde física e mental, como também pode se provar fatal se não for gerenciado.

Pesquisas sobre auxiliares de limpeza hospitalar na Índia descobriram que, entre os maiores fatores de risco, estava o tamanho da jornada de trabalho. Perda de peso, dores no corpo, esgotamento físico e dores articulares crônicas eram os principais impactos da pesada carga de trabalho na saúde dos funcionários[12].

Um estudo com duzentas mulheres na Suécia revelou que um aumento nos níveis de cortisol foi detectado na saliva delas quando trabalhavam demais. O excesso dessa substância pode causar hipertensão, imunodeficiência e um ganho de peso insustentável. Os pesquisadores descobriram correlações significativas entre a quantidade de horas extras trabalhadas e o aumento do cortisol. Além disso, as participantes que faziam horas extras excessivas (mais de dez por semana) tinham, em média, níveis duas vezes mais altos dessa substância do que as mulheres que o faziam moderadamente (menos de dez por semana)[13].

Outro estudo, da University College London, com mais de 600 mil funcionários, descobriu que aqueles que trabalhavam mais de 55 horas semanais tinham uma chance 13% maior de ter um infarto e estavam 33% mais propensos a sofrer um derrame em comparação àqueles que atuavam entre 35 e 40 horas semanais[14].

De acordo com Gonzalo Shoobridge, diretor de parcerias estratégicas e de soluções para clientes da Great Place to Work do Reino

Unido, "Quando os funcionários se sentem sobrecarregados com o trabalho, eles perdem a confiança e podem se tornar nervosos, irritáveis ou retraídos. Outros sinais e sintomas de estresse excessivo no trabalho incluem ansiedade, depressão, apatia, perda de interesse profissional, fadiga aparente, dificuldade de concentração, tensão muscular ou enxaquecas, problemas no estômago, isolamento – e alguns funcionários podem chegar a usar álcool ou outras drogas para suportar a situação"[15].

Além de estabelecer metas flexíveis, há outras estratégias que diminuem o potencial do trabalho excessivo:

» Garanta que os funcionários saibam exatamente o que se espera deles. Crie um canal de comunicação seguro entre você e sua equipe, de modo que ela se sinta confortável para fazer perguntas. Certifique-se de que todos estejam cientes das prioridades. Não permita que os funcionários tratem metas de baixa prioridade com uma falsa urgência, pois isso apenas aumenta a ineficiência. Seja claro quanto à mudança de necessidades, estabelecendo metas semanais – ou mesmo diárias, se necessário.

» Enfoque nas qualidades. Garanta que os funcionários estejam tirando o maior proveito de seus recursos e habilidades. Os médicos, por exemplo, estão batendo recordes de burnout, e um dos principais motivos é o tempo total que passam atualizando Prontuários Médicos Eletrônicos (EHR, na siga em inglês). Eles são especialistas em medicina, não em gestão de dados. Problemas como esse são dispendiosos. Desperdiçar o talento de alguém em tarefas que não fazem parte do seu conjunto de habilidades é ruim para os negócios e provoca burnout.

» Se as pessoas estão tendo dificuldade em dominar certas partes do trabalho, então aumente os treinamentos. Em 2020, um ano em que todo mundo precisou mudar e adquirir novas habilidades rapidamente, a maioria precisou aprender a se virar sozinha. Quando as coisas se estabilizarem, treinamentos robustos devem ocorrer.

- Nos primeiros estágios de um projeto, campanha ou lançamento de produto – não importa o que seja, desde que necessite de mais recursos do que o normal –, garanta que haja suporte, ferramentas, orçamento e pessoal suficiente para completar o trabalho adequadamente. Não podemos simplesmente dizer "sim" ao chefe e passar essa expectativa para a equipe. Se não tivermos o necessário, devemos comunicar isso às camadas superiores da liderança.
- Dê voz a todos os envolvidos para que compartilhem preocupações ou ideias. Isso ajuda a prevenir erros e a aumentar a velocidade.
- Reconheça o trabalho duro dos outros. Os funcionários podem atuar em períodos de carga de trabalho aumentada, mas não pode haver uma cultura pervasiva de excesso de trabalho. No entanto, quando houver aumentos acentuados nessa carga, certifique-se de que todos sintam que seu ritmo foi respeitado.
- Faça verificações frequentes, mas não a ponto de microgerenciar. Garanta que os funcionários não fiquem presos a minúcias como relatórios excessivos e atualizações constantes; a confiança precisa ser a base de um bom relacionamento entre gestores e funcionários. No mais, microgerenciar é irritante e exaustivo – é o que defino como liderança preguiçosa. Existem outras maneiras mais efetivas de gerenciar a produtividade e o rendimento.
- Faça perguntas e providencie recursos para as pessoas compartilharem como estão, por meio de levantamentos anônimos de dados. A liderança cega em períodos de mudança e estresse é, na melhor das hipóteses, ineficaz e na pior, arriscada.

Estamos testemunhando o crescimento de uma experiência de trabalho "sempre disponível" que está deixando os funcionários cansados ainda mais exaustos. De acordo com o Departamento Nacional de Pesquisa Econômica dos Estados Unidos, o número de reuniões aumentou 12,9%; dados da América do Norte, Europa e do Oriente Médio mostram que a jornada de trabalho cresceu exatamente 48,5 minutos, quase 9%, entre 2019 e 2020[16].

Os dados da NordVPN também mostraram que os funcionários estão logando cada vez mais tarde nos computadores. Havia picos de uso entre meia-noite e 3 horas da manhã, que não estavam presentes antes de 2020[17].

Para ajudar os funcionários a pararem de sentir a necessidade de estarem sempre disponíveis, certifique-se de que estejam fazendo um detox digital. Aqui estão algumas sugestões:

» *Estimule caminhadas diárias.* Faça-os bloquear vinte minutos da agenda; comemore quando isso ocorrer para mostrar apoio e dê o exemplo com esse mesmo comportamento. Os líderes precisam demonstrar que sempre há tempo para o autocuidado.

» *Tente fingir um trajeto até o trabalho.* A maioria das pessoas que trabalha de casa descobre que separar a vida profissional da pessoal pode ser desafiador. Durante a pandemia, isso piorou ainda mais. Eu recomendei simular um trajeto até a empresa como forma de criar um divisor entre o trabalho e o lar. Comece o dia com uma caminhada no quarteirão ou pegue o carro e dê uma passada na rua para tomar um café e volte para casa – e escute uma música ou podcast no caminho. Então, repita isso ao terminar o trabalho. Essa ação instrui nosso cérebro a sentir que uma parte do nosso dia está acabando e outra, começando.

» *Pare de comer trabalhando.* Não faça reuniões durante o almoço. Eu até sugiro com veemência o fim das "reuniões-almoço". Elas estão ligadas ao trabalho, então é melhor fazer com que integrem o dia de trabalho. Todos devem ter tempo para comer com calma e ter uma pausa para ficar em "off".

» *Crie diretrizes.* Agora a França tem uma lei que confere aos funcionários o "direito de se desconectar" do e-mail, celular e outros dispositivos eletrônicos.

» *Considere adotar uma semana de quatro dias de trabalho.* Não é tão radical assim. Um estudo de larga escala da Universidade de Reading, no Reino Unido, mostrou que a produtividade dos funcionários aumentou; três quartos deles reportaram estar mais felizes, menos estressados e ter tirado menos dias de folga. Dentre os membros da geração Z, 67% disseram que uma semana de quatro dias seria um fator determinante para a escolha do lugar de trabalho[18].

O que acontece quando os funcionários estão sobrecarregados e pressionados? Começamos cedo com nossas intervenções, mas ainda tem gente sofrendo. Como podemos ajudar?

Sinais de estresse crônico e de doenças mentais

De acordo com a OMS, uma em quatro pessoas no mundo será afetada por distúrbios mentais ou neurológicos em algum momento da vida. Aproximadamente 450 milhões sofrem dessas condições atualmente, o que coloca os distúrbios mentais entre as maiores causas de problemas de saúde e deficiências no mundo inteiro[19].

Logo, é muito provável, estatisticamente, que lidemos com problemas de saúde mental em nossos ambientes de trabalho em algum momento de nossas carreiras. Sempre me surpreendo com a dificuldade das organizações em abordar esse problema adequadamente.

Com os resultados de nossa pesquisa, descobrimos que conversas sobre saúde mental ainda eram estigmatizadas em muitas empresas ao redor do mundo. Apesar de os dados mostrarem que 65% das pessoas que não conseguiam conversar sobre a própria saúde mental no trabalho sofreram burnout frequentemente ou sempre, quase 50% dos participantes não acreditavam que conseguiriam abordar esse tema no trabalho.

Isso é um problema. Precisamos tornar nossos ambientes profissionais seguros para conversas relacionadas a saúde mental e doenças mentais. Podemos começar reconhecendo alguns sinais de que alguém está enfrentando problemas nesse sentido.

» *Mudanças em hábitos de trabalho.* É fácil confundir um comportamento ruim no trabalho com problemas de desempenho, mas é mais frequente do que pensamos que o verdadeiro problema sejam doenças mentais. Os exemplos podem incluir falta de motivação, erros crescentes, dificuldade de concentração ou produtividade abaixo do normal.

» *Mudanças de comportamento.* Procure sinais de mudanças de personalidade, como uma maior volatilidade no humor (para melhor ou para pior), um aumento da inquietude, ansiedade, preocupação ou irritabilidade; talvez a pessoa se enfureça rapidamente ou tenha dificuldade em lidar com coisas normais do trabalho que não deveriam provocar uma crise de estresse.

» *Faltas frequentes ao trabalho.* Quando alguém normalmente pontual de repente começa a se atrasar ou dizer que está doente com frequência, é importante verificar.

» *Reclamações recorrentes de sintomas físicos.* É frequente que uma pessoa que está enfrentando uma doença mental desenvolva sintomas como fadiga, insônia, dores de cabeça, dor abdominal (enjoo, dores etc.) e mudança de peso.

Agora, se você tiver reconhecido uma combinação dessas mudanças no comportamento dos funcionários e quiser abordar isso com eles, aqui vão algumas maneiras de começar.

Tenho observado que os gestores fogem de conversas relacionadas à saúde mental simplesmente porque não se sentem equipados para lidar com esse tema. Eu sempre os lembro de que ninguém espera que eles sejam especialistas na área. Em vez disso, precisam saber quem são os especialistas da organização e quais ferramentas, programas e aplicativos disponíveis. Os líderes são um canal que leva aos profissionais de saúde mental – ninguém espera que sejam um deles.

No entanto, é de importância crítica que os gestores estejam bem informados. Que saibam algo sobre saúde mental, doenças mentais e os impactos do estresse crônico nos funcionários. Existem inúmeros recursos online que oferecem treinamento sobre o assunto – isso deveria ocorrer logo no processo de integração e fazer parte de uma estratégia geral de bem-estar. Todo funcionário deveria saber o básico para lidar com a saúde mental no trabalho, para o seu benefício e o dos colegas.

O *Canadian Centre for Occupational Health and Safety* ["Centro Canadense de Saúde e Segurança Ocupacionais", em tradução livre] sugere as seguintes dicas para uma comunicação verbal efetiva na abordagem de preocupações sobre a saúde mental[20]. Ele também oferece algumas dicas de como apresentar deixas não verbais mais efetivas:

» Use uma linguagem corporal calma. Relaxe as mãos e seja atencioso.
» Posicione-se em um ângulo à direita do interlocutor, em vez de ficar diretamente de frente para ele.
» Deixe espaço suficiente para a pessoa. Normalmente, considera-se apropriada uma distância entre 0,5m a 1,5m.
» Fique no mesmo nível do interlocutor. Se ele estiver sentado, tente se ajoelhar ou se abaixar em vez de ficar de pé.
» Preste atenção na pessoa. Não faça nada durante a conversa, como atender chamadas no celular, ler e-mails, entre outros.
» Não se mostre desafiador ou ameaçador, por exemplo, ficar diretamente de frente para a pessoa, colocar as mãos nos quadris, apontar para ela, balançar ou cruzar os braços.

Depois de conversar sobre saúde mental com alguém da equipe, os próximos passos devem incluir providenciar acesso a ferramentas de suporte, que podem estar disponíveis em um programa de assistência a funcionários ou em outro lugar. Certifique-se de estar bem informado sobre os procedimentos seguintes antes de iniciar esse diálogo. É melhor estar preparado para ajudar, porque a conversa pode ser difícil. E é bom lembrar que, se precisar de ajuda antes de seguir esse caminho, é só falar. A equipe de RH pode ter sugestões sobre como liderar nesses tipos de cenário.

E se eu estiver trabalhando em excesso?

E se você for um líder que está tendo dificuldade em balancear sua carga de trabalho? Você definitivamente não está sozinho. Com os resultados da nossa pesquisa, descobrimos que os líderes estão sofrendo burnout em proporções alarmantes.

Enquanto um bom líder, você é o maior responsável por si mesmo. É preciso colocar as palavras em prática, o que pode ser um desafio se você for alguém de alta performance que adora trabalhar. Eu me lembro de um dia em maio de 2020, quando estava tentando conseguir espaço para escrever este livro. Minha família de cinco pessoas estava se cansando uns dos outros. Estávamos em *lockdown* desde março, com três crianças em educação domiciliar.

Não há nada mais humilhante do que perceber que você definitivamente não é mais esperto do que uma criança da quinta série. Minha filha de 10 anos recebera uma mensagem do professor dizendo que, pelo jeito, ela não estava entendendo o último exercício e querendo oferecer ajuda. Precisei responder que, na verdade, eu que a tinha orientado errado.

Eu me voltei para a minha outra filha, de 6 anos, que estava completamente desengajada da escola e, às vezes, chorava porque sentia uma saudade profunda da vida antiga – dos amigos, dos professores. Era um pouco demais para ela. E era difícil fazer meu filho de 13 anos, que estava tendo dificuldade e se tornara noturno de uma hora para a outra, engatar de manhã. Ele ficava carrancudo e frustrado. Não o culpo. Afastar um adolescente dos amigos é como separar os suricatos dos drongos.

Meu marido fora jogado em um novo cargo e estava trabalhando no porão. Tínhamos o privilégio de manter espaços separados, mas ainda era caótico. Eu passara de escrever o livro em casa em meu espacinho tranquilo e feliz a me sentir como se eu estivesse na *The Loud House* da vida real.

Eu tivera aquele espaço só para mim durante o dia e adorava isso. Sou uma pessoa que adora trabalhar remotamente e que prospera no mundo do home office. Meu marido é o oposto. Ele gosta de gente e de colaborar com a sua equipe. Gosta de sentir aquela energia que pode vir de encontrar os colegas pessoalmente. Então, foi preciso ajustar a torto e a direito. Com frequência, eu tinha que escrever no meu quarto. Era tão cansativo que eu só queria voltar a dormir.

A verdade era que tudo tinha mudado, menos as expectativas. Ainda precisávamos cumprir prazos, bater metas, aprender, executar e entregar. Todavia, estávamos todos presos em uma casa sob circunstâncias extremas, colados no jornal, temendo pela nossa saúde e pela dos nossos entes queridos. Não é de surpreender que eu tenha começado a sofrer de burnout enquanto escrevia um livro sobre o assunto. Ah, que ironia.

Mas consegui me resolver, como você deve saber, já que está lendo o produto final daqueles meses intensos e emocionais. Uma prática, talvez a mais primordial, enquanto escrevia o livro e continuava meus compromissos de palestras, trabalho estratégico e pesquisa, foi mitigar a culpa.

As histórias que coletamos dos participantes ao redor do mundo ecoavam a minha repetidamente. Aqui está um exemplo, retirado de centenas de outros iguaizinhos a ele: "Não há nenhum semblante de equilíbrio ou separação na estrutura. Agora, meu trabalho está literalmente na sala de estar, e minha parentalidade está acontecendo no meu 'escritório' (que é a mesa da cozinha). Os papéis colidiram, e isso criou uma impossibilidade quase cômica (participo de reuniões no chão do closet enquanto minha filha me passa recados por baixo da porta, dizendo que precisa fazer um lanchinho)."

Tive o privilégio de ser minha própria chefe (como muitos de vocês já sabem, há vantagens e desvantagens nisso). No entanto, estar subordinado a alguém enquanto lidera outras pessoas aumenta a complexidade do papel. Como gestores, sentimos que precisamos colocar nossas emoções de lado para enfrentar a incerteza durante períodos de mudança e estresse. Com frequência, precisamos ser o arauto das más notícias, o que pode ser extenuante. Esse papel nos ameaça com uma culpa associada às mudanças.

Como líderes, estamos muito sujeitos ao burnout. Sentimos uma pressão constante para estar em movimento a uma velocidade desvairada. Não reconhecemos a hora de tirar a mochila a jato e desacelerar. Todavia, se quisermos proteger nossos funcionários do burnout, é melhor começarmos a dar o exemplo dos comportamentos que queremos ver nos outros. Eles não podem se tornar algo que não veem.

Palena Neale, em um artigo da *Harvard Business Review*, "'Serious' Leaders Need Self-Care, Too" [sem publicação no Brasil], escreve que, quando sugere uma pausa a seus clientes que são líderes, ela ouve constantemente respostas como "Não tenho tempo!". Ou algo parecido com "Está de brincadeira?! Já estou além do meu limite cuidando da minha equipe e da minha família, tentando organizar o ensino doméstico, dando apoio emocional aos meus amigos, colegas, familiares... Não tenho tempo para isso!"[21].

Eu já usei essas palavras. Foi só quando realmente sofri o burnout pessoalmente que parei de dizê-las. Eu lhe imploro, não siga esse caminho. É muito mais fácil achar tempo agora, antes de se esgotar para praticar o autocuidado – nem que sejam quinze minutos por dia. Não podemos ser líderes bem-sucedidos se não tirarmos um tempo para recarregar.

Neale aponta para uma abundância de pesquisas que reforçam esse argumento. "Estudos mostram que fazer pausas pode ajudar a prevenir a fadiga de decisão, renovar e fortalecer a motivação, aumentar a produtividade e a criatividade, consolidar a memória e melhorar o aprendizado", disse. "Mesmos 'micropausas' curtas podem aumentar o foco e a produtividade."[22]

Ela também sugere que os líderes reconsiderem a objeção do "Não tenho tempo" com algumas perguntas introspectivas:

» Quais são as prioridades da sua vida? Consegue alcançá-las sem saúde e bem-estar?
» Quanto tempo você pode economizar ao responder com compostura em vez de reagir com estresse?
» O que pode recusar hoje que lhe devolverá pelo menos cinco minutos do dia? (Dica: você provavelmente passa mais tempo do que gostaria nas redes sociais.) Como usar esse tempo para melhorar seu próprio bem-estar e desempenho?[23]

Sempre há tempo. Só é preciso priorizar. E você será um líder mais eficaz, eficiente e transformador se parar com a desculpa de que não tem tempo.

SEGUNDA CAUSA

Percepção da falta de controle

Conciliando as demandas de trabalho, as expectativas da equipe de liderança e a necessidade de manter a produtividade, não é surpresa que possamos cair no microgerenciamento. No entanto, como isso está ligado ao burnout, é uma estratégia 100% errada.

Uma pesquisa da Korn Ferry com mais de 5 mil profissionais afirma que um dos maiores motivos para as pessoas deixarem um emprego se resume à monotonia, à falta de novidade, de fluxo e de autonomia – quando se sentem microgerenciadas. Todos eles aumentam o estresse e o potencial de burnout no local de trabalho[24]. No artigo "6 Causes of Burnout, and How to Avoid Them" [sem publicação no Brasil], Elizabeth Grace Saunders diz: "Sentir que você não tem autonomia, acesso a recursos e voz nas decisões que impactam sua vida profissional podem minar seu bem-estar"[25].

A monotonia no trabalho é exaustiva e prevê o burnout, mas a falta de autonomia também. Os funcionários que sofrem de burnout são três vezes mais propensos a se sentirem microgerenciados.[26] Outro estudo com 8.500 trabalhadores em tempo integral na Suécia descobriu que os funcionários com maior nível de influência e de controle de tarefas:

- Apresentavam níveis mais baixos de sintomas em onze dos doze indicadores de saúde.
- Faltavam menos.
- Sofriam menos com depressão.[27]

De acordo com o artigo "Micromanagement – A Costly Management Style" [sem publicação no Brasil], "O microgerenciamento pode ser vantajoso em algumas situações de curto prazo, como no treinamento de novos funcionários, no aumento da produtividade de trabalhadores não produtivos, no controle de questões de alto risco e na situação na qual não pode haver dúvidas quanto a quem está no comando. No entanto, os custos associados ao microgerenciamento a longo prazo podem ser exorbitantes. Sintomas como desânimo dos funcionários, alta rotatividade de contratados, redução da produtividade (...) podem estar associados ao microgerenciamento. Os impactos negativos são tão intensos que ele está entre as três principais razões para funcionários pedirem demissão"[28].

Os autores continuam, sugerindo que os microgerenciadores também estão sob grande risco de burnout por não conseguirem delegar tarefas com eficiência. Eles acabam trabalhando horas extras para cumprir obrigações diárias, sem um planejamento estratégico para o futuro.

Reduza o microgerenciamento com estas quatro abordagens:

» Contrate pessoas com as habilidades certas para o trabalho.

» Tenha canais de comunicação consistentes, estruturados e informais.

» Faça seus colegas prestarem mais contas a si mesmos do que ao chefe.

» Não espere perfeição (nem de você). Os erros são um processo importante na experiência de aprendizado e devem ser valorizados.

Quando nos orgulhamos das conquistas que alcançamos, independentemente ou em grupo, sem monitoramento constante, nossa confiança, autoeficácia e autoestima crescem.

Os gestores que querem dialogar sem ultrapassar limites devem tentar:

» *Importar-se autenticamente com o aprendizado das pessoas.* Se você se importar, será mais prático ao tratar de erros e verá que o aprendizado também tem seus benefícios.

» *Acolher os que dizem que não estão bem.* Se quiser desenvolver as pessoas, é preciso saber quando algo não está funcionando para elas ou se estão lidando com alguma coisa além de sua capacidade. Não as force a dizer, previsivelmente, que estão bem quando todos os sinais apontam o oposto.

» *Permitir que discordem de você.* Crie oportunidades para debate e arrume espaço para que os funcionários expressem opiniões divergentes nas reuniões. Todos precisam ser ouvidos. Logo, as organizações que promovem culturas de comunicação abertas, colaborativas e, acima de tudo, seguras estão mais propensas a prosperar.

O papel do chapéu negro

Laura Gallaher, CEO e fundadora da Gallaher Edge, começou sua carreira trabalhando na NASA. Ela esteve muito envolvida na mudança da cultura da NASA depois que a nave espacial *Columbia* se desintegrou ao retornar à Terra no dia 1º de fevereiro de 2003, matando os sete astronautas que estavam a bordo. A NASA suspendeu voos de naves espaciais por mais de dois anos enquanto investigava o desastre.

"Então, acabou que o problema estava na tomada de decisão e na comunicação", disse Gallaher em nossa entrevista. Ela apontou que a cultura da NASA era evitar dizer coisas controversas e ficar na sua. As pessoas morriam de medo de cometer algum erro. Quando se manifestavam, sabiam que estavam colocando seus empregos em risco, então pararam.

Então, sete astronautas morreram. Uma investigação de dois anos levou à percepção de que havia sérios problemas na cultura da empresa que contribuíram para o acidente, e Linda Ham, a gerente de integração de lançamentos da NASA na época, ficou famosa por ter fechado linhas de comunicação que, segundo alguns acreditam, poderiam ter prevenido o acidente.

Vinte anos depois, alguns ainda culpam Ham. Mas outros acabaram a vendo como um emblema do sistema cultural que sustentava esses comportamentos. "Não é que ela fosse uma pessoa ruim; na verdade, tenho muita empatia e compaixão por ela", refletiu Gallaher. "Mas ela fazia parte de um problema maior, sistêmico."

Gallaher continuou, compartilhando que as equipes técnicas e de engenharia não se sentavam à mesma mesa, então não havia nenhuma voz de oposição, mas, inevitavelmente, "ela ainda deu um sinal verde para a nave, então, claro que é sempre complexo. [Há] vários fatores, mas, por acabar sendo o comportamento humano, a tomada de decisão humana, a causa dos erros, quer dizer que a falta de escuta e comunicação é um problema absolutamente cultural".

Depois de passar anos na NASA, Gallaher agora tem a própria empresa de consultoria, onde ajuda organizações a resolverem grandes problemas culturais como esse. Eu lhe perguntei o que mudou na NASA depois que ela e a equipe entraram em cena para consertar alguns dos problemas.

Ela respondeu: "Eles tinham os engenheiros e os profissionais de segurança na perspectiva de um design organizacional, enterrados sob o programa, o que significa que os líderes seniores ficavam sentados na mesa sem uma representação igualitária. Assim, os profissionais de segurança e engenharia foram retirados do programa e receberam departamentos próprios. Agora, eles têm seus próprios líderes seniores e seus próprios lugares permanentes à mesa e foram capazes de assumir essa responsabilidade: 'Estou lá para representar o departamento de engenharia e nada mais. Estou aqui para defender.'"

A NASA conduziu a própria pesquisa sobre cultura e filtrou os resultados, aprofundando-se de verdade neste problema específico: "Eu me sinto confortável em apresentar uma opinião discordante sem que isso prejudique minha carreira."

Gallaher recomenda que empresas dispostas a desenvolver culturas de confiança e comunicação sincera abram espaço para fazer isso acontecer. Ela aconselha os clientes a realizar reuniões ou exercícios organizacionais nos quais alguém deve usar um "chapéu preto" e atuar como contraponto em uma sala cheia de opiniões divergentes.

Ao incentivar as pessoas a discordar, o medo de ser considerado "difícil" desaparece. Especialmente as mulheres têm dificuldade em se opor, pois podem ser rotuladas como "desagradáveis"; há evidências que mostram o impacto negativo que isso tem em suas carreiras em comparação aos homens, que são menos afetados[29]. O mais importante é que precisamos criar ambientes onde se manifestar seja motivo de celebração.

Em uma entrevista ao *Baltimore Sun*, Ham descreveu como, um ano depois do acidente, ainda sentia que ele a assombrava, que sua vida mudara para sempre. "Não há um único dia em que eu não pense sobre *Columbia* e o acidente", disse Ham baixinho. "Eu sou totalmente responsável por quaisquer decisões tomadas na equipe de gestão de missões [MMT, na sigla em inglês]."[30]

Essa lição é importante para todos nós. Podemos não tomar decisões de vida ou morte, mas mesmo assim, o efeito dominó de deixar alguém de fora de conversas importantes pode ter grandes implicações. Precisamos nos empenhar em debates saudáveis e feedbacks críticos para nos sentirmos empoderados a falar a qualquer momento e, potencialmente, evitar desastres.

Mais autonomia para os funcionários

Shahram Heshmat, professor adjunto emérito do campus de Springfield da Universidade de Illinois, afirma que a monotonia no local de trabalho pode resultar do fato de os funcionários acreditarem que carecem de agência ou autonomia na escolha das atividades que assumem, das pessoas com quem trabalham e assim por diante, enquanto a autonomia no ambiente de trabalho se refere ao nível de liberdade que os funcionários têm para tomar essas mesmas decisões. Isso pode variar desde montar horários até definir como os objetivos serão cumpridos e que tipo de trabalho será atribuído a um funcionário de um dia para o outro. Um nível maior de autonomia tende a resultar em um aumento da satisfação profissional, enquanto um menor resulta em estresse e pode levar ao burnout[31].

Essas descobertas indicam claramente que a falta de sentido no trabalho, a agência limitada em relação a como alcançarão seus objetivos e a mesmice das tarefas em que estão envolvidos diariamente podem ter impactos sérios em sua saúde mental e física. Mas é possível prevenir isso.

Estudos mostram que cerca de 40% de nossas atividades são realizadas diariamente nas mesmas situações. Os comportamentos subconscientes permitem que a parte consciente do nosso cérebro seja mais cuidadosa e se sinta mais segura psicologicamente. Trocar o conforto da rotina pode significar uma experiência menos agradável quando nos envolvemos nessas tarefas[32].

Mas e se pudéssemos fazer pequenas mudanças na forma como realizamos essas ações ou alterar a maneira como os funcionários entendem essas tarefas, para que não as vejam como monótonas, mas, sim, como novidades cheias de propósito? Essa é a magia do *job crafting*. Ele transforma partes do trabalho que costumavam parecer sem sentido em algo que parece ter valor. Os funcionários sentem essas pequenas mudanças em uma escala enorme. O trabalho se torna um lugar de florescimento e engajamento, em vez de tarefas repetitivas e tédio.

Job crafting para evitar o Burnout

Em 2001, Jane Dutton, professora emérita de administração e psicologia de negócios da Universidade de Michigan, e Amy Wrzesniewski, professora de gestão da Yale, conceituaram e definiram a ideia de *job crafting*. Elas propuseram que, para os funcionários recriarem seus trabalhos, eles devem praticar "uma mudança cognitiva e de limites das tarefas e/ou de relacionamentos para moldar as interações e as relações interpessoais no trabalho. Essas alterações nas configurações de tarefas e relacionamentos mudam o design e o ambiente social profissional, o que, por sua vez, altera os sentidos e a identidade do trabalho"[33].

Dutton, Wrzesniewski e Gelaye Debebe, professora assistente na Universidade George Washington, em um artigo intitulado "Being Valued and Devalued at Work: A Social Valuing Perspective" [sem publicação no Brasil], descobriram que auxiliares de limpeza que apreciavam sua interpretação do trabalho incluíam nele detalhes como interagir com pacientes e visitantes na descrição de suas atividades e acreditavam que seu trabalho era de grande valor. Eles também se descreviam como "embaixadores e curandeiros" e procuravam atividades que sustentassem esse título, como passar mais tempo com pacientes que pareciam solitários e trocar quadros de quartos com pessoas em coma para tornar o ambiente mais agradável e, talvez, ajudá-las a se recuperar[34].

O mais crítico é que os empregadores permitiam que os funcionários recriassem seus papéis. Eles precisavam descobrir o que os inspirava – o que podia diferir totalmente do que inspirava os colegas – para ajustar cada papel da melhor maneira possível. Com frequência, a perspectiva é tudo, mudando o filtro através do qual os trabalhadores veem a importância de seus papéis. Para isso, é necessária uma cultura de abertura e integridade, não uma liderança baseada na conformidade.

Como Mae West disse: "Nunca disse que seria fácil. Só disse que valeria a pena."

TERCEIRA CAUSA

Falta de compensação ou reconhecimento

"Estou trabalhando demais e recebendo de menos." Isso parece uma fala de filme ou algo que vemos em adesivos de carro. Muita gente brinca sobre esse fenômeno, apesar de ele ser uma realidade para funcionários de inúmeras indústrias. Pior ainda, é uma causa central de burnout.

Segundo os resultados de uma pesquisa envolvendo 200 policiais dos Estados Unidos, "o comprometimento excessivo no trabalho [é determinante] para um maior cinismo e exaustão" e o envolvimento profissional extremo pode impactar negativamente a capacidade de fazer seu trabalho. De acordo com os autores, "O excesso de comprometimento pode estar relacionado a uma necessidade de aprovação e à incapacidade dos policiais de se afastarem do trabalho, mesmo quando estão de folga"[35].

A relação entre esforço e compensação aparece com frequência em estudos com enfermeiros. Em uma pesquisa com 204 enfermeiros alemães, quando altas demandas de trabalho eram respondidas com baixas perspectivas de promoção, havia um esgotamento significativo dos recursos emocionais dos enfermeiros e um aumento dos sintomas do burnout[36].

Outra pesquisa com 263 enfermeiros na Polônia trouxe resultados parecidos. Nesse grupo, os profissionais sofriam com as maiores deficiências de salário e prestígio. A exaustão foi explicada por maiores demandas e falta de respeito (que teve um grande impacto). O estudo também descobriu que os enfermeiros estavam experimentando despersonalização como resultado disso, reforçando outra evidência que afirma que as demandas excessivas e a falta de estima são as principais razões para o burnout entre enfermeiros cirúrgicos[37].

"Estamos muito desesperados", disse o Chefe de Polícia de Haverhill, Massachusetts, Alan Denaro, em uma entrevista à *Boston 25 News*. "Literalmente, isso me tira o sono, porque se eu tenho policiais que trabalham 70–80 horas semanais, não quero que, às 4h da manhã, um policial (...) bata em uma árvore ou em outro carro. É muito assustador para mim que nossos profissionais precisem trabalhar tantas horas assim para conseguir desempenhar suas funções.[38]" Em uma entrevista ao 25 *Investigates*, médicos disseram que, se aqueles que trabalham excessivamente não começarem a dormir adequadamente, os resultados podem ser perigosos.

Tanto para policiais quanto para enfermeiros, a privação de sono representa sérios riscos de saúde. Alguns dos problemas mais graves associados à falta crônica de sono são pressão alta, diabetes, ataques cardíacos, insuficiência cardíaca e derrames. Isso também pode afetar a tomada de decisões e o juízo – aspectos de extrema importância para pessoas que salvam vidas.

Um estudo descobriu que a privação de sono moderada produz efeitos equivalentes aos da embriaguez. Depois de 17 ou 19 horas sem dormir, o desempenho é equivalente ou pior do que o de alguém com uma concentração de álcool no sangue (CAS) de 0,05%. Depois de períodos mais longos sem sono, o desempenho chega a níveis equivalentes a uma concentração de 0,1%[39]. A maioria dos países da América do Norte e da Europa estabeleceu o limite de 0,08% para a ingestão de álcool e direção, sendo que alguns lugares têm um limite ainda mais baixo; a Escócia, por exemplo, tem um limite de CAS de 0,05%. Depois de uma noite sem dormir, estamos legalmente incapazes de dirigir.

Imagine liderar uma equipe de policiais, bombeiros, primeiros interventores ou enfermeiros com privação de sono crônica, cujo trabalho é tomar decisões em frações de segundo, o que pode fazer a diferença entre prevenir danos ou causá-los. Precisamos fazer alguns ajustes, compensando esses funcionários tanto com pacotes apropriados quanto com oportunidades de avanço na carreira. Mas é preciso ir além dessas medidas e impor limites à quantidade de horas de trabalho. Devemos seguir protocolos similares àqueles para pilotos de companhias aéreas.

De acordo com a Administração Federal de Aviação dos Estados Unidos, os pilotos devem ter a oportunidade de dormir oito horas durante a pausa para descanso. O período de descanso só começa quando eles são liberados e termina quando voltam ao serviço. As novas regras também exigem que as companhias aéreas garantam que os pilotos tenham pelo menos trinta horas consecutivas de folga por semana[40].

Por que outras indústrias não deveriam ter diretrizes parecidas quando a falta de sono de um profissional significa colocar vidas em risco? Os líderes precisam tomar medidas, especialmente em indústrias nas quais os papéis vêm se tornando cada vez mais desafiadores.

Tendo maior fiscalização, especialmente na área policial, por que não controlamos o que podemos controlar? Se a privação de sono tiver custado uma vida que seja, já terá sido demais. Tanto a população quanto os policiais estão correndo riscos quando sobrecarregamos nossos funcionários com muitas horas de trabalho e sem fornecer nenhuma diretriz de proteção.

Devido à maior instabilidade na nossa economia global e aos números de empregos despencando, depois se recuperando e caindo novamente, há o risco de os empregadores tirarem vantagem dos trabalhadores mais jovens. Some a isso a enorme dívida estudantil e vemos cada vez mais a situação crônica de uma jovem força de trabalho altamente qualificada assumindo empregos que não condizem com sua educação e habilidades. Esse é o motivo pelo qual os legisladores começaram a tomar medidas contra o trabalho não remunerado – começando com a Colina do Capitólio.

"Vou trabalhar de graça!" — Disse ninguém, falando sério

Estágios não remunerados são o exemplo perfeito de um comportamento de exploração, especialmente de grupos vulneráveis de lares de baixa renda que não conseguem se dar o luxo de trabalhar de graça. Enquanto isso, os empregadores os veem como uma maneira de receber serviços sem ter que arcar com despesas gerais.

Carlos Mark Vera se tornou um nome bem conhecido na Colina do Capitólio por seus esforços de lobbying no movimento Pay Our Interns ["Pague Nossos Estagiários", em tradução livre], organização sem fins lucrativos que ele fundou em outubro de 2016 com o objetivo de fazer com que as organizações em Washington (e todas as corporações) remunerassem os estagiários.

Em minha entrevista com Vera, ele compartilhou que foi a própria experiência de burnout que deu o pontapé inicial na missão. Ele disse: "Quando entrei na universidade, fiz um estágio não remunerado de trinta horas semanais no congresso. Eu também trabalhava meio período, vinte horas por semana, e estava com seis matérias na faculdade. Em vez de tentar estar presente de corpo e alma no estágio, eu estava lutando para me manter acordado. Esta ainda é a realidade de muitos universitários em todo o país, e fica fácil ver por que o burnout acontece."

Vera considera o burnout uma "confluência de realidades econômicas insustentáveis que são impostas aos jovens. Primeiro, a faculdade é inacessível para muitos, e os alunos precisam conciliar trabalho e estudos para cobrir os custos. Segundo, os estágios não remunerados apenas agravam a desigualdade. Terceiro, os empregadores exigem cada vez mais experiência para cargos iniciais, o que cria um ciclo como o que eu vivi, tentando preencher cada hora de cada dia." Ele argumenta que, se os contratantes realmente quiserem investir no futuro, eles precisam pagar com dinheiro de verdade, porque "a experiência não paga as contas, e estágios são, em última análise, trabalhos".

Michael Gaynor, escritor do *Washington Post*, concorda: "Estágios não remunerados criam um desses ciclos viciosos da economia moderna. Muitas posições iniciais hoje em dia exigem alguma experiência prévia (ironicamente), e muitas vezes o único jeito de conseguir isso é fazendo um estágio. Se ele não for remunerado – e 43% dos estágios em empresas com fins lucrativos não são, de acordo com a National Association of Colleges and Employers [Associação Nacional de Faculdades e Empregadores dos EUA, em tradução livre] –, então apenas aqueles que têm meios para fazê-los podem se dar a esse luxo. Isso exclui os estudantes não privilegiados das oportunidades do estágio e os coloca em grande desvantagem quando se trata de procurar emprego"[41].

O professor de economia Nicolas A. Pologeorgis explica: "Historicamente falando, os estágios datam dos tempos medievais, quando uma pessoa inexperiente – o aprendiz – trabalhava por um período, aprendendo um ofício pelas mãos e tutoria de um mestre. Nessa primeira versão do treinamento profissional, o aprendiz, frequentemente, levava uma vida parca na casa do mestre ou mesmo no local de trabalho. A jornada de trabalho era longa, a remuneração, inexistente, e o aprendiz estava à mercê do professor."[42]

Vera continuou: "Claro, a Covid-19 exacerbou isso tudo. Assim que a pandemia se intensificou, as cidades começaram a se fechar. Contratantes de todo o país começaram a eliminar estágios de verão, e estudantes perderam sua moradia quando as faculdades fecharam. Apesar de não disponibilizar serviços diretamente, o Pay Our Interns recebeu mais de 150 mensagens de estudantes angustiados perguntando se conhecíamos algum recurso para ajudar a financiar vários gastos, inclusive aluguel e passagens de volta para casa. Lidar com isso fez com que todos os nossos programas presenciais fossem cancelados, e perdemos a maioria da nossa receita."

Em resposta a essa necessidade, Vera organizou o Intern Relief Fund ["Fundo de Amparo aos Estagiários", em tradução livre], que, na primeira rodada, gerou mais de mil candidatos em menos de cinco dias. Muitos deles eram universitários cujos estágios remunerados tinham sido cancelados ou não seriam mais pagos. Vera compartilhou a história de Nandini, que recebeu o auxílio durante o verão: "Nandini é uma aluna da Stony Brook. Durante vários meses, ela e a família têm enfrentado a possibilidade de ficarem sem casa. A jovem nos disse em maio que os pais estavam desempregados há mais de um ano e que quase perderam a casa várias vezes. Antes da pandemia, ela estava recebendo dinheiro em seu estágio em uma ONG, mas o financiamento foi cancelado. Graças ao nosso auxílio, sua família pôde pagar a hipoteca até a data estipulada pelo banco."

Mas Vera logo percebeu que esse esforço passional estava colocando-o em risco de burnout novamente: "A ironia é que, ao trabalhar para ajudar estagiários não remunerados em suas crises, eu estava contribuindo, mais uma vez, para o meu próprio burnout. Eu acordava às 3h30 da manhã todos os dias e parei de cuidar de mim mesmo. Depois de um mês disso, eu me disse a mesma coisa que todos os candidatos do Intern Relief Fund disseram ao Pay Our Interns: isso é insustentável. Percebi que precisava respeitar meu ritmo, o que é, certamente, um luxo a que a maioria dos estagiários não remunerados não pode se dar."

Até agora, ele e sua equipe arrecadaram US$200 mil para o Intern Relief Fund – ajuda que permite que jovens paguem o aluguel, façam compras e contribuam em seus lares, além de cobrir os custos da faculdade.

"O dinheiro não é nosso"

Precisamos fazer mais do que pagar às pessoas pelo seu valor e tempo. Há uma empresa que está garantindo que o acesso à remuneração também seja uma prioridade. Elaine Davis, diretora de direitos humanos da Continuum Global Solutions, lidera uma organização de 17 mil funcionários, em sua maioria horistas, que trabalham em *call centers* físicos.

No meio de março de 2020, ela colocou todos eles para trabalhar remotamente, uma conquista notável. E, apesar de ter acompanhado consistentemente a saúde mental deles e tentado fornecer apoio de todas as formas possíveis – chegando a enviar kits para ajudar as crianças de mães solo a se manterem ocupadas durante a quarentena em casa –, ela se concentrou nas demandas mais importantes dos funcionários para enfrentar mais um dia. E isso incluía receber remuneração.

Logo no início da nossa conversa, Davis enfatizou que o pagamento é a maior necessidade dos trabalhadores. Quando mudou de emprego, de chefe de RH para dona de uma empresa listada entre as maiores companhias da *Fortune* 1000, ela logo percebeu que as necessidades dessa força de trabalho eram bem diferentes daquelas que havia administrado antes. De acordo com Davis, a maioria de seus funcionários são mulheres, muitas das quais são mães solo. Algumas têm um histórico de desemprego ou tiveram dificuldades em encontrar trabalho no passado. Para a maioria, este é o primeiro emprego ou será o último.

É óbvio que, em qualquer organização, uma remuneração apropriada é a prioridade. Contudo, para muitos horistas, receber o salário pode significar a diferença entre conseguir acesso a atendimento médico, manter as luzes acesas, comer direito e até mesmo evitar um despejo. Adicionando ainda mais estresse a uma situação que, em outros contextos, já seria desafiadora, a maioria dos que ocupam esses empregos não têm um plano B, já que carecem de crédito ou economias às quais possam recorrer.

Segundo uma pesquisa com mais de 3 mil horistas da Branch, uma plataforma de bem-estar que virou um *challenger bank*, aproximadamente 80% dos horistas tinham menos de US$500 guardados para emergências, e 52% não tinham nada, o que representa um aumento de 12% em relação ao ano anterior. Além disso, 66% já tinham atrasado ou perdido o prazo para pagar contas, enquanto outros 10% planejavam fazê-lo no próximo mês. Os custos básicos de vida continuaram a figurar entre as maiores preocupações dos horistas[43].

À luz dessa realidade, Davis se juntou ao CEO da Branch, Atif Siddiqi, cuja empresa faz parcerias com contratantes que desejam dar aos funcionários acesso a 50% de seus salários antes do dia de pagamento. Isso oferece aos trabalhadores que enfrentam despesas médicas inesperadas ou a ameaça de cortes de luz, gás e água uma chance de alívio financeiro. Por vezes, Davis me disse, "assim, podem pagar uma viagem escolar, proporcionando mais oportunidades de aprendizado aos filhos e evitando que sejam excluídos".

Este plano envolve juros, penalidades ou outros custos? É semelhante a um esquema de empréstimos pessoais? A resposta é não. Ele apenas permite que as pessoas sejam pagas imediatamente após o trabalho, em vez de quinzenalmente. É simples, mas muito significativo para a força de trabalho de Davis. Isso ressalta sua empatia e uma compreensão profunda das necessidades dos funcionários.

Ela afirmou: “Eu sempre lembro aos que trabalham para mim que este dinheiro é *deles*, que *eles* o ganharam, só que estamos pagando quando eles precisam, em vez de quando estamos dispostos a pagar.”

"Então, obrigado!"

De acordo com a teoria de motivação dos dois fatores de Herzberg, pagar um salário justo é simplesmente uma prática de higiene corporativa adequada. Mas o que normalmente fica de lado é o impacto das compensações sociais, como reconhecimento e feedback. Parte do desenvolvimento na primeira infância se baseia em feedback positivo, que reforça ações saudáveis e comportamentos subsequentes de longo prazo, permanecendo como parte dos comportamentos que aprendemos. O reconhecimento consistente em resposta a um bom trabalho apenas reforça uma motivação intrínseca para fazer mais do que a pessoa já vem fazendo bem.

Por outro lado, quando não reconhecemos o trabalho uns dos outros, tanto como colegas quanto como líderes, perdemos nosso senso de valor em prol de uma missão organizacional maior e paramos de nos sentir bem conosco mesmos. É importante garantir que reconheçamos aqueles que estão demonstrando empatia.

A TinyPulse, uma empresa que fornece insights para funcionários, compartilhou no post “As Histórias Mais Constrangedoras que Já Ouvimos sobre Reconhecimento no Trabalho” de seu blog exemplos de boas intenções que tiveram resultados ruins. Uma das histórias descreveu um funcionário cujo chefe havia colocado uma foto no saguão da empresa, chamando-o de “Vendedor Nº 1”. O funcionário compartilhou que havia passado toda a carreira tentando provar a consumidores e potenciais clientes que estava genuinamente empenhado em resolver seus problemas e ajudá-los a alcançar o sucesso: “Mas, com um olhar, aquela imagem destruiu todo esse trabalho, me transformando, aos olhos dos outros, em alguém cujo objetivo era vender, e não tentar ajudá-los a escolher o que comprar.”[44]

O reconhecimento dos funcionários é valioso no local de trabalho. Mas primeiro é importante considerar o jeito de fazê-lo. Pense bem nos seus métodos e assegure-se de que a compensação seja igualitária.

Alan May, vice-presidente-executivo e diretor de gestão de pessoas na Hewlett Packard Enterprise (HPE), disse que o reconhecimento era instrumental quando a empresa enfrentava o pico da pandemia. Ele queria reconhecer o trabalho dos funcionários da força de trabalho global por adotarem os valores e a cultura da organização e, mais do que isso, lembrá-los de seu valor para a empresa. Durante nossa entrevista, May compartilhou histórias sobre as chamadas de reconhecimento surpresa realizadas pelos membros do comitê executivo do HPE.

Tudo começou com um pedido dos executivos corporativos para que funcionários específicos fossem entrevistados para uma matéria que apareceria no vlog interno da empresa, o *HPE Insider*. Eles não faziam ideia de que seriam surpreendidos por um dos membros de sua equipe executiva durante uma videochamada no Zoom. Executivos de alto escalão ao redor do mundo se precipitaram para surpreender cada funcionário com uma reunião individual de agradecimento.

Eu vi algumas das reações no vlog. Uma funcionária, membro da equipe jurídica e de administração de vendas que atuava no escritório da HPE em Dalian, na China, recebeu uma videochamada surpresa de John Schultz, o diretor de operações da HPE. Schultz disse: "Eu só queria reconhecer a sua contribuição e lhe agradecer por ela. Então, obrigado!" Ela ficou tão surpresa, animada e orgulhosa que mal conseguia respirar. Precisou de uma pausa para conseguir dizer: "Ah, obrigada. É uma honra para mim... Ah, OK, meu Deus, estou tão feliz! Preciso tirar uma foto!"

Um gesto tão simples traz benefícios enormes para o bem-estar. May compartilhou o quanto gostava de se conectar dessa maneira com os outros. Ambos os lados saem ganhando. "Parece simples", disse, "mas já vi isso muitas vezes em minha carreira, quando você sente que precisa dominar a comunicação em vez de ouvir, mas nós realmente nos concentramos em ouvir, e isso tem sido crítico para a saúde mental dos funcionários".

May também focou as necessidades dos funcionários, escutando de forma empática e recompensando boas ideias ao implementá-las: "Temos um público dividido quando se trata da saúde mental; algumas pessoas estão morando sozinhas e começando a se sentir isoladas, outras cuidam de pais idosos em casa, e pode haver alguém que esteja afetado de alguma forma ou tenha uma condição preocupante; é óbvio que a preocupação com a parentalidade é enorme. Temos algumas pessoas que realmente têm ótimas condições para trabalhar de casa e outras que literalmente estão trabalhando na cozinha de um apartamento muito, muito pequeno em algum lugar de Bangalore."

Depois de perceber isso, May criou grupos de bate-papo para que os colegas se comunicassem entre si, juntando, sem nenhum objetivo concreto, indivíduos que compartilhavam das mesmas ideias. "Não monitorávamos os grupos, mas participávamos em algum nível, ouvindo", disse ele. "E então, se eles começassem a fornecer ferramentas específicas para aqueles que trabalhavam remotamente, sugestões específicas para os que se sentiam presos em casa e solitários, coisas assim, nosso papel se resumia a estimular as boas ideias que ouvíamos em muitas daquelas salas de bate-papo e colocá-las em prática."

É assim que se demonstra reconhecimento. Mostramos às pessoas que foram ouvidas e que suas vozes importam. É importante exaltar a pessoa pelo bom trabalho, reconhecendo especificidades, resultados ou comportamentos. Por exemplo, quando alguém se esforça ao máximo para ajudar um cliente ou um colega de trabalho, ou quando se entrega muito mais do que o necessário a um projeto, compartilhe sua história, vá além do feedback. A última videochamada da equipe executiva foi transmitida para todos os 60 mil funcionários, para que todos pudessem ver como os trabalhadores eram valorizados pela organização como um todo.

Também existem outras maneiras de criar um efeito de rede de reconhecimento no ambiente de trabalho, especialmente ao compartilhar histórias de colegas:

» *Comece fofocas positivas.* Parece um paradoxo, mas é um jeito muito poderoso de mudar a mentalidade do escritório, passando do foco no que não temos para o que temos. Isso desencadeia mais agradecimentos e gratidão pelo bom trabalho e coloca as reclamações improdutivas em segundo plano.

» *Colete feedback ao compartilhar gratidão.* Conte histórias sobre seus colegas, criando paredes de gratidão, que podem ser espaços em branco com notas autoadesivas e um marcador permanente montados em uma área comum. Na próxima reunião semanal, inclua um momento para compartilhar algum feito da semana anterior. Inclua perguntas como "Quem foi atencioso?" ou "Como isso melhorou, mesmo que um pouco, sua experiência de trabalho nesta semana?".

» *Agende reuniões regulares para expressar agradecimento.* Coloque um lembrete semanal no calendário para lembrar-se de reservar dois minutinhos para reconhecer o bom trabalho de alguém com duas frases ou menos.

QUARTA CAUSA

Relacionamentos ruins

De acordo com psicólogos sociais, "Os grupos que nos proporcionam a sensação de ter encontrado nosso lugar, propósito e pertencimento tendem a ser benéficos para nosso bem-estar psicológico. Eles nos conferem uma sensação de ancoragem e preenchem nossas vidas com sentido. Fazem com que nos sintamos distintos e especiais, eficazes e bem-sucedidos. Elevam nossa autoestima e autovalorização"[45].

A antítese disso é o isolamento, a solidão, a falta de sentido em nossas vidas, a perda de laços saudáveis e o burnout. No artigo "Psychological Sense of Community and Burnout" [sem publicação no Brasil], os pesquisadores compartilharam que, em seu estudo com graduandos universitários, os sujeitos que sentiam um forte senso de comunidade psicológica no ambiente em que viviam relataram, em comparação com aqueles sem um forte senso de comunidade, menores taxas de burnout no Índice de Burnout de Maslach e na Avaliação de Burnout de Meier, um teste com 33 perguntas de verdadeiro ou falso que complementa o MBI[46]. Uma vez que as pessoas passam metade do tempo desperto no trabalho diariamente, relações saudáveis no ambiente profissional são vitais para a saúde mental[47].

Além disso, a comunidade leva ao pertencimento. Isso, juntamente ao bem-estar, está entre os melhores colocados da pesquisa *Tendências Globais de Capital Humano*, da Deloitte, como uma das mais importantes questões de capital humano. De acordo com a pesquisa, "79% dos participantes disseram que o fomento desse sentimento de pertencimento era importante para o sucesso de suas organizações nos próximos 12 a 18 meses, e 93% concordaram que esse sentimento motiva a performance da empresa – uma das maiores taxas de consenso sobre a importância de algo nos relatórios de *Tendências Globais de Capital Humano* da última década"[48].

A pesquisa da Deloitte cita um estudo da *BetterUp* que analisou o valor da diversidade e da inclusão, descobrindo que "o sentimento de pertencimento no local de trabalho pode levar a um aumento de 56% na performance profissional, uma redução de 50% no risco de rotatividade de funcionários e de 75% no volume de licenças médicas. O estudo descobriu que uma única incidência de 'microexclusão' pode levar a uma redução imediata de 25% na performance individual em um projeto em equipe."[49]

Com o aumento do individualismo, nacionalismo e polarização que nos dividem, nosso respeito pelas diferenças alheias está se erodindo. Apesar de todas as ferramentas disponíveis para permanecermos conectados e de nossa força de trabalho em rápida expansão, parece que quanto mais precisamos de pertencimento, mais nos afastamos. E isso precisa mudar.

Estamos testemunhando um aumento nas discussões sobre política, tensões raciais e disparidades na igualdade e remuneração no local de trabalho. Ou estamos de um lado ou do outro. Para organizações e líderes, trata-se de uma grande ameaça a culturas saudáveis e, inevitavelmente, ao sucesso geral de nossos objetivos comerciais.

Além de algumas outras soluções que exploramos no início deste capítulo, como a abordagem da NASA em relação à catástrofe da *Columbia*, opiniões divergentes e conversas francas podem fomentar uma cultura mais forte, saudável e com melhor desempenho.

Ao avançar nas estratégias de segurança psicológica, construímos comunidades saudáveis. E, com isso, construímos confiança.

No entanto, essa confiança tem origem na honestidade. Em locais de trabalho complexos e delicados, a sinceridade pode ser algo complicado. Ao compartilhar feedback com os outros, a empatia (mais uma vez) precisa estar na raiz da nossa comunicação para garantir que o feedback ajude em vez de machucar os outros com críticas.

Jim Moss, diretor-executivo da YMCA WorkWell, especialista em bem-estar reconhecido em todos os Estados Unidos e, por acaso, também meu marido, acredita que, para construirmos uma cultura comunitária saudável, precisamos valorizar feedbacks honestos. Ele acredita que o feedback é a melhor ferramenta para reconhecer os comportamentos mais críticos que concretizam metas individuais e organizacionais. Moss também confirma que, quando se trata de fornecer feedback, a empatia deve ser a fundação dessas conversas. Ele disse: "Para encontrarmos o equilíbrio entre saúde e desempenho, é necessário nos medirmos e ajustarmos às oscilações do mundo ao nosso redor e dentro do nosso ambiente de trabalho. Todavia, nunca devemos estar dispostos a sacrificar tudo ou grande parte de ambos, e os líderes precisam se responsabilizar por essa noção. Esse é o tipo de organização que prospera a longo prazo, promove maior 'autocura' e, funcionalmente, é mais resiliente."[50]

Quando se trata de burnout, Moss sugere que a organização está tendendo para a alta performance, sem perceber que está sendo alimentada pela saúde dos indivíduos da comunidade social da empresa, ou ocorrendo às custas dessa saúde. "E não podemos apostar quando se trata disso", disse. "Ter um forte senso de comunidade é algo muito poderoso. Isso pode nos dar a sensação de fazer parte de algo maior e importante, e sua ausência pode fazer com que nos sintamos sozinhos, isolados e excluídos."

Ele afirma que, assim que alguém percebe que a comunidade a que recorria para receber apoio social e segurança psicológica o abandonou, pode haver efeitos cascata negativos e substanciais. Moss disse: "Como atleta que foi forçado a se aposentar cedo por questões de saúde, eu me senti confinado às sombras por um tempo. Foi um desafio perceber que a comunidade a que eu recorrera no trabalho não estava mais presente da mesma maneira. Como não consegui dar nome a isso e apenas senti essa perda, tive problemas com minha saúde mental."

Moss compartilhou que alguns poucos indivíduos já conseguem conduzir uma mudança, mas que a comunidade precisa ser genuína antes que a transformação possa crescer de maneira saudável. Ele disse que é por isso que os valores precisam estar alinhados e que o local de trabalho é um lugar onde podemos fazer nossos "eus" autênticos funcionarem. "Precisamos de um espaço – seja ele físico ou virtual – que nos permita fazer contribuições significativas e nos desenvolver enquanto indivíduos. Somente então podemos contribuir significativamente enquanto uma organização como um todo."

Confie. Faça amizades.

Existe um bom motivo para a Gallup incluir o item "Tenho um melhor amigo no trabalho" em sua pesquisa de doze perguntas. De acordo com a Gallup, somos animais sociais, e o trabalho é uma instituição social; logo, "a evolução de relacionamentos de qualidade é perfeitamente normal e uma parte importante de um local de trabalho saudável".

A decisão de incluir esse item foi resultado de anos de pesquisa em ambientes de trabalho com altos níveis de retenção de funcionários, métricas de clientes, produtividade e rentabilidade: "A pesquisa identificou doze dimensões que se correlacionaram consistentemente com esses quatro resultados – dimensões que a Gallup agora utiliza para medir a saúde do ambiente de trabalho. Um estudo associado, no qual a organização estudou mais de 80 mil gestores, se concentrou em descobrir o que grandes gestores fazem para criar ambientes profissionais de qualidade."[51]

A Gallup observou que os funcionários que relatavam ter um melhor amigo no trabalho eram:

- 43% mais propensos a relatar que receberam elogios ou reconhecimento pelo trabalho nos últimos sete dias.
- 37% mais propensos a relatar que alguém no trabalho encoraja seu desenvolvimento.

- » 35% mais propensos a relatar comprometimento dos colegas para com a qualidade do trabalho.
- » 28% mais propensos a relatar que, nos últimos seis meses, alguém no trabalho conversou com eles sobre o seu progresso.
- » 37% mais propensos a relatar que a missão da empresa os faz sentir que seu trabalho é importante.
- » 27% mais propensos a relatar que suas opiniões parecem contar no trabalho.
- » 21% mais propensos a relatar que têm a oportunidade de fazer no trabalho o que fazem de melhor todos os dias.[52]

De acordo com a pesquisa da Gallup, "Esse item também aponta para a questão da confiança entre colegas. Quando há forte engajamento em um grupo de trabalho, os funcionários acreditam que seus colegas os ajudarão durante períodos de estresse e desafios. Aqueles que têm melhores amigos no trabalho identificam níveis significativamente mais altos de gerenciamento saudável do estresse, mesmo sofrendo níveis semelhantes de estresse"[53]. No entanto, quando a Gallup pesquisou mais de 15 milhões de funcionários ao redor do mundo, menos de um terço deles relatou ter um melhor amigo no trabalho[54].

Um estudo fascinante desenvolvido ao longo de vinte anos por pesquisadores da Universidade de Tel Aviv descobriu que aqueles que têm um bom sistema de apoio de colegas podem viver mais do que aqueles que não têm. Eles descobriram que os colegas de trabalho tinham o maior impacto em nossa saúde: "O apoio social dos colegas foi avaliado como alto quando os participantes relataram que estes os ajudavam a resolver problemas e que eram amigáveis."

Os pesquisadores perguntaram aos participantes sobre o comportamento dos chefes, o relacionamento com os colegas e o ambiente de trabalho, sempre monitorando sua saúde. A descoberta foi que o fator mais ligado à saúde era o apoio dos colegas. Trabalhadores de meia-idade que recebiam pouco ou nenhum apoio no trabalho tinham 2,4 vezes mais probabilidade de morrer durante o estudo[55]. Então, basicamente, quanto mais hostis os colegas eram, maior o risco de mortalidade para o indivíduo.

Quando li esse estudo, só conseguia pensar que a pessoa que deixa bilhetes passivo-agressivos em cima da pia realmente precisa parar com isso. O estudo também me fez refletir sobre a importância dos líderes terem laços fortes com seus colegas. Às vezes, nossos papéis podem parecer isoladores, mas ter ao menos uma pessoa para a qual ligar, com quem trocar ideias ou obter outra perspectiva é valioso. No entanto, fica difícil fazer isso quando nos desconectamos cada vez mais daqueles com quem trabalhamos. O isolamento aumentou como resultado da expansão do trabalho remoto em 2020.

Uma das conclusões da nossa pesquisa foi a descoberta de que é difícil para os colegas manterem laços fortes uns com os outros enquanto trabalham remotamente. Quase 40% dos participantes disseram que tinham dificuldade com tamanha desconexão. Manter uma cultura remota saudável requer estratégias específicas, que incluem reunir fisicamente as pessoas o máximo possível.

Um participante compartilhou seus sentimentos sobre essa separação e seu impacto na cultura da empresa: "Tudo se tornou completamente virtual. Trabalho para uma empresa que ficou entre as melhores da lista do Glassdoor *Melhores Lugares Para Trabalhar* várias vezes, que é conhecida por sua cultura, uma cultura que admiro. Mas não é a mesma coisa. A diversão e a conexão são tão difíceis de replicar virtualmente que agora parece ser apenas trabalho, e não muito mais do que isso. Tenho tido dificuldades para balancear minhas necessidades de bem-estar e saúde mental em relação à minha vida profissional."

Em 2020, vimos uma mudança massiva, passamos de trabalhar de casa ocasionalmente para trabalhar de casa sempre. Isso foi permanente para muitas empresas e uma boa notícia para algumas. Elas estavam esperando pelo trabalho remoto há anos, e isso forçou um experimento dentro do ambiente profissional que foi um sonho tornado realidade.

Como já mencionei, adoro trabalhar de casa, mas nem todo mundo é assim. Estou implorando aos líderes que considerem que oferecer um modelo de trabalho híbrido é a melhor abordagem para promover relacionamentos saudáveis no ambiente profissional. Ou seja, que ofereçam espaços físicos onde as pessoas possam se reunir para uma colaboração presencial quando quiserem. E que elas também possam escolher trabalhar em casa, se precisarem de espaço.

Quando a configuração é remota, encontrar colegas aleatoriamente no refeitório ou passar na mesa de alguém já não é garantido. Isso quer dizer que os líderes precisam encontrar alternativas para "colisões de inovação" – momentos em que a espontaneidade pode resolver grandes problemas.

Em *De Volta às Conexões Humanas: Como Grandes Líderes Formam Vínculos na Era do Isolamento*, Dan Schawbel aborda o impacto da solidão e da desconexão no ambiente de trabalho. Ele insta as pessoas a "usar a tecnologia como uma ponte" para fomentar a interação humana. Aconselha indivíduos a não deixarem a tecnologia formar uma barreira entre si e aqueles com que mais precisam se conectar[56]. Schawbel também encoraja os líderes a tomar o tempo necessário para conhecer suas equipes. "Ao atender às necessidades humanas de alguém, você também estará atendendo às suas necessidades profissionais", diz.

Sua pesquisa recente, em colaboração com a Virgin Pulse, tinha como objetivo determinar as melhores formas de possibilitar laços humanos mais fortes. Em um estudo com 2 mil gestores e funcionários de diferentes faixas etárias e localizações geográficas, ele descobriu que reuniões fora do escritório eram uma estratégia útil para estimular relacionamentos. Schawbel constatou que, ao se reunirem em ambientes fora do trabalho, os funcionários conseguiam escapar mais das conversas de escritório e desenvolver interações mais íntimas. Depois desses encontros, os dados dos participantes mostraram aumento na produtividade e no engajamento do grupo, enquanto os sentimentos de isolamento e solidão diminuíram.

"Sério, é uma questão de confiança", compartilhou Schawbel em nossa entrevista, "porque, se você nunca viu a cara da pessoa, não confia tanto nela. Assim que você a conhece, tudo muda, tudo mesmo".

O problema é agravado pelo crescente número de pessoas que moram sozinhas, o que costumava ser raro. Agora, famílias unipessoais são o segundo maior tipo familiar nos EUA – logo atrás das famílias matrimoniais sem crianças pequenas e ainda mais prevalentes do que as matrimoniais com crianças menores de 18 anos. Em muitos centros urbanos, aproximadamente 40% das residências são compostas de apenas uma pessoa.

A tendência de viver sozinho levanta preocupações entre especialistas em saúde mental. Estudos descobriram que isso está ligado à depressão, a uma qualidade de vida mais baixa e a problemas de saúde. Os *millennials*, que compõem a maior parte da força de trabalho, são a geração mais solitária. Três em cada dez se sentem solitários sempre ou com frequência, de acordo com uma pesquisa da YouGov, uma empresa de pesquisa e análise sediada em Londres[57]. No trabalho, 66% dos *millennials* acharam difícil fazer amigos, comparados a 23% de *baby boomers*, de acordo com uma pesquisa de 2018 da Milkround, empresa de gestão de carreiras para estudantes e graduados com sede no Reino Unido[58].

A conexão pessoal não serve apenas para o engajamento e a felicidade no trabalho; é o que nos torna humanos. Faz parte da nossa composição genética. Esse legado evolutivo enraizado remonta aos dias em que nossa sobrevivência dependia da coletividade. Hoje, muitas vezes é no ambiente de trabalho que encontramos nossa comunidade.

Além de reunir as pessoas fisicamente, existem outras maneiras pelas quais os líderes e gerentes podem ajudar a cultivar relacionamentos saudáveis no trabalho:

» *Fornecer locais onde as pessoas possam se conectar quanto a tópicos não relacionados ao trabalho.* Tenha canais como Slack ou Teams – pode ser qualquer ferramenta de colaboração social que a organização utilize – nos quais possam discutir uma variedade de tópicos, desde tapeçarias até arremesso de machados e parentalidade. Não se preocupe com a possibilidade de as pessoas ficarem conversando nesses canais durante a jornada de trabalho; apoiar o seu uso significa que você confia que os funcionários conseguem administrar a carga de trabalho.

» *Conectar pessoas de toda a organização.* Apoie projetos colaborativos que energizem a equipe e a conectem à missão e aos valores da organização. Ter um propósito e um sentido na experiência de trabalho contribui muito para o bem-estar dos funcionários. A dopamina tem um papel extremamente importante no processo criativo – especialmente na sua conclusão. Ao longo do processo de colaboração criativa, experimentamos descargas saudáveis de dopamina, mas quando concluímos o projeto, nossos cérebros ficam inundados por essa substância, de modo que ela acaba ajudando a nos motivar ainda mais[59]. Também é a dopamina que nos permite imaginar e bolar novas ideias. Isso não só é saudável para a formação de laços no trabalho, mas também aumenta as oportunidades de inovação.

» *Colocar o altruísmo em prática.* Outro jeito de incrementar essa química da felicidade é engajar os funcionários em atividades voluntárias. As pessoas que já se voluntariaram demonstraram ter uma maior qualidade de vida e relacionamentos mais saudáveis do que aquelas que não praticaram o altruísmo.

» *Monitorar a competição insalubre.* Por um lado, a competição pode ser saudável. De acordo com uma pesquisa publicada no *Academy of Management Journal*, "Ela pode aumentar a motivação e o esforço individuais na produção de resultados"[60]. No entanto, ambientes de trabalho competitivos demais podem causar estresse, sigilo, defensividade e comportamentos predatórios. A competitividade excessiva também pode levar a sentimentos de isolamento entre os funcionários e a uma cultura de "cada um por si". Embora estratégias como definir o público-alvo das vendas corporativas e métricas de equipe possam ajudar, a melhor maneira de encorajar a competição saudável e mitigar a sensação de solidão entre os trabalhadores é fazê-los focar objetivos compartilhados.

» *Construir culturas inclusivas.* Sentir-se incluído motiva o que chamamos de "ciclo virtuoso", que energiza os funcionários a "agirem em prol dos outros" dentro desse grupo. Isso os incentiva a trabalhar muito mais duro para suas equipes e para a organização como um todo. Em contrapartida, o individualismo pode causar um isolamento social que, inevitavelmente, provoca mudanças nas funções cerebrais, comprometendo a capacidade de aprendizado, prejudicando a tomada de decisões e aumentando as reações ao perigo[61]. Precisamos fomentar uma cultura baseada em objetivos de grupo inclusivos, em vez de adotar estratégias de "sobrevivência do mais apto", que aparecem muito em ambientes cujo foco é a produção.

O que acontece quando os funcionários não conseguem se conectar genuinamente com a organização? Como valores incompatíveis os forçam a esconder quem realmente são e desejam ser no trabalho, colocando-os em risco de sofrerem burnout mais adiante? A resposta é a falta de justiça.

QUINTA CAUSA

Falta de Justiça

O tratamento injusto, também conhecido como falta de justiça organizacional, pode resultar em uma variedade de condições, incluindo comportamento tendencioso, favoritismo, maus tratos por parte de colegas ou supervisores, e políticas corporativas/compensações injustas, mas vai além disso.

De acordo com a Gallup, "Quando os funcionários não confiam em seus gerentes, colegas ou líderes executivos, o vínculo psicológico que torna o trabalho significativo é quebrado"[62]. Aqueles que percebem que estão sendo tratados injustamente no local de trabalho estão sob maior risco de tirar licenças médicas e ficar mais tempo afastados devido a doenças, de acordo com uma pesquisa da Universidade de East Anglia e da Universidade de Estocolmo.

Constanze Eib, que ministra palestras sobre comportamento organizacional na Norwich Business School e foi coautora do estudo, descobriu que "embora períodos mais curtos, mas também mais frequentes, de licenças médicas possam proporcionar um alívio temporário dos altos níveis de cansaço e estresse, o afastamento prolongado do trabalho pode ser um sinal de problemas de saúde mais sérios"[63].

A principal autora do estudo, Constanze Leineweber, do Stress Research Institute ["Instituto de Pesquisa sobre o Estresse", em tradução livre] em Estocolmo, disse: "A justiça profissional aparente é um aspecto mutável do ambiente de trabalho, bem como a instabilidade no emprego. As organizações têm um controle significativo sobre ambos... Elas também podem sair ganhando ao selecionar gestores por suas qualidades associadas a práticas profissionais justas, treinando-os segundo os princípios da justiça e implementando práticas de gerenciamento de desempenho para eles que considerem o uso da justiça organizacional."[64]

Se os líderes querem reduzir o tratamento injusto no trabalho, precisam seguir padrões similares àqueles encontrados em comissões de direitos humanos ao redor do globo. Os pesquisadores descrevem as seguintes diretrizes como um melhor mecanismo para que os funcionários relatem tratamentos injustos no trabalho:

» Tenha um mecanismo de reclamações estabelecido.
» Defina um padrão corporativo compartilhado em relação ao tratamento injusto.
» Responda a todas as queixas.
» Leve a questão a sério.
» Aja prontamente.
» Providencie um ambiente de trabalho saudável enquanto o caso é investigado.[65]

Em minha entrevista com Christina Maslach, ela compartilhou que a falta de justiça é um fator crescente que prevê o burnout. Em um de seus exemplos, a injustiça acabou se revelando um problema enorme. Todavia, foi preciso um tempo para que Maslach e a equipe de liderança percebessem o que realmente estava incomodando as pessoas. Em que situação elas sentiram que as práticas realmente foram injustas? Quando os líderes finalmente descobriram o que era, ficaram completamente surpresos.

Maslach descobriu que fora o tipo de prática que a equipe de liderança julgava "maravilhosa", como prêmios por serviços ilustres, acabou sendo o problema. De início, ela questionou o que poderia dar errado nas premiações.

Ela explicou à equipe de liderança que não era a entrega dos prêmios em si, mas *aqueles* que estavam sendo premiados. Maslach descobriu, com as respostas da pesquisa, que a maioria dos funcionários sentia que o reconhecimento e os prêmios estavam sendo concedidos a pessoas que não os mereciam.

Descobriu também que, na maioria das vezes, os prêmios eram entregues a pessoas que não tinham recebido aumento naquele ano, como uma forma de compensação pela remuneração insuficiente. "São coisas assim que realmente corroem a gente por dentro – que enfurecem, sabe", disse.

Eu balançava a cabeça vigorosamente, concordando enquanto ela falava. Tudo o que estava dizendo se alinhava ao meu intelecto e minhas emoções. Como Maslach explica, essas são as pedrinhas. As irritações. Os pequenos estressores que crescem, tornando-se grandes causas de burnout. E só foi preciso perguntar, chegando aos dados mais detalhados, mas também mais significativos, para realmente consertar isso.

Sim, é frustrante e cansativo quando vemos pessoas sendo reconhecidas por um trabalho desleixado. É injusto e nada satisfatório, especialmente se você faz parte de um grupo vulnerável durante um período de grandes agitações sociais e está esgotado por causa de uma pandemia. É nessas horas que a falta de justiça se torna injustiça – um intervalo que nem todos entendemos – e que os líderes precisam parar o que estão fazendo para escutar e aprender.

As camadas da desigualdade

De acordo com uma pesquisa de Adia Harvey Wingfield, vice-reitora da Universidade de Washington, "As condições sob as quais muitos profissionais de saúde negros estão atuando produzem um tipo específico de burnout, estresse e exaustão. Com frequência, isso acontece não só porque muitos trabalham em unidades públicas sucateadas, mas também por lidarem com as implicações raciais de seu trabalho – cuidando de pacientes negros e de baixa renda, os quais muitos colegas médicos brancos veem por meio das lentes de esteriótipos raciais, como usuários de drogas, pacientes que não aderem ao tratamento ou pais irresponsáveis"[66].

Outra voz importante na temática do burnout entre pessoas negras vem da autora e poeta premiada Tiana Clark, que também leciona escrita criativa no *campus* de Edwardsville da Universidade de Southern Illinois. Ela contra-argumentou um artigo sobre o burnout de *millennials* que deixou de fora a experiência negra. Clark afirma que, quando se trata do burnout de negros estadunidenses, "os dados são deprimentes". Já perturba a injustiça de eles receberem 61 centavos a cada dólar pago a suas contrapartes brancas, mas, junto a isso, há ainda o estresse do racismo diário; para a força de trabalho negra, isso é exaustivo. Clark disse: "O burnout para os *millennials* brancos de classe média alta pode até exauri-los mentalmente, mas as consequências do sofrimento do excesso de trabalho, dos salários baixos e das microagressões enfrentadas por grupos marginalizados danificam nossos corpos rapidamente e com maior intensidade."[67]

A história de Abena Anim-Somuah, cuja aparição se deu, inicialmente, no *The Cut*, em agosto de 2020, descreveu a pressão adicional sobre as pessoas negras no local de trabalho. Adicionada à desordem social, isso pode ser uma receita para exaustão total e burnout.

Abena compartilhou: "Acho que, como mulheres negras, sempre sentimos que precisamos trabalhar o dobro para percorrer metade do caminho. Então, constantemente, aceitamos tarefas porque nos dizemos 'ah, se eu pegar este projeto, quando minha avaliação de desempenho sair, eles vão ver que sou valiosa para a empresa, e talvez isso dê em mais alguma coisa'."[68]

Ela também percebeu que a quarentena contribuíra para seu burnout, mas foi com o início dos protestos do Black Lives Matter que ela se sentiu sobrecarregada. "Eu me sentia exausta por trabalhar em uma empresa predominantemente branca, sendo uma das poucas pessoas negras ou pardas e tendo que aguentar as reuniões sabendo que estavam matando impiedosamente gente como eu e a minha família", revelou. "Eu pensei comigo mesma: 'Não, vou tirar um tempo de folga para me recuperar e me renovar.'"[69]

Chegar à raiz do problema dessa história de burnout é muito crítico – bem como encontrar as ações que se escondem atrás daquelas que evocam o oposto do burnout. Ou a pessoa que assume projeto atrás de projeto, aumentando sua carga de trabalho enquanto lida com um desequilíbrio emocional severo para atenuar o preconceito injustificado de alguém, que tem se propagado injustamente por centenas de anos.

Precisamos ir mais a fundo. Nós podemos melhorar.

Precisamos garantir que as perguntas que fazemos tenham nuances e sejam inclusivas. E entender que até mesmo o ato de perguntar pode estar enraizado na desconfiança. Para alguns grupos, ser sondado pode parecer ameaçador, e, historicamente, essas investigações foram feitas com segundas intenções. É de importância crítica manter conversas francas e transparentes, comprometendo-se a compartilhar os dados depois da coleta.

Se reunirmos dados enviesados, não conseguiremos uma visão completa do burnout em nossas organizações. Um bom jeito de começar é garantir que haja especialistas em nossas equipes que realmente compreendam a necessidade de uma comunidade de trabalho diversificada e inclusiva.

O tratamento injusto no trabalho é um grande contribuinte para o burnout e, logo, precisa ser uma prioridade para os líderes. Além disso, o impacto negativo na saúde dos funcionários, junto ao potencial de essa injustiça ser considerada uma ameaça aos direitos humanos, torna ainda mais crítica a necessidade de os líderes abordarem essa questão imediatamente.

SEXTA CAUSA

INCOMPATIBILIDADE DE VALORES

De acordo com a autora Elizabeth Grace Saunders, se os funcionários não valorizam os mesmos objetivos que a organização, "a motivação para trabalhar duro e perseverar pode diminuir significativamente"[70].

Arne L. Kalleberg, professor de sociologia no *campus* de Chapel Hill da Universidade da Carolina do Norte, analisou as dissonâncias mais comuns e seus resultados. Ele aborda por que a superqualificação pode levar à insatisfação no trabalho e, inevitavelmente, impactar a saúde dos funcionários. Quando ele começou a pesquisa, o número de pessoas inseridas no mercado de trabalho e superqualificadas para seu cargo era de uma em cinco[71]. Essa quantidade cresceu após a Grande Recessão de 2008 e, agora, é de uma em quatro[72]. Para recém-graduados, ela é ainda maior, com uma em três pessoas sendo superqualificadas para suas atividades[73].

Um motivo para os economistas e especialistas de RH estarem enfatizando essa situação é que não há oportunidades de trabalho suficientes para atender às conquistas acadêmicas. Portanto, vemos muitos universitários recém-formados, especialmente aqueles com dívidas de financiamento estudantil gigantescas, reduzindo suas expectativas para conseguirem um salário – mesmo que sejam superqualificados para a ocupação[74].

De acordo com uma pesquisa da Deloitte em 2015, 17% dos garçons e garçonetes e 33% dos vendedores tinham diploma de ensino superior ou de pós-graduação. Ambos são exemplos de ocupações que não requerem educação formal e cuja satisfação a longo prazo ou evolução na carreira são improváveis para aqueles com formação avançada.

As taxas de superqualificação são substanciais até mesmo para empregos que requerem apenas diploma de ensino superior. Em 2015, 100% dos atuários, 58% dos consultores financeiros, 47% dos analistas de finanças e 42% dos engenheiros mecânicos nesse grupo tinham mestrado nessas ocupações, das quais nenhuma (de acordo com a Secretaria de Estatísticas Trabalhistas dos Estados Unidos) requer pós-graduação. Segundo o estudo da Deloitte, "Essa é uma realidade alarmante para os *millennials* que frequentaram o ensino superior, os quais podem se ver competindo com outras pessoas de formação ainda mais avançada. A um candidato 'inadequado' resta uma de duas opções: buscar também uma pós-graduação ou procurar outro tipo de trabalho"[75].

Como foi que começou essa tendência? O Pew Research Center descobriu que os mercados de trabalho instáveis encorajavam jovens adultos a voltar à faculdade ou buscar uma formação mais avançada, prologando efetivamente seu tempo na universidade[76]. Somado a isso, as mensalidades universitárias aumentaram a uma taxa anual de 4,8%. No mais, a lenta recuperação econômica que se seguiu à recessão também encorajou novos graduandos a dar prosseguimento à sua formação por um certo período, resultando em um influxo contínuo de novos trabalhadores altamente qualificados[77].

Um estudo conduzido por Michael Harari, da Universidade Florida Atlantic, examinou 25 anos de pesquisas sobre o impacto da percepção da superqualificação[78]. Harari descobriu que os funcionários superqualificados sofrem tensões psicológicas, como depressão, ansiedade e burnout ligado ao trabalho (mesmo quando excluímos as estatísticas sobre tendências de afetividade). Eles também são menos propensos a experimentar bem-estar psicológico, relatando, por exemplo, níveis de satisfação mais baixos[79].

A superqualificação aparente ocorre quando um funcionário está esperando um trabalho no qual possa usar suas credenciais e habilidades, mas não chega a trabalhar nessa posição, o que o faz sentir-se essencialmente privado dessa experiência.

"É essa privação que, segundo as teorias, pode resultar em comportamentos negativos no trabalho", disse Harari. "Existe uma discrepância entre a expectativa e a realidade. Por isso, a pessoa fica com raiva, frustrada e, como resultado, não se importa muito com o emprego que tem e com o qual se sente insatisfeita."

Segundo ele, "os funcionários experimentam tensão psicológica quando investem esforço no trabalho e, em troca, esperam recompensas, como estima e oportunidades de carreira. Para os superqualificados, essa expectativa foi violada"[80].

A pandemia, como parte do mais recente disruptor da força de trabalho, exacerbou essas questões, levando milhões de trabalhadores a voltarem para se instruir mais ou, por desespero, aceitar trabalhos que não correspondem às suas qualificações.

Há dois pontos-chave aqui:

1. Não podemos tirar vantagem de talentos superqualificados contratando-os para cargos inferiores; isso só levará à insatisfação e ao burnout.
2. No entanto, não podemos deixar de contratar talentos superqualificados, porque, então, estaremos deixando os recém-formados desempregados.

O que devemos fazer?

» *Encontrar o caminho.* Precisamos tranquilizar os superqualificados que contratamos, assegurando-lhes que não ficarão estagnados. Desenvolva uma estratégia que inclua um plano de desenvolvimento e treinamento.
» *Comunicar o plano.* Para minimizar a insatisfação e aumentar a retenção de funcionários, comunique rotineiramente que suas habilidades, talentos e educação estão sendo desenvolvidos e que – mesmo que não agora – ainda há um plano em curso para fazê-los chegar aonde querem.
» *Alcançar o objetivo.* Certifique-se de que o plano não prometa demais e nem seja um pacificador. Precisamos garantir que ele realmente alcance o objetivo. Isso demonstra para toda a organização que cumprimos nossas promessas.

Nós combinamos?

De acordo com Terrence Jermyn Porter, da Universidade de St. Thomas, Minnesota, "Os candidatos querem trabalhar em culturas organizacionais que lhes forneçam as melhores oportunidades para o sucesso e escolhem, com base na sua percepção, aquela que condiz com seus valores e necessidades pessoais".[81] Porter continua, afirmando que, durante os primeiros estágios da pesquisa sobre as empresas, é frequente que aqueles em busca de trabalho desenvolvam fortes convicções sobre a cultura das organizações. É então que o candidato tenta determinar se existe um alinhamento pessoa-organização (POF, na sigla em inglês). A teoria do POF descreve a compatibilidade entre as pessoas e as organizações. Como é de se esperar, os candidatos tendem a se sentir atraídos por empresas cujos valores e objetivos são semelhantes aos deles.

No entanto, se alguém descobre uma dissonância entre suas percepções iniciais e a realidade da cultura de uma organização, a diferença entre os dois pode causar muito sofrimento a todos os envolvidos. Contratar alguém cujos valores e objetivos não estão alinhados com a cultura da empresa pode resultar em menor satisfação no trabalho e ter um impacto negativo na saúde mental dos funcionários. Isso, por sua vez, levará a menores taxas de produtividade e a uma maior rotatividade.

Algumas outras consequências possíveis incluem:

» Aumento da exaustão e do estresse físico e mental.
» Desânimo na equipe.
» Falta de motivação individual e coletiva.
» Baixa produtividade ou trabalho insatisfatório.
» Aumento nos custos de contratação e treinamento.
» Burnout.

Isso não significa que não deveríamos seguir o antigo método de recrutar pessoas que "combinam" com a empresa. Como a consultora de recursos humanos e antiga diretora de talentos da Netflix, Patty McCord, compartilhou ao descrever os perigos de seguir essa dinâmica: "Quando se fala em contratar alguém que combina com a cultura, a maioria das pessoas quer dizer que empregaria alguém com quem gostariam de sair para beber. Então, acabamos com uma grande cultura homogênea em que todos se parecem, pensam de maneira semelhante e gostam de beber cerveja às 15h com os colegas."

É óbvio que esse não é o modo certo de pensar quando estamos atraindo ou contratando talentos. Queremos que as pessoas saibam no que estão se envolvendo. Logo, se na sua cultura só se fala em beber cerveja às 15h e a força de trabalho não é diversificada, não minta. Isso só irrita as pessoas.

Ou você tem a cultura desejada e a promove, ou você a transforma. Mas esteja ciente de que, ao fazer isso, provavelmente não contratará pela diversidade e pode perder talentos por causa das lacunas em sua falsa percepção do que "combina" com a sua empresa.

A colunista do *Wall Street Journal* Sue Shellenbarger escreveu que "os funcionários erram ao aceitar um trabalho porque ele oferece pingue-pongue no escritório, almoços gratuitos ou assentos sanitários aquecidos". Seu artigo sugere que "os gerentes que estão contratando precisam ir mais a fundo e descobrir se os candidatos estão em sintonia com os elementos mais fundamentais da cultura da empresa".

Ela sugere que os líderes deveriam considerar logo na contratação se os candidatos "estão... animados com a maneira como a empresa inova, atende aos clientes e causa impacto social? Eles vão se encaixar com o modo de trabalhar dos indivíduos e das equipes, seja colaborando ou competindo? E será que tomarão naturalmente suas decisões da maneira que o empregador deseja – seja individual ou coletivamente, abraçando ou evitando riscos?".

Os líderes devem lutar por uma cultura que encoraje valores, crenças e comportamentos compartilhados entre os funcionários e a própria empresa. Quando essas características estão alinhadas, isso aumenta o desempenho de maneira geral e reduz o burnout. Não só porque o trabalho motivado por um propósito pode servir como uma barreira contra o esgotamento, mas também porque sentir-se conectado a uma missão pode alimentar o engajamento – caracterizando um contraponto ao burnout, de acordo com Maslach e Leiter[82].

...

Estou só começando a explorar como o alinhamento da carga de trabalho, da autonomia, da compensação e do reconhecimento, da comunidade, da justiça e dos valores pode impactar o risco de burnout e, por outro lado, quando bem utilizado nas organizações, pode ser uma receita para culturas mais saudáveis e de maior desempenho.

Não devemos simplesmente supor que, ao administrar as causas do burnout, preveniremos que as pessoas adoeçam. Precisamos construir uma cultura focada em intervenções preventivas, onde a higiene seja saudável e, logo, a cultura possa prosperar.

Ter empatia na liderança será o caminho a seguir. Pergunte às pessoas como estão se sentindo e ouça suas necessidades. Convide-as a compartilhar seus sentimentos anonimamente, para que não tenham medo de repercussões.

» Examine a carga de trabalho. Ela é gerenciável?
» As pessoas estão se sentindo alinhadas com os valores da empresa?

» Examine as estruturas de compensação. Os funcionários acham que a remuneração é justa?
» Quais grupos não se sentem reconhecidos?
» O que podemos fazer para garantir que todos se sintam mais valorizados?
» As pessoas estão sendo microgerenciadas? Como?
» Estamos lidando adequadamente com o impacto que a pandemia tem tido nas comunidades marginalizadas? Isso influenciou a sensação de inclusão?
» Se nos fizermos essas perguntas e conseguirmos respostas, como as replicaremos?

É aqui que começa o trabalho. Peguemos esse aprendizado e o coloquemos em prática. Se não estivermos prontos para lidar com tudo de uma só vez, priorizemos. Sendo realistas, o que podemos fazer e qual seria o prazo? É só nos comprometermos com um futuro no qual realizaremos mais e comunicarmos isso em voz alta. Assumamos a responsabilidade por esse compromisso.

Apesar de podermos, ao mesmo tempo, lidar com a higiene e trabalhar em estratégias para aumentar a motivação, o burnout continua sendo uma ameaça se a higiene não for priorizada. Quando as soluções são simples e a dor é evitável, não resolver os problemas e deixar as feridas infeccionarem só piora a situação.

O esforço necessário não é tão avassalador como pode parecer. Ações simples e repetidas trazem benefícios. Existem centenas, talvez milhares, de maneiras de reconhecer os outros pelo seu ótimo trabalho. Só precisamos fazê-lo de propósito, sem desculpas.

Agora mesmo, ao colocar alguns barquinhos selecionados na nascente do rio, você não precisará mergulhar e resgatar as pessoas na foz.

Não esqueça: os exemplos incluídos neste capítulo são pontos de partida para discussões mais amplas. Em vez de lidar com tudo de uma vez, escolha um foco e invista tempo em resolver os problemas. Mesmo assim, vai demorar até o barco mudar seu curso.

O burnout é real e está crescendo, mas existem soluções. Pode parecer um fardo, e não vou mentir, dizendo que não será um desafio. Mas a hora de questionar a necessidade de agir já passou. É tudo uma questão de intencionalidade e continuidade.

Suponho que você esteja a bordo. Então, vamos continuar.

2

OS MAIS VULNERÁVEIS DE NÓS

COMO EU JÁ MENCIONEI, O BURNOUT É UM PROBLEMA COLETIVO. Dentro das organizações, existem problemas sistêmicos que estão levando as pessoas a adoecerem. Mas há cargos e setores específicos que estão mais propensos. E algumas questões de personalidade podem colocar as pessoas sob um risco ainda maior[1]. É importante identificar que há múltiplos fatores em jogo, porque, quando combinados, eles podem ser catastróficos.

No artigo "Staff Burn-out" [sem publicação no Brasil], Herbert J. Freudenberger lista fatores de personalidade que podem fazer com que uma pessoa sofra mais esgotamento do que outra. Nos primórdios de sua pesquisa, ele afirmou que funcionários mais "dedicados" e "comprometidos" poderiam correr um risco maior. Um ambiente de trabalho que requer mais envolvimento emocional, empatia e investimento pessoal, combinado com uma motivação intrínseca e recompensas extrínsecas, pode aumentar o perigo. Por exemplo, os profissionais da área da saúde são especialmente propensos ao burnout, principalmente aqueles que lidam diretamente com os pacientes. Outras profissões de alto risco incluem professores e educadores – em especial aqueles que trabalham diretamente com os alunos – e funcionários de organizações sem fins lucrativos com missão social. É preciso dizer uma coisa sobre aquele adágio "O topo é solitário"; sabemos também que é desproporcional o tanto que executivos de alto escalão e fundadores de startups sofrem de burnout como resultado de suas personalidades ambiciosas, isolamento e estoicismo.

Neste capítulo, examinaremos as indústrias problemáticas mais detalhadamente, incluindo as áreas da saúde, educação e tecnologia. Embora alguns de nós não trabalhem nelas, os problemas que revelaremos apontam para falhas infraestruturais que, provavelmente, também aparecem em sua organização. Mas, primeiro, analisaremos três traços de personalidade que estão ligados a um maior risco de burnout.

Personalidades em risco

Pessoas neuróticas, introvertidas ou, em especial, perfeccionistas estão mais propensas ao burnout. Por isso, é de importância crítica que identifiquemos as áreas mais fracas e, em seguida, criemos sistemas para ajudar, apoiando aqueles que lideramos e que também podem estar em risco.

Neuroticismo

O neuroticismo é um dos cinco grandes fatores, também conhecidos como "Big Five", dentre os traços de personalidade no estudo da psicologia. Se nos aprofundarmos na definição, faz todo sentido que ele esteja correlacionado às altas taxas de burnout. Indivíduos que obtêm pontuação alta nas escalas de neuroticismo estão mais propensos a apresentarem mudanças de humor e emoções como ansiedade, preocupação, medo, raiva, frustração, inveja, ciúme, culpa, humor deprimido e solidão. Os neuróticos respondem pior aos estressores e estão mais propensos a interpretar situações comuns como ameaças e frustrações simples como difíceis a ponto de provocar desespero[2].

Em sua tese de 2018, "The Relationship Between Big Five Personality Traits and Burnout: A Study Among Correctional Personnel" [sem publicação no Brasil], Sharon Maylor, da Universidade de Walden, sugere que aqueles que possuem o traço de personalidade do neuroticismo sofrem altos níveis de exaustão emocional e despersonalização. Em seu estudo com 112 agentes penitenciários, o tempo e o tipo de trabalho, bem como o estado civil por si só, não tinham nenhuma relação com o burnout. No entanto, quando esses fatores se juntavam aos traços de personalidade, as descobertas da pesquisa mostraram que o neuroticismo era o único que estava associado a todas as três dimensões do burnout[3].

Um estudo recente de pesquisadores da UC Irvine, do Laboratório de Mídias do MIT e da Microsoft, descobriu que os funcionários que demonstravam neuroticismo têm mais dificuldade no trabalho do que aqueles que não demonstram tendências neuróticas. Em especial, os primeiros têm dificuldade em executar várias tarefas ao mesmo tempo e focar, de acordo com Gloria Mark da UC Irvine e seus colegas. "Monitoramos a atividade de quarenta trabalhadores da informação durante duas semanas de trabalho. A duração média do foco na tela online era de quarenta segundos. O traço de personalidade do neuroticismo estava associado a uma menor duração de foco online[4]."

Por outro lado, é importante reconhecermos o valor do neuroticismo. Tendemos a conferir uma má reputação a traços de personalidade como esse, mas eles também têm vantagens.

As pessoas que o apresentam tendem a ser:

» Extremamente analíticas e hipersensíveis a ameaças ou perigos.
» Cuidadosas e menos propensas a tomar decisões impulsivas.
» Mais responsáveis e assumem responsabilidade pelos próprios erros.

Em certos empregos, isso pode ajudá-las a ter um desempenho melhor no trabalho, contanto que monitoremos a possibilidade de burnout. É de importância crítica que sejam implantadas políticas adequadas de bem-estar, especialmente porque, estatisticamente, esse grupo é mais propenso a trabalhar por uma remuneração menor[5].

No mais, as pessoas com alta conscienciosidade e neuroticismo têm uma capacidade ainda maior de canalizar suas ansiedades para comportamentos positivos.

Os gestores podem alavancar essas qualidades fazendo o seguinte:

» Colocar os funcionários com esses traços em cargos que requerem grande atenção aos detalhes ou nos quais eles meçam riscos e lidem com eles.

- » Fornecer muito feedback positivo – isso deveria ser o básico, independentemente do tipo de personalidade em questão, mas é especialmente útil em um grupo que precisa superar déficits de autoeficácia.
- » Estabelecer metas com menos pressão e com maior janela de prazo (planejando com antecedência).
- » Oferecer espaço para trabalharem sozinhos, garantindo que não sejam interrompidos por longos períodos, de modo a conseguirem focar as tarefas.
- » Realizar tarefas em grupo, pois eles trabalham melhor estabelecendo metas em equipe.

Há vantagens potenciais óbvias em ter alguém com neuroticismo na equipe, mas precisamos tomar cuidado com a nossa liderança para evitar o burnout.

Introversão

A introversão é outra das cinco grandes dimensões que definem o que consideramos como personalidades; ela é o extremo oposto da extroversão. Não passa de um mito que os introvertidos temem os outros ou não gostam deles, sendo tímidos e solitários. Essc não é o caso. Eles simplesmente têm sistemas nervosos mais adequados para frequentar ambientes calmos com um ou alguns amigos.

Evidências de um estudo conduzido por pesquisadores da Universidade de Stony Brook, Southwest e da Academia Chinesa de Ciências apontam que os cérebros dos introvertidos não reagem tanto a rostos de pessoas desconhecidas; nessas situações, eles produzem menos dopamina, um neurotransmissor associado à recompensa. Por outro lado, os resultados mostram que os cérebros dos extrovertidos se atentam mais aos rostos, enquanto os dos introvertidos não parecem distinguir entre esses e objetos inanimados[6].

Apesar de seus sistemas nervosos não se parecerem com os dos extrovertidos, isso não significa que os introvertidos não sejam tão eficientes quanto eles. "Os extrovertidos sempre são escolhidos para posições de liderança, enquanto os introvertidos precisam ser analisados antes e, mesmo que frequentemente sejam aqueles que entregam melhores resultados, não são vistos como aptos à liderança", diz Susan Cain, autora do best-seller O *Poder dos Quietos: Como os tímidos e introvertidos podem mudar um mundo que não para de falar*, que palestra frequentemente sobre a introversão e a extroversão no ambiente de trabalho[7].

Esse protótipo de liderança tende a valorizar aqueles que se pronunciam de maneira dominante e atraem a atenção de todos os presentes. Essa atenção se confunde com o poder. Os introvertidos são vistos como líderes fracos e, como tal, recebem 20% menos do que os extrovertidos, bem como metade da responsabilidade na gestão de pessoas[8]. Todavia, não aproveitaremos o potencial dos introvertidos se não descobrirmos como liderar esse grupo da maneira mais eficaz.

De acordo com a pesquisa de Cain, podemos identificar o poder deles nos seguintes comportamentos:

» Tendem a ser mais produtivos que os extrovertidos e menos propensos a distrações.
» Exploram os assuntos com mais profundidade.
» Sabem ouvir muito bem, o que os ajuda na resolução de problemas.
» São, muitas vezes, criadores; é mais provável que escritores e artistas se identifiquem como introvertidos.
» Têm uma forte capacidade de empatia.
» São moderadores e podem acalmar situações de estresse.
» São mais cuidadosos e melhores ao lidar com riscos.

No entanto, já que o escritório físico pode ser um ambiente extremamente social, pesquisas sugerem que as pessoas introvertidas correm um risco maior de desenvolver burnout do que as extrovertidas[9].

Ainda que trabalhar de casa já fosse uma opção crescente, 2020 acelerou essa tendência, que ganhou ainda mais força. Antes do *lockdown* da Covid-19, isso era uma vantagem disponível apenas para alguns poucos seletos que trabalhavam em organizações progressistas. Mas isso mudou. E quase deu para ouvir o suspiro coletivo de alívio dos introvertidos.

Eles, trabalhando virtualmente na maioria das situações, exceto durante o *lockdown* global, ficam alheios aos barulhos e ao rebuliço do escritório, às potenciais disrupções que provocam uma falta de segurança psicológica e à pressão de se conformar às regras do escritório. E se eliminássemos esses tipos de estresse dos ambientes de trabalho? Com algumas alterações simples, poderíamos impulsionar as qualidades dos introvertidos em vez de drenar seus recursos mentais.

Já precisamos fazer mudanças rápidas para seguir os protocolos de saúde e segurança durante a pandemia, então, por que não consideramos projetar nossos escritórios para aumentar a segurança psicológica? Parece óbvio, mas a maioria das organizações não priorizou isso. Os escritórios abertos continuam sendo a norma, embora tenha sido comprovado que eles diminuem a produtividade em diversos casos.

É só perguntar para Cain, que compartilhou o seguinte durante nossa entrevista: "Os melhores ambientes de trabalho permitem que as pessoas passem livremente de espaços individuais para compartilhados e vice-versa. Tem vezes que preferimos trabalhar sozinhos. Outras, precisamos mesmo é de companhia. E em ainda outras, queremos as duas coisas durante uma única manhã de trabalho. Por que não projetar espaços com base nessas preferências naturais? Planejar um escritório radicalmente aberto não chega a aumentar a colaboração e nem diminuir a solidão. Pelo contrário, eles criam cômodos gigantescos cheios de abelhas operárias, cada uma com seus fones de ouvido."

O trabalho de Cain com a Steelcase, uma empresa que projeta escritórios e móveis, faz parte de seus esforços para educar os funcionários sobre as melhores formas de impulsionar o poder dos introvertidos. Os espaços de trabalho adequados têm um grande papel nisso. Cain cita alguns princípios nesse sentido que têm a introversão em mente, incluindo:

» *Permissão para ficar sozinho.* Isso significa oferecer aos funcionários um espaço privado e livre de interrupções, bem como a possibilidade de se absterem de um local de trabalho que teria estímulos demais.

- *Controle do ambiente.* A pesquisa de Cain mostra que os introvertidos são mais sensíveis a estímulos e têm maior necessidade de controlar o ambiente. Sua tolerância a influências externas, como barulhos e luzes, também é menor.
- *Equilíbrio sensorial.* As forças calmantes advindas de materiais orgânicos os ajudam a lidar com suas necessidades sensoriais.
- *Segurança psicológica.* Os introvertidos precisam de espaços onde não se sintam observados, uma trégua da observação constante dos colegas.

"Há uma diferença enorme entre procurar voluntariamente passar um tempo sozinho (para entrar em um estado de *flow* ou simplesmente recarregar as energias) e se sentir solitário e infeliz (devido ao isolamento ou dinâmicas interpessoais tóxicas)", afirmou Cain. "Os melhores ambientes de trabalho maximizam a primeira situação e minimizam a última."

Perfeccionismo

Se tende para o perfeccionismo – especialmente para preocupações perfeccionistas –, você sofre um grande risco de burnout. Mais preocupante ainda é que as profissões que têm histórico de esgotamento atraem personalidades que correm mais risco nesse sentido. Essa combinação é altamente tóxica e provou ser fatal.

Em uma definição mais ampla, o perfeccionismo é uma combinação de padrões excessivamente altos e uma preocupação com avaliações extremamente autocríticas. Os cientistas Joachim Stoeber, da Universidade de Kent, e Kathleen Otto, da Universidade de Leipzig, sugeriram em uma revisão bibliográfica que o perfeccionismo consiste em duas dimensões principais: esforços e preocupações perfeccionistas. A primeira está associada aos aspectos positivos dessa condição; a segunda, aos negativos[10].

Em suma, eles descobriram que nosso desejo e esforços relacionados ao perfeccionismo são aceitáveis, contanto que consigamos lidar emocionalmente com as situações em que não o alcançamos. Quando começamos a acreditar que tudo o que fazemos precisa ser perfeito, que qualquer coisa abaixo disso é um fracasso ou que os outros podem nos julgar fracassados, então isso começa a prejudicar nossa saúde mental.

Aqueles que têm dificuldades com suas preocupações perfeccionistas podem exibir os seguintes traços:

» Manter um estilo de autoavaliação rígido que se comporta na dinâmica tudo ou nada, por exemplo, a pessoa ou ganha ou perde.
» Generalizar demais acontecimentos negativos, fazendo da exceção uma regra após um único acontecimento ou uma série de coincidências. Por exemplo, uma briga com um amigo ou colega de trabalho que já aconteceu algumas vezes leva a pessoa a pensar "A gente sempre briga pela mesma coisa". Ou alguém que não recebeu uma promoção e cria a narrativa de que "Nunca vou conseguir progredir nesta empresa". Afirmações envolvendo "sempre" ou "nunca" aparecem com frequência no vocabulário dos perfeccionistas.
» Remoer erros passados, sendo incapaz de esquecê-los e presumindo que eles reaparecerão no futuro.
» Necessitar, e muito, da autovalidação; por exemplo, pessoas que sempre questionam seu valor. Em algumas situações, elas procurarão, inconscientemente, meios para provar que estão "certas", acreditando que seu valor está constantemente ameaçado.

De acordo com os pesquisadores Andrew Hill e Thomas Curra no artigo "Multidimensional Perfectionism and Burnout: A Meta- Analysis" [sem publicação no Brasil]: "As preocupações perfeccionistas estão associadas a um estresse considerável que vulnerabiliza os indivíduos ao acúmulo de estresse e, consequentemente, ao burnout. Então, para resumir o que se entende da relação entre perfeccionismo e burnout nos dias de hoje, são os processos autoavaliativos severos, centrais às preocupações perfeccionistas, que, pelo que sabemos, alimentam essa relação, não os esforços perfeccionistas."[11]

Psicólogos cognitivo-comportamentais caracterizaram esses processos avaliativos severos como "distorções cognitivas ou padrões de pensamentos distorcidos", o que, resumidamente, são mentiras que o cérebro envia à mente consciente[12].

De acordo com David Burns, professor emérito do departamento de Psiquiatria e Ciências Comportamentais da Escola de Medicina da Universidade de Stanford, exemplos de distorções cognitivas presentes em uma pessoa com preocupações perfeccionistas podem incluir:

» *Pensamento tudo ou nada.* "Não consegui tirar 10. Devo ser um idiota." "Não salvei o paciente. Eu nem devia ser médico." "Perdi um cliente. Vão me demitir."
» *Generalização excessiva.* "Nunca consigo fazer isso direito."
» *Filtros mentais.* A pessoa foca apenas o lado negativo, ignorando o positivo.
» *Desmerecimento do lado positivo.* "Noventa e nove pessoas adoraram minha apresentação, mas teve uma que não gostou. Devo ter feito alguma besteira."
» *Conclusões precipitadas.* A pessoa supõe que os outros desmerecem suas habilidades ou preveem que algo vai dar errado.
» *Magnificação ou minimização.* A pessoa ou faz tempestade em copo d'água ou desmerece completamente o acontecido.
» *Raciocínio emocional.* "Não tenho confiança nenhuma nas minhas habilidades. Devo ser um péssimo gestor."
» *Suposições.* "Já era para eu ser chefe de departamento a essa altura." Afirmações assim podem levar à culpa, à frustração, pressão e a estresse desnecessários.
» *Rotulação.* A pessoa baseia a própria identidade em um erro insignificante.
» *Personalização e culpa.* "Foi tudo minha culpa."[13]

Quando se trata dos profissionais da área da saúde, especialmente médicos, pesquisas descobriram que essas preocupações crescem desenfreadamente. Isso pode ser exacerbado pelos estressores enfrentados no dia a dia, inclusive pela perda de autonomia associada à atuação no hospital, pelas restrições de atuação associadas à medicina de grupo, pelo crescimento contínuo de processos de erro médico e pela pressão de manter a competência em uma especialidade que vem mudando rapidamente. Segundo um artigo publicado no *Bulletin of the American College of Physicians*, "Esses estressores podem interagir com características psicológicas preexistentes que são típicas de cirurgiões"[14].

Os autores, Mick Oreskovich e James Anderson, escreveram: "Os cirurgiões são treinados para não errar nunca, então, quando acontece, eles podem ser atormentados pelo próprio senso de perfeccionismo, resultando em autoincriminação e até mesmo autodesprezo. Um senso de responsabilidade exagerado, junto à culpa e à insegurança, aumenta o estresse de uma situação já complicada. Infelizmente, alguns cirurgiões não conseguem diferenciar o perfeccionismo da aspiração ao sucesso. Inúmeros autores demonstram que o perfeccionismo é um fator de vulnerabilidade para depressão, ansiedade, burnout e suicídio".

A pesquisa destaca que, enquanto perfeccionistas, "os cirurgiões tendem a sofrer de várias distorções cognitivas: pensam que só são valorizados pela sua performance; que, quanto melhor trabalharem, maiores serão as expectativas alheias em relação ao seu trabalho e que, se perderem 'a forma', perderão também o apoio dos colegas. As consequências desse perfeccionismo incluem uma satisfação efêmera com as próprias conquistas; a sensação de não terem merecido os prêmios e elogios recebidos; o esforço pela excelência, não pela satisfação pessoal ou profissional, mas para aliviar suas próprias mentes atormentadas".

Mas ninguém vê o perfeccionismo na psicologia dos médicos; isso tende a ser uma armadilha para outras profissões que estão em risco. De acordo com Oreskovich e Anderson, "O perfeccionismo é um dos maiores precursores do burnout, porque muitas vezes acompanha um senso exagerado de responsabilidade que leva a pessoa a duvidar de si e a se sentir culpada, o que, por sua vez, leva à rigidez, à teimosia e à incapacidade de delegar tarefas. Esses comportamentos, por sua vez, podem resultar em devoção e identificação em relação ao trabalho, a ponto de excluir os relacionamentos e o autocuidado."

Oreskovich e Anderson sugerem que precisamos considerar o seguinte, caso sintamos preocupações perfeccionistas:

» Identificar a diferença entre poder e impotência sobre pessoas, lugares, coisas e situações; se pararmos de tentar controlar tudo, seremos mais felizes. Render-se a isso pode ser desafiante, mas é necessário para prevenir o burnout.

- Entender as diferenças entre autoconhecimento e autoconsciência (o primeiro é o que tomamos como verdade sobre nós mesmos; o segundo é quando nos vemos como os outros nos veem). Esses insights raramente coincidem, todavia são igualmente importantes.
- Aceitar ajuda.
- Cuidar de nós mesmos para que possamos cuidar dos outros.

Os perfeccionistas não estão limitados a certas profissões, mas existem setores que parecem atrair essa personalidade. Talvez seja na área da saúde que esse encontro ocorra com maior frequência. Infelizmente, ela tem um legado de burnout, no qual o excesso de trabalho é considerado uma medalha de honra, e continuar trabalhando, mesmo sem energia, é a norma.

Insalubridade na Área de Saúde

Tem sido difícil acompanhar a frequência com que os líderes corporativos do setor de saúde fazem vista grossa aos custos humanos e financeiros desenfreados que o burnout está causando. Eu tive a sorte de conversar com vários que vêm protestando e alertando para esse problema já há algum tempo. Contarei suas histórias a seguir. Mas até eles admitem que a mudança tem sido lenta, apesar do aumento astronômico e das consequências mortais do burnout no campo da medicina.

O Dr. Corey Feist é o CEO do Grupo de Médicos da Universidade de Virgínia (UPG, na sigla em inglês) e cofundou a Dr. Lorna Breen Heroes Foundation. Ele sugere que alguns tipos de personalidade se sintam mais atraídos pela medicina – uma reflexão pessoal que é comprovada pelas pesquisas relacionadas ao perfeccionismo. Feist diz que a bravata inerente a essa cultura está muito ligada à necessidade de perfeição, o que significa que essas pessoas nunca pedem ajuda ou admitem derrota.

A indústria da saúde tem um problema de longa data com o burnout que agora está codificado na sua cultura. Por uma infinidade de razões, incluindo o excesso de trabalho, a estigmatização, o estresse pós-traumático e a consciência da própria impotência nessas circunstâncias, vemos uma grande ameaça que só tem piorado. No entanto, quando essas culturas que estão caindo aos pedaços são normalizadas e, de certa forma, celebradas, fica difícil desfazê-las.

No setor de saúde, o excesso de trabalho pode ser um dos problemas mais danosos e, todavia, mais tolerados. Enfermeiros e médicos são famosos pelos longos turnos de trabalho – que, com frequência, duram até 16 horas diretas ou mais –, apesar das estatísticas apontarem que os erros no atendimento dos pacientes triplicam quando os enfermeiros fazem turnos de 12 horas em comparação aos de 8,5 horas[15].

Um estudo publicado na *Health Affairs* descobriu que quanto maior a duração dos turnos para enfermeiros hospitalares, maiores os níveis de burnout e insatisfação dos pacientes[16]. Outra pesquisa revelou que "tanto os turnos longos quanto o excesso de trabalho tinham ligação significativa com uma piora na qualidade de serviço e nos relatórios de segurança hospitalar e um aumento das atividades que ficaram por fazer"[17]. Em comparação com os enfermeiros que trabalharam 8 horas ou menos, a probabilidade dos que atuaram por 12 horas ou mais no último turno descreverem a qualidade dos serviços de enfermagem como "ruim" ou "regular" aumentou 30%, e a probabilidade de relatarem níveis de segurança "ruins" ou "péssimos" em suas unidades aumentou 41%[18].

Outro estudo feito por cientistas na China observou que os médicos que relatavam trabalhar 60 horas semanais ou mais e aqueles que afirmavam sofrer burnout severo estavam associados, independentemente, a uma maior incidência de erros médicos[19]. Uma pesquisa publicada no *Journal of the American College of Surgeons* mostrou achados parecidos. Ela revelou que os cirurgiões com envolvimento recente em negligência médica trabalhavam mais e faziam mais plantões[20].

O que descobrimos muitas vezes é que o burnout advindo do excesso de trabalho é, com frequência, evitável, assim como a questão da área de saúde. Infelizmente, na última década, o setor tem presenciado um aumento de atividades, em sua maioria, tediosas e desnecessárias, bem como de serviços administrativos que contribuem para o excesso de trabalho e o burnout.

A Culpa é dos prontuários eletrônicos?

De acordo com uma pesquisa conduzida por Edward R. Melnick, professor assistente de medicina de urgência em Yale, os prontuários eletrônicos, que deveriam melhorar a qualidade e a eficiência dos serviços de saúde para médicos e pacientes, mostraram-se, em vez disso, uma fonte de altas taxas de burnout profissional[21]. O estudo relatou que os médicos passam de uma a duas horas cuidando de prontuários eletrônicos e outras atividades administrativas para cada hora que passam atendendo pacientes, além de outras duas horas diárias de seu tempo livre cumprindo atividades relacionadas aos prontuários. Isso também indica que quanto pior a avaliação que os médicos atribuem a esses documentos, maior a probabilidade de também relatarem sintomas de burnout[22].

O estudo de Melnick descobriu, ainda, que as tecnologias dos prontuários foram avaliadas com a menor nota no quesito de usabilidade. A título de comparação, o mecanismo de busca do Google recebeu nota 10, e os caixas eletrônicos, nota 8 em estudos diferentes, mas similares. Precisamos facilitar o uso. Infelizmente, o problema é esse. O potencial da tecnologia limita sua usabilidade. "Pesquisar no Google é fácil", diz Melnick. "Não é preciso saber ou memorizar muita coisa; não há grande chance de errar. O Excel, por outro lado, é uma plataforma com um poder enorme, mas é preciso muito estudo para usá-la. É ela que os prontuários imitam."[23]

No artigo "The Rapid Rollout of EHRs Following the Health Information Technology for Economic and Clinical Health Act of 2009" [sem publicação no Brasil], publicado pela Universidade de Yale, os autores sugerem que "os US$27 bilhões de incentivos do governo federal para a adoção de prontuários eletrônicos nos EUA forçaram os médicos a se adaptarem rapidamente a sistemas, muitas vezes, complexos, levando a uma frustração crescente"[24]. Isso não parece melhorar o cuidado com os pacientes, de acordo com Melnick; em vez disso, os prontuários são usados para cobranças e, ainda por cima, o histórico de saúde dos pacientes se perde.

Corey Feist acredita firmemente que o acréscimo desses prontuários impactou dramaticamente a carga de trabalho dos médicos e é uma das maiores causas do burnout. "Eles tiram a alegria da profissão", explicou Feist em nossa entrevista. "O motivo de os médicos e enfermeiros frequentarem a faculdade é cuidar de pacientes, não ficar preenchendo fichas. E os pacientes vão consultá-los pela expertise médica deles, não por seu talento de digitação. Eu sei que a intenção é que esses dados melhorem a qualidade do serviço aos pacientes – para que possam frequentar hospitais diferentes e levar seu histórico consigo –, mas, em vez disso, a consequência involuntária dos prontuários eletrônicos foi aumentar incrivelmente as taxas de burnout."

Feist sugere que, para ajudar a resolver a questão da carga de trabalho, é preciso resolver a dos prontuários eletrônicos. Reduzir as "horas extras de pijama" – o tempo que se passa trabalhando em casa depois do expediente. Ele menciona a contratação de mais profissionais para ajudar qualquer um que precise digitar mais do que o necessário. Diz que está se aproximando da inteligência artificial e usando atalhos virtuais para processar os dados, uma nova tecnologia que precisa "chegar junto", mas que vê isso como um bom caminho para melhorar a usabilidade tecnológica.

Além disso, os programas de treinamento em tecnologia para médicos, aumentando continuamente sua eficiência, também ajudam. Feist também aponta que atuar em equipe é outra ótima ferramenta para prevenir o burnout: "No modelo de trabalho em equipe, compartilhamos o processamento de dados entre várias pessoas do grupo, de acordo com os objetivos e responsabilidades de cada um."

Acima de tudo, ele disse que podemos usar os dados para examinar quantas "horas extras de pijama" estão sendo gastas monitorando e registrando informações: "Essas grandes empresas de prontuários médicos eletrônicos estão produzindo relatórios que identificam os médicos e o número de horas que passam trabalhando, antes e depois do expediente, com atividades administrativas. Com essa informação, agora já é possível garantir que os indivíduos recebam o treinamento e a ajuda necessários para reduzir sua carga de trabalho".

Um volume de atividades excessivo provocado por estresses evitáveis, como atuar no processamento de dados em vez de na medicina, e o expediente já extenuante que os trabalhadores da área de saúde precisam aguentar, além da exposição à morte e aos moribundos, tudo isso tem um impacto perigoso em seu bem-estar.

A Associação Médica Americana, em parceria com os pesquisadores da Mayo Clinic e da Universidade de Stanford, consultou mais de 5 mil médicos sobre tópicos relacionados ao burnout. Em 2017, a taxa de esgotamento era de 43,9%[25]. Em setembro de 2020, um estudo da Associação Americana de Médicos de Família apontou que quase dois terços (64%) dos médicos dos EUA consultados disseram que a pandemia intensificara sua sensação de burnout. Aproximadamente metade deles disse que trataram pessoalmente pacientes com Covid-19[26].

Quando indagados sobre as fontes do estresse causado pela pandemia, alguns participantes citaram o tratamento de pacientes que provavelmente morreriam, e outros, a exposição à Covid-19 sem o equipamento de proteção individual adequado. Quando questionados sobre seu modo de lidar com a situação, 29% dos médicos estadunidenses responderam que estavam comendo mais, 19% que estavam consumindo mais bebidas alcoólicas, e 2% que estavam tomando mais estimulantes e medicamentos que necessitavam de prescrição médica.

O Dr. Edward Ellison, médico e ex-CEO da Permanente Federation, descreveu os impactos altamente negativos do burnout médico na revista *Annals of Internal Medicine*: "Além da ansiedade, depressão, insônia, exaustão emocional e física e da perda de foco cognitivo relacionada ao burnout médico", observou, "é estimado que, anualmente, 300 a 400 médicos dos EUA tirem a própria vida" – uma taxa de suicídio dramaticamente maior do que a do público em geral, 40% maior para os homens e 130% maior para as mulheres[27]. Um estudo irlandês descobriu que as médicas são mais empáticas com os pacientes e, consequentemente, sofrem com taxas de burnout maiores e mais graves – o que é uma hipótese para explicar o aumento alarmante das taxas de suicídio[28].

Conversei novamente com Ellison em outubro de 2020, quando seus hospitais enfrentavam outra onda de Covid-19, e os incêndios da Califórnia dizimavam seus arredores. Ele descreveu a dor que sua equipe enfrentava dia após dia: "Acho que um dos desafios que enfrentaremos a certa altura é o transtorno de estresse pós-traumático após passarmos por essa crise, especialmente os médicos e os funcionários que trabalharam no CTI e nas unidades de coorte de Covid-19. Eles estão cuidando dos pacientes e os perdendo em uma proporção diferente do usual, até pacientes jovens; isso é devastador emocionalmente, porque nosso trabalho é salvar vidas, e toda vida perdida para essa tragédia é algo horrível. O luto e a perda estão nos cercando de todos os lados."

Ellison percebeu que eles estavam em uma situação que estava se agravando rapidamente, trazendo muitos fatores desconhecidos, então fez da comunicação sua prioridade. "Sempre podemos nos comunicar mais", disse. Ele iniciou assembleias diárias para todos os médicos, as quais, em sua maioria, consistiam em conversas rápidas, seguidas de um longo período oportuno para uma sessão de perguntas e respostas. O Grupo Médico Permanente enviava e-mails diários com uma enxurrada de convites para todos os grupos de serviço e de administração das unidades. Ellison queria visibilidade, então fazia tours pelos diferentes setores e se encontrava com a equipe do CTI para ver em primeira mão com o que estavam lidando. Ele disse que todos os dias eram assim: "É isso que sabemos até o momento. Vocês têm alguma pergunta? Como podemos responder a essas dúvidas?"

Ellison descreve a prática do gerenciamento com envolvimento (MBWA, na sigla em inglês), um conceito autoexplicativo desenvolvido pelos consultores de gestão Tom Peters e Robert H. Waterman em 1982. Esse método de liderança tem sido amplamente adotado pela indústria da saúde já há algum tempo, especialmente agora que os consultórios particulares têm sido absorvidos por consórcios maiores e são CEOs, não médicos, que administram os hospitais. Como Ellison é tanto médico como co-CEO da unidade do Grupo Médico Permanente do sul da Califórnia, ele indica um retorno a uma gestão mais médica e menos executiva nos sindicatos hospitalares.

As análises de Peters e Waterman descobriram que, em empresas bem-sucedidas, os CEOs e os gerentes passaram muito tempo no "chão de fábrica" em vez de se confinarem nos escritórios. Os dois autores perceberam que esses gestores estavam mais conscientes das operações e, em geral, tinham maior habilidade para resolver problemas.

A teoria se popularizou quando as empresas Hewlett Packard e Disney implementaram esse estilo de gestão, colocando os administradores para trabalhar lado a lado com os funcionários.

Nesse modelo, Ellison conseguiu ouvir as histórias dos médicos, enfermeiros e funcionários da área de saúde que não estavam voltando para casa, ou voltavam e dormiam na garagem, ou que tinham enviado os filhos para morar com os avós. Esse conhecimento aprofundado de como a crise estava afetando sua equipe gerou melhores ferramentas de ajuda.

Além disso, houve um reforço de alguns grupos de apoio de colegas e segundas vítimas para que os trabalhadores de um hospital que talvez não tivesse sido tão impactado quanto os outros pudessem oferecer apoio mental e emocional aos mais afetados. O Grupo Médico Permanente também instalou alguns benefícios que proviam moradia e creches separadamente. Ellison disse: "Só quero reduzir o estigma e comunicar que não há problema em pedir ajuda – que faz bem. E informar onde estão os recursos, caso alguém precise deles."

Um desses recursos de apoio é a disponibilidade de terapeutas a qualquer momento por telefone em caso de necessidade. Existe também um portal com diversos recursos e aplicativos para ajudar na saúde mental, nos vícios e no acesso ao cuidado espiritual. O Grupo Médico Permanente está ampliando o inventário de burnout e monitorando médicos ao longo do tempo para ver quais intervenções são mais eficazes. Ellison acredita que, acima de tudo, a humanidade e a esperança serão a resposta para resolver crises, especialmente no caso da indústria da saúde, bem como além dela, em um mundo pós-Covid-19. Ele apontou: "Acho que a ideia de ficar conectado e ouvir é muito importante, mas como podemos pegar o que aprendemos e fazer algo a partir disso? Porque parte [do] nosso trabalho é conversar sobre o que esperamos do futuro, e essa esperança precisa estar baseada na realidade."

Ellison compartilhou que a empresa lançou uma campanha chamada #55WordsStories [#HistóriasDe55Palavras, em tradução livre] para se dirigir à humanidade e ouvir notícias daqueles que estavam na linha de frente e como eles estavam se sentindo. Algumas histórias foram de partir o coração, mas esta foi a que mais me tocou:

> Olho no Olho
>
> Todos estão de máscara: eu, os enfermeiros, os auxiliares de higienização hospitalar, mesmo todos os pacientes. Só conseguimos ver os olhos uns dos outros. Talvez os olhos sejam a janela da alma. Neles, vejo dor, angústia e medo.
> Mas também vejo amor, compaixão e esperança. Cuidem-se, pessoal.

Mas o que acontece quando as coisas pioram demais, além do limite do suportável?

QUANDO NÃO DÁ PARA IR EMBORA

Corey Feist já tinha sido um crítico declarado das causas relacionadas ao burnout médico, mas foi o trágico suicídio de sua cunhada, Lorna Breen, que acabaria por motivar Corey e a esposa, Jennifer Feist – irmã de Lorna – a abordarem a temática do burnout médico de maneira mais significativa. Eles assumiram a missão de educar a indústria da saúde sobre as realidades do esgotamento, tanto nos bastidores quanto no centro de suas vidas cotidianas.

A Dra. Lorna Breen era diretora do departamento de emergência do Hospital New York-Presbyterian Allen e professora assistente na Universidade de Columbia. Ela estava trabalhando nas linhas de frente logo no primeiro surto da doença, em meio a uma Nova York em *lockdown*, o vírus devastando a cidade. A própria Breen tinha acabado de se recuperar da Covid-19 quando voltou ao trabalho, apenas três dias após sua febre passar. O vírus era algo novo para a comunidade médica; os profissionais de saúde contraíam-no – cerca de 20% de seus colegas já estavam infectados na época – e voltavam rápido demais ao trabalho. Agora sabemos que, mesmo com um teste de Covid negativo, não há como saber por quanto tempo a doença continuará a afetar o corpo e obscurecer a mente.

Feist lembra que Lorna descreveu o hospital como um "Armagedom" no seu primeiro dia de volta ao trabalho. Quando conversamos, apenas seis meses depois da morte da sua cunhada, ele ainda estava tomado pelo luto, como era de se esperar. No entanto, também estava determinado a garantir que a narrativa e o impacto que o burnout teve na vida dela fossem descritos com precisão. Dois dias depois da reportagem sobre Lorna Breen sair no *New York Times*, ele e a esposa, Jennifer, estabeleceram a Dr. Lorna Breen Heroes Foundation como uma forma de controlar a narrativa de sua morte[29]. Apesar de Breen se importar instintiva e naturalmente com seus pacientes – o que, definitivamente, fazia parte da sua identidade –, esta não seria a única razão para o seu esgotamento. Foi uma combinação de acontecimentos com a cultura decadente na área da saúde que, em última análise, acabou causando a sua morte.

"Na cultura da medicina, os médicos não pedem ajuda e realmente não a aceitam, porque, com isso, aparentam fraqueza", apontou Feist. "Lorna dizia que estava sobrecarregada, mas nunca sentia que podia fazer uma pausa, porque temia pela retaliação e pelo impacto nos colegas, então... são muitas as camadas do problema."

Corey descreveu que o período de burnout de Lorna foi extremamente comprimido. Cinco meses antes, ela havia publicado um artigo em uma revista sobre como mitigar o burnout nas salas de emergência. E, pulando para abril de 2020, o burnout tiraria a vida dela.

Os fatores que influenciaram sua morte, segundo Feist, eram múltiplos:

> Primeiro, Lorna contraiu Covid-19 e ficou exausta, esgotada, e provavelmente estava lidando com confusão mental e outros fatores que, como sabemos agora, afetam os infectados pelo vírus. Depois, ela voltou ao trabalho rápido demais, pois tinha ficado muito doente. Estava completamente acabada. E, além de estar doente e exausta, tinha que lidar com um volume de mortes e moribundos que nunca tinha visto, mesmo sendo médica de carreira na cidade de Nova York. Some-se a isso a sensação de não conseguir contribuir nem cuidar dos pacientes, porque estavam morrendo. Os médicos estão acostumados a serem treinados para resolver os problemas das pessoas e, quando não têm as ferramentas para isso... Foi tudo avassalador demais.

Apenas alguns dias depois de voltar ao trabalho, sua família a tirou de lá e a internou em uma clínica psiquiátrica da Universidade de Virgínia. Para alguém que não tinha nenhum histórico de problemas de saúde mental ou depressão, isso foi chocante. Breen imediatamente presumiu que os colegas veriam que ela não estava conseguindo acompanhar o ritmo, achando que isso "acabaria com sua carreira". Enquanto estava internada em Virgínia, "ela estava certa de que sua licença médica de Nova York seria revogada, e que nunca mais conseguiria trabalhar", disse Feist.

Maureen O'Connor, editora que colabora com a *Vanity Fair* e autora do artigo "A Doctor's Emergency" [sem publicação no Brasil], escreveu sobre a história de Breen: "Aos 49 anos, a Dr. Lorna Breen fez tudo o que se esperava dela. Era do tipo que imaginamos quando tentamos descrever uma pessoa boa de forma platônica: alguém que literalmente salvava vidas, uma aluna nota 10 que amava a família, participava de maratonas e frequentava a igreja. Ela respeitava as regras do jogo. Usou a educação para subir na vida. Sabia que fazer de tudo significa correr o risco de burnout e também tomou medidas para evitá-lo – nos últimos anos de sua vida, Breen estudou o assunto. E mesmo assim, sofreu com ele."[30]

Feist acredita que a sensação de fracasso profissional, a opinião dos colegas e o impacto adicional disso na licença médica contribuem para que os profissionais da área não peçam ajuda e reforçam o sofrimento em silêncio: "Nem sei dizer quantos médicos já me contaram que estavam quase... que seja, pode preencher esse espaço como quiser... Talvez não necessariamente quase se suicidando, mas estavam tendo algum tipo de colapso mental e diziam: 'Olha, se você pegar meu currículo, verá uma lacuna aqui dizendo que fiz um treinamento em algum lugar, mas, na verdade, eu só não consegui compartilhar que precisei ficar um tempo longe do trabalho, porque estava tendo, ou prestes a ter, um colapso.' Então, acho que temos um padrão aqui. E agora, está claro que isso aumentou no país inteiro".

Segundo Ellison, mesmo antes da pandemia, era esperado que os profissionais da área de saúde fossem super-humanos – e eles próprios também se cobravam isso.

Ele continuou: "Mas eles são humanos, e precisamos permitir que o sejam. Acho que essa é a chave para resolver esse problema todo. Essa é a dicotomia que precisamos abordar."

Ellison compartilhou que é por isso que, durante a formação dos médicos, precisamos treiná-los na filosofia do autocuidado e de que não há problema em pedir ajuda. No ano de 2020, a Escola de Medicina Kaiser Permanente Bernard J. Tyson foi fundada com uma aula inaugural para cinquenta estudantes. Dentro do currículo, há um curso *obrigatório* chamado REACH, cujas letras representam, em inglês, os conceitos de reflexão, educação, avaliação, *coaching* e saúde e bem-estar. Esse programa foi criado para incluir o bem-estar no currículo; a intenção é oferecer aos alunos um espaço para refletir sobre suas experiências e aprendizados. Ele inclui a instrução na área de psicologia positiva.

Esse curso, realizado a cada seis semanas do calendário acadêmico, inclui o seguinte:

» Cada aluno tem um *coach* médico (com treinamento formal) para ajudá-lo a identificar seus objetivos e as estratégias para cumpri-los.
» É oferecida aos alunos terapia individual gratuita. Eles precisam frequentar ao menos três sessões. A escola tem um psicólogo clínico presente, bem como um diretor de saúde e bem-estar que monta programas personalizados para os estudantes.
» Como a escola possui um currículo integrado, os professores tentam reforçar e conectar conceitos em vários momentos da formação. Por exemplo, os alunos estudam nutrição em um curso integrado de ciências, no programa REACH e na matéria de promoção da saúde. Todos esses são obrigatórios. A faculdade ainda está desenvolvendo disciplinas eletivas para o terceiro e quarto anos que provavelmente oferecerão um aprofundamento na complexidade desses tópicos.

"Queremos romper com esse ciclo secular de educação médica no qual a saúde mental não foi nem mencionada nem enfatizada", disse Ellison. "Queremos garantir que estejamos formando novas gerações de médicos que possam, agora, não só cuidar muito bem dos pacientes, mas entender a importância de se cuidar para fazê-lo."

Lições sobre o Burnout

Em 2018, havia 84,3 milhões de professores no mundo. Todavia, em várias pesquisas e estudos, um número significativo deles estavam considerando deixar a profissão. O *Economic Policy Report* de 2019 afirmou que, a não ser em caso de uma mudança dramática, faltariam, anualmente, por volta de 110 mil até o ano letivo de 2017–2018[31].

Quando os professores deixam a profissão, isso não só traz desafios para os estudantes, mas também leva as escolas a perderem entre US$1 bilhão e US$2,2 bilhões anualmente devido ao desligamento de professores que trocam de emprego ou abandonam o ofício em definitivo[32]. Apesar de parecer que os números de recrutamento desse setor aumentaram, os contratantes (predominantemente ligados ao governo) sofrem com questões de retenção.

Os dados mostram que, nos próximos cinco anos, quase metade desses professores pedirá transferência para outra escola ou desistirá completamente de ensinar. A carência de docentes é uma questão global tão grave que a UNESCO afirma que o mundo precisaria recrutar 69 milhões de novos professores para cumprir as metas educacionais de 2030. Apesar das muitas complicações relacionadas a esse problema, uma das mais citadas nos países-membros da Organização para a Cooperação e Desenvolvimento Econômico é a incapacidade de recrutar jovens para a profissão e o burnout dos existentes. Nos países em desenvolvimento, a qualificação e a falta de treinamento são os motivos mais citados para a redução de profissionais[33].

Apoiar o bem-estar dos professores é uma questão crítica para mim. Nessa profissão, não só o burnout é extremamente alto, mas também o número de educadores que sofrem do problema teve a maior alta de todos os tempos como resultado da pandemia. No ápice do contágio do vírus, quando a maioria das escolas nos Estados Unidos estava adotando o ensino remoto, uma pesquisa extensa sobre os professores do ensino primário e fundamental descobriu que eles se sentiam "um pouco" ou "extremamente" inseguros (81%), estressados (77%), ansiosos (75%), sobrecarregados (74%), tristes (60%) e solitários (54%)[34].

Mary, uma professora de inglês como língua estrangeira que mora no Canadá, estava tendo um ano de muitos desafios. Ela tinha um aluno com necessidades especiais na turma – o que não é incomum –, mas, dada a idade do estudante, o aumento de suas necessidades e a falta de recursos humanos da escola, lidar com isso se tornou extremamente exaustivo. Mary disse: "Não recebi grande ajuda do setor de educação especial nem grande apoio do meu diretor. Em muitos dias, os 45 minutos de aula passavam voando enquanto tentava acalmar o comportamento da criança, e eu não fazia ideia do que o resto da minha turma estava fazendo nesse meio-tempo (mesmo estando presente na sala)."

Ela teve dificuldade em equilibrar as necessidades dos outros alunos e, constantemente, sentia que estava desapontando todo mundo. Mesmo a mãe da criança com necessidades especiais culpava a professora pelo comportamento do filho. Mary confessou: "Sofri assédio verbal diariamente por parte do estudante e, com frequência, também da mãe."

Não é incomum ouvir histórias como essa. Quando não temos os ingredientes certos para uma cultura saudável, vemos colapsos mentais como esse. O resultado é que Mary se torna a única que reclama, a outra, a diferentona, uma anomalia.

Mas isso não condiz com a realidade. Entre os educadores, o burnout tem se tornado mais prevalente. Com o aumento dos alunos com necessidades especiais e a redução do apoio aos educadores, sua carga de trabalho atingiu proporções épicas.

Os sistemas estão falindo, e, logo, é a cultura que falha com Mary, não o contrário. Aqui, o burnout é causado pelo ambiente de trabalho, não pelo funcionário. E, quando se trata do pagamento – uma das principais causas do esgotamento –, os professores não estão em uma boa posição.

Segundo os padrões de trabalho da maioria dos países, os professores são considerados profissionais liberais, o que significa que eles não podem receber pelas horas extras. Mas isso não significa que eles não trabalhem mais de 40 horas semanais. A Secretaria de Estatísticas Trabalhistas dos Estados Unidos conduziu recentemente um estudo que descobriu que os educadores estão mais propensos a trabalhar durante os fins de semana – chegando a acumular aproximadamente 1.900 horas anuais – do que outros cidadãos estadunidenses[35].

Um relatório concluiu que os professores ganham 18,7% menos do que outros profissionais com ensino superior, o que força pelo menos um em cada cinco deles a buscar um trabalho de meio período[36].

A história de Hope Brown ocupou as manchetes ao aparecer na revista *Time* em 2018, revelando as disparidades salariais enfrentadas pelos professores nos Estados Unidos. O artigo, intitulado "'I Work 3 Jobs and Donate Blood Plasma to Pay the Bills.' This Is What It's Like to Be a Teacher in America" [sem publicação no Brasil], diz o seguinte: "Hope Brown consegue ganhar US$60 doando plasma do seu sangue duas vezes por semana e um pouco mais, se vender algumas roupas em uma loja de consignação. Isso normalmente é o suficiente para pagar a conta de luz ou a parcela do carro. Esse malabarismo financeiro agora é parte do seu cotidiano – algo que ela nunca esperaria quase vinte anos atrás, quando completou seu mestrado em educação secundária e se tornou professora de história do ensino médio."[37]

Um relatório de 2017 do Economic Policy Institute mostra que os trabalhadores das indústrias da educação e da saúde são o terceiro grupo mais propenso a sofrer uma violação de retenção dolosa do salário mínimo, na qual os contratantes pagam menos do que o número de horas trabalhadas ou não pagam as horas extras (perdendo apenas para os trabalhadores do comércio e alimentação)[38]. De acordo com a Associação Nacional de Educação dos EUA, "os professores passam, em média, cinquenta horas semanais realizando tarefas institucionais, inclusive uma média de doze horas semanais em atividades escolares não remuneradas, como avaliar trabalhos, acompanhar os alunos até o ponto de ônibus e aconselhar clubes da escola."[39]

Pelo tempo que passei pesquisando e trabalhando com profissionais da educação, tive a oportunidade de ver, em primeira mão, a experiência dos professores na sala de aula. Eu tinha um respeito saudável pelo seu trabalho antes de começar a pesquisa. Mas esse respeito se tornou admiração quando presenciei a carga de trabalho e a cultura do ir além do esperado, que permeia todas as salas de aula.

Quando as aulas foram digitalizadas repentinamente, o burnout dos professores aumentou desenfreadamente. Era como esperar que um designer de front end começasse, de uma hora para a outra, a escrever códigos de back end, que um médico virasse um enfermeiro, que um escritor de não ficção começasse a escrever ficção. Todas essas profissões parecem ser bem similares, não é? A diferença não deve ser tão grande, mas, se você perguntar a qualquer professor, ele atestará que ensinar virtualmente não é nada parecido com fazê-lo pessoalmente.

"Comecei a me sentir esgotada por volta de novembro naquele ano letivo", disse uma professora canadense que chamaremos de Anne para proteger seu anonimato e emprego. "Continuei insistindo, usando o álcool para me ajudar a aguentar o tranco. Bebia mais do que de costume (ou seja, comecei a beber em dias úteis, quando antes só bebia nos fins de semana). Eu me dizia que era só para 'aliviar a tensão'. Pensei que a situação melhoraria, mas, combinada aos problemas na família – um filho com transtorno do espectro autista –, ela acabou ficando dez vezes pior."

Anne continuou: "eu continuei a trabalhar e a insistir. Em fevereiro, atingi o meu limite depois de algumas brigas sérias com alunos e pais, e meu filho precisou ir para o CTI várias vezes. Tirei três dias de folga seguidos (o que não é nada comum para mim). Precisava descansar e recomeçar do zero. Em março, precisei pedir permissão para fazer uma pausa. Estava exausta, não dormia, não cuidava de mim e bebia muito para aguentar o tranco. Acabei tirando uma licença médica. Precisava sentir que não estava desapontando ninguém, que tinha dado o meu melhor. Não queria sentir que tinha falhado com os alunos, os meus colegas, a minha família e comigo mesma".

Ela se sentiu refeita depois de uma pausa de dois meses, mas isso não durou muito: "o RH estava questionando a minha licença e sua legitimidade. Mesmo com o atestado médico. Voltar ao trabalho depois de dois meses me deixou muito ansiosa de novo, mas consegui terminar o ano. Em retrospectiva, acho que deveria ter voltado só no ano seguinte."

Mais uma vez, são os sistemas que falham com as pessoas – não o contrário. Esses são problemas não resolvidos cuja raiz são pensamentos antiquados.

Anne disse que, em seus dezessete anos na profissão, testemunhou um aumento do burnout na área da educação e compartilhou que, durante a Covid-19, o número de horas que passou online com os alunos ou recebendo e-mails deles e dos pais a todas as horas do dia e da noite era exaustivo. Alguns professores conseguiam delimitar muito bem o "horário de atendimento", mas outros (como Anne) tinham dificuldade em estabelecer esses limites, o que, por sua vez, ela acredita que tenha contribuído para o seu estado. "O que estão exigindo de nós chega a ir além do razoável às vezes. Lidar com doenças mentais e mudanças comportamentais é difícil, já que não recebemos nem treinamento nem apoio suficiente. As demandas em relação aos professores são muito altas. Apesar de sabermos que temos muitas pausas e folgas, o tempo que passamos no trabalho é muito estressante."

Anne também descreveu os impactos físicos do seu burnout: "Eu ficava nauseada constantemente, não dormia, meus hábitos alimentares eram péssimos, e eu bebia demais; tinha enxaquecas. Meu peso também oscilava sem nenhum motivo aparente, ganhava um quilo, perdia três, e isso se repetia."

A vergonha pode ter sido a parte mais difícil para ela. Esse tema continua aparecendo nas conversas com as muitas pessoas que falaram comigo sobre o próprio burnout: "Sentia vergonha. Ficava envergonhada de tirar folga. Eu me sentia um fracasso, para ser sincera, mas precisava daquilo. Agora sei disso. E soube assim que passei algumas semanas em casa. É tão horrível que tenha me sentido daquele jeito. Não era para nos sentirmos pressionados a lidar com tudo, mas eu me sentia e ainda me sinto."

Prevenindo o Burnout na educação com small data: um estudo de caso

Antes de começar este estudo de caso, quero reforçar que, apesar de o exemplo aqui abordado se centrar no sistema educacional, testamos estas intervenções em várias indústrias além dessa, obtendo resultados similares.

Nosso principal objetivo era entender como ter um propósito no trabalho promove resultados mais saudáveis nesse ambiente e repercute na performance dos funcionários. As intervenções focaram a promoção do bem-estar e na resolução de questões de higiene que apareceram nos dados.

O projeto começou com uma única intervenção, priorizando um único traço psicológico durante três semanas. E, alinhados aos mais esclarecedores projetos de pesquisa, começamos pela análise das crianças.

Pedimos aos estudantes do quinto ao nono ano que compartilhassem, com palavras, arte ou qualquer outro jeito que o professor acreditasse que levaria a um maior engajamento, "O que te fez sorrir hoje?". Confrontamos os alunos com essa pergunta por 21 dias para ver o que aconteceria. Eles participaram de pesquisas antes e depois do experimento para determinar o impacto.

Comparado com antes do programa, depois de apenas 3 semanas, os estudantes notaram o seguinte:

» O gosto geral pela escola aumentou 20%;
» Ficaram 11% mais felizes e 10% mais agradecidos;
» O empenho nos trabalhos escolares aumentou 8% (gostavam da escola, interessavam-se pelas atividades, prestavam atenção nas aulas).
» O engajamento social aumentou 7% (sentiam que tinham mais amigos e que estavam mais conectados com os outros).
» Um dado mais animador: depois de apenas 21 dias, eles conseguiram identificar, no mesmo intervalo de tempo, duas vezes mais coisas pelas quais se sentiam agradecidos, demonstrando um grande aumento na fluência da gratidão. Do ponto de vista da neurociência – em termos simplificados –, isso significa que eles basicamente estavam consolidando a gratidão cognitiva em seus cérebros em desenvolvimento.

O que é tão especial nessa pesquisa e nas análises anteriores que abordaram 8 mil funcionários trabalhando para 63 mil estudantes em 120 escolas é o *small data*. Não apenas as crianças ficaram mais felizes na escola; foram as conversas que aquelas interações diárias acionaram. Os professores descobriram os detalhes que deixavam os estudantes felizes e animados, e esses momentos cotidianos também lhes comunicaram um cenário de dificuldades em casa. Isso lhes permitiu compreender melhor a inteligência emocional dos alunos e como eles, educadores, poderiam inspirá-los.

Os professores e funcionários compartilharam inúmeras histórias de crianças que, como parte do exercício, escreveram sobre ou desenharam seus bonecos de super-herói, pula-pulas, famílias ou bichinhos de estimação. Com o passar das semanas, os desenhos ficaram mais específicos, retratando histórias de pais imigrantes que os trouxeram para o Canadá em busca de uma vida melhor, ou de um pula-pula que era usado para extravasar as frustrações quando as coisas ficavam muito tensas em casa, ou ainda de um cachorro que desempenhava o papel de um pet terapêutico para o irmão. E o boneco de super-herói? Bem, ele tinha poderes especiais que protegiam a criança durante os tratamentos de quimioterapia e radiação.

A maioria das salas de aula participantes do projeto de pesquisa manteve uma "parede da gratidão" durante o ano inteiro – permitindo que as crianças partilhassem momentos que as fizeram sorrir naquele dia ou semana. Fizemos um tour por uma escola cuja parede da gratidão continha uma mensagem infantil simultaneamente encorajadora e comovente: "Sou grata por minha mãe ter saído da cadeia esta semana."

Na época, o professor não fazia ideia da situação pela qual a criança estava passando. Mas esse pequeno detalhe passou a explicar alguns dos problemas comportamentais do aluno. Além disso, também aumentou a compaixão e a paciência no trabalho para lidar com suas questões em sala de aula. Esta mesma escola já teve filas enormes na porta do escritório do diretor. Após dois anos de intervenções focadas na escuta empática e no desenvolvimento emocional dos funcionários e alunos, o diretor conseguiu ter tempo livre, tempo que foi direcionado para ajudar as turmas sem professor – que estavam nessa situação devido à falta de recursos –, dedicar tempo a escutar os detalhes que lhe permitiram equipar seus funcionários e voltar a apreciar seu cargo. Ele era professor de educação física, então ter a oportunidade de administrar a quadra era a parte favorita do seu dia.

Finalmente, a violência no parquinho diminuiu em 80%, e as crianças estavam se resolvendo sem recorrer à violência. Tudo estava mudando para melhor.

Essas histórias ofereceram muitas lições sobre como levar uma cultura saudável, feliz e de alto desempenho, tanto para professores quanto para alunos. Ao melhorar o bem-estar dos funcionários, melhora-se também o dos estudantes, e vice-versa. Trata-se de um ciclo virtuoso.

Para entender melhor esse fenômeno no contexto educacional em geral, reunimos uma equipe de pesquisadores, consultores e participantes para determinar maneiras de prevenir o burnout e, ao mesmo tempo, melhorar o bem-estar de todos os funcionários. Será que as mesmas intervenções funcionariam com os CFOs do conselho de educação e com a equipe executiva? E quanto à contabilidade e à área de TI? Precisávamos descobrir isso. Acima de tudo, tínhamos a hipótese de que, se todos os sistemas estivessem funcionando de modo mais eficiente – especialmente no âmbito corporativo –, isso teria um impacto positivo no bem-estar dos professores.

Bem antes de a pandemia se intensificar, o burnout entre os educadores já era um problema enorme. Quando iniciamos nossa pesquisa em 2012, não fazíamos ideia do que nos esperava. Pulando para 2020, o burnout seguiu a trajetória da Covid-19 e, possivelmente, tornou-se uma epidemia em diversos países ao redor do mundo. Nesse ritmo, não deve demorar muito para atingir o status de pandemia.

Todavia, antes da Covid-19, nossa meta era pegar alguns desses primeiros aprendizados sobre o bem-estar na área da educação e verificar sua aplicabilidade em outras indústrias e setores. Mas, primeiro, precisávamos entender como essas hipóteses se traduziam nos diversos cargos, equipes, departamentos e stakeholders dentro do ecossistema escolar.

Começamos com uma equipe composta por cientistas de diferentes especialidades: David Whiteside, especialista em comportamento organizacional; Vanessa Buote, psicóloga social; e Rodrigo Araujo, especialista em matemática e aprendizado de máquina (cientista de dados).

Para identificar as causas do burnout e as intervenções que mais provavelmente aumentariam o bem-estar social dos funcionários, alunos e pais, lançamos um projeto de pesquisa de vários anos que culminou no artigo "An Ecosystem Approach to Staff Well-being in the Education Sector: A Case Study" [sem publicação no Brasil]. Ele foi apresentado no World Government Summit de 2019 em Dubai e apareceu no relatório *Global Happiness Policy Report*, elaborado pelo Global Happiness Council, presidido pelo renomado economista Jeffrey Sachs[40].

Antes de qualquer intervenção, reunimos medidas básicas. As pesquisas coletaram dados sobre engajamento, senso de comunidade, inspiração, satisfação, satisfação prevista, cultura, confiança, reconhecimento, comunicação, feedback vertical, estresse, bem-estar, esperança, eficácia, resiliência, otimismo, gratidão, desempenho, comportamentos cidadãos e *net promoter scores*. Os dados forneceram informações-chave sobre as áreas que precisavam ser melhoradas, especialmente comunicação, reconhecimento e feedback vertical – os principais impulsionadores da cultura.

No ambiente do conselho de educação, no qual os funcionários estão descentralizados, espalhados por centenas de localidades e ocupam uma série de cargos e responsabilidades diferentes, determinamos que desenvolveríamos ferramentas de *benchmarking* para identificar se estavam "em risco", "na média" e "saudáveis" em cada resposta à pesquisa.

Depois de analisarmos a primeira rodada de dados, logo mobilizamos treinamentos e programas para melhorar essas áreas. Os orçamentos e recursos direcionados ao bem-estar aumentaram em 300%, com o comprometimento de continuar coletando dados tanto em nível departamental quanto escolar.

No decorrer de quatro anos, as intervenções variaram em tamanho e intensidade entre 125 escolas e 8 departamentos de apoio. As escolas identificaram grupos em três cidades; o Centro de Educação (escritório administrativo), dividido em departamentos (como RH, finanças, executivo, TI), e os pais, também considerados como um grupo distinto.

A equipe começou com a meta de educar os líderes seniores sobre os benefícios das sete habilidades socioemocionais que têm se mostrado úteis empiricamente para aumentar a felicidade e o desempenho: esperança, eficácia, resiliência, otimismo, gratidão, empatia e *mindfulness*. O objetivo era incorporar esses sete traços como um novo padrão de valores para o bem-estar geral dos funcionários, expandindo em seguida para os estudantes e, por fim, englobando os pais e a comunidade mais ampla.

As intervenções começaram de maneira metódica, visando a criação de uma linguagem compartilhada, com os sete traços no centro de todas elas. A educação consistia em palestras de uma hora em eventos anuais, treinamentos que duravam um dia inteiro, *workshops*, conferências regionais e provinciais e interações com os funcionários durante os dias de desenvolvimento profissional obrigatório. Após um ano de foco na educação no nível da liderança, a segunda fase foi iniciada.

Foi então que a "teoria do ecossistema" entrou em cena. Os professores e todos os funcionários, incluindo os da manutenção da escola, de meio período, educadores do jardim de infância, líderes e pessoal administrativo, bem como estudantes e responsáveis, foram convidados a incorporar os sete traços em suas rotinas na escola, no trabalho e em casa. O objetivo era melhorar a cultura do ambiente de trabalho entre os funcionários para, em seguida, melhorar as condições de aprendizado dos estudantes. As escolas receberam uma estrutura de referência para que funcionários e alunos a utilizassem.

As intervenções para os estudantes e funcionários nas escolas incluíram:

» Alunos e funcionários cocriando mantras e lendo-os em voz alta diariamente.

» Exercícios de *mindfulness* em sala de aula e antes das reuniões de funcionários.

» Curadoria de música para tocar quando os alunos entravam nas salas de aula no início do dia e quando saíam no final do expediente.

- » Assembleias mensais públicas lideradas pelos estudantes (às quais a comunidade era convidada a comparecer).
- » Efeito *priming*, que ocorre quando a exposição a algo pode alterar comportamentos ou pensamentos posteriormente. Ele foi criado a partir das paredes de gratidão, árvores de esperança, arte focada nos traços, mantras em todas as entradas da escola e pôsteres com três exemplos de intervenções englobando todos os traços, escritos em várias línguas e espalhados pelos refeitórios dos funcionários e banheiros de alunos e funcionários.
- » Portais online para funcionários, cocriados com a equipe, consultores educacionais e equipes internas da empresa de consultoria Plasticity Labs, em prol da colaboração digital e da assessoria curricular. Nenhuma das estruturas de referência era programática; eram ferramentas e recursos agnósticos que apareciam de forma diferente em cada grupo ou escola;
- » Mais notável ainda: os funcionários ganhavam três horas mensais de folga remunerada para investir em seu desenvolvimento profissional com psicologia positiva.
- » Cada escola escolhia dois líderes que se reuniam para aprender, bolar planos e, em seguida, retornavam às suas próprias escolas para treinar outros funcionários.

A equipe de pesquisa e consultoria trabalhou com os departamentos para entender suas experiências e personas diárias e direcionar programações específicas: equipe de manutenção, finanças, marketing, RH, grupos sindicais e conselhos de pais.

As intervenções dos funcionários corporativos na educação incluíam:

- » Uso de comunicação empática.
- » Construção de resiliência para funcionários da linha de frente;
- » Criação de um portal de bem-estar.
- » Recursos de programação foram incentivados com um aumento exponencial de orçamento.
- » Melhora da saúde física.
- » Foco na diversidade e inclusão. Um exemplo (entre outros) foi colocar bandeiras temáticas em todas as 125 escolas durante o

Mês do Orgulho LGBTQIA+, oferecendo conversas de empatia e inclusão em relação a essa comunidade para apoiá-la. Houve um aumento significativo no trabalho e no ensino de diversidade e inclusão nas escolas e escritórios corporativos ao longo do projeto e após a conclusão do mesmo.

Os pesquisadores do Plasticity Labs, da Universidade de Wilfrid Laurier e do Conselho de Educação da Região do Distrito de Waterloo trabalharam juntos para analisar a situação três vezes no decorrer do ano e identificar resultados. A terceira fase expandiu a pesquisa para outras escolas, os grupos de controle; foi feita uma referência cruzada desses insights com todos os dados do conselho de educação, e um relatório completo foi desenvolvido para capturar os resultados da coleta de dados da fase zero, da primeira fase, piloto, e da segunda, de expansão.

Tiramos grandes conclusões a partir desse aprendizado. A primeira foi que a "proximidade do propósito", definida por Whiteside em seu trabalho, o qual aponta os prós e contras do engajamento, considerando-o incompleto quando se trata de uma força de trabalho motivada por uma missão.

Especialmente nesse grupo, o engajamento foi alto em praticamente todas as matérias. As pessoas motivadas continuam envolvidas, apesar do risco de burnout. Ainda é valioso acompanhar o engajamento, mas acredito que precisamos de outras medidas para estabelecer se ele está alto, e a paixão, em harmonia, ou se está baixo, e a paixão, obsessiva.

Esses dados críticos resultaram desse projeto de pesquisa e ética com revisão de pares que levou vários anos. Ele validou a intuição que muitos de nós que trabalhamos para melhorar a cultura organizacional na prática vínhamos sentindo há anos.

Também descobrimos que o verdadeiro motivador do bem-estar é a cultura escolar: a confiança, o reconhecimento da comunidade (dos colegas), a comunicação e o feedback. Se reconsiderarmos as principais causas do burnout, podemos mitigar o risco se investirmos na cultura e na lista de motivadores de bem-estar citada anteriormente.

A paixão harmoniosa, no entanto, é um dos principais desses motivadores. Assim como os pacientes motivam os profissionais de saúde, os estudantes fazem o mesmo com os funcionários da educação.

Pela pesquisa, descobrimos que os grupos do centro de educação mais afastados dos estudantes (TI, finanças etc.) não tinham pontuações altas em engajamento nem em bem-estar, apesar de terem relatado problemas praticamente idênticos na cultura do ambiente de trabalho. Já que sua "proximidade do propósito" é significativamente mais baixa, ela não se compara aos níveis de engajamento e felicidade dos professores e funcionários de educação das escolas.

E os grupos de controle, nos quais os funcionários não conseguiram se engajar em nenhuma das intervenções, apresentaram, em média, quatorze pontos a menos no quesito de reconhecimento, comunicação e feedback. Whiteside afirmou que, ao ensinar a importância de traços como gratidão, empatia e otimismo aos alunos, há um efeito bumerangue, no qual os funcionários cultivam as qualidades necessárias para desenvolver e construir culturas fortes ao mesmo tempo.

O trabalho de Nicholas Christakis e James Fowler sobre o contágio social da felicidade oferece uma evidência nesse sentido. Christakis, médico e sociólogo da área médica, e o cientista político James H. Fowler escreveram juntos um estudo que examinava os relacionamentos de quase 5 mil pessoas, acompanhando-os por décadas como parte do emblemático *Framingham Heart Study*.

CURIOSIDADE: a felicidade se espalha feito uma doença contagiosa. Eles descobriram que ela (o bem-estar) se move rapidamente por meio das redes sociais de familiares, amigos e vizinhos. Conhecer alguém que está feliz nos faz 15,3% mais propensos a também nos sentirmos assim, descobriu o estudo. Um amigo feliz que vive a 1km de nós nos deixa 42% mais propensos à felicidade. Todavia, se esse mesmo amigo mora a 3km de distância, o impacto diminui para 22%. Vizinhos de porta que estão felizes nos fazem 34% mais propensos a nos alegrarmos também, mas nenhum outro vizinho tem esse efeito, mesmo se morarem no mesmo prédio[41].

Essa não é a primeira evidência a mostrar que as emoções podem se espalhar feito um vírus. Estudos descobriram que garçons que oferecem seu serviço com um sorriso ganham mais gorjetas. Por outro lado, a saúde mental também pode se espalhar dessa forma quando se trata de depressão, solidão, ansiedade e suicídio. Uma pesquisa analisou calouros universitários e descobriu que ter um colega de quarto com depressão leve aumentava essa doença naqueles que residiam no mesmo quarto[42].

Essa pesquisa também aponta para o motivo de o ensino presencial ser, provavelmente, a melhor opção para alguns estudantes, especialmente quando o ensino doméstico e o virtual se provaram tão desafiadores durante o *lockdown*, tanto para professores quanto para os alunos.

A conclusão mais crítica do estudo foi que, quando investimos em uma linguagem comum e compartilhada que apoia relacionamentos de confiança, conseguimos atravessar a ponte que divide os múltiplos interesses que os profissionais da educação precisam equilibrar. Talvez Anne só precisasse de um pouco mais de apoio incondicional por parte de seus contratantes para aumentar a confiança e relacionamentos menos compartimentalizados para evitar o burnout.

Apesar de as indústrias da educação e da saúde estarem no topo da lista quando se trata de burnout, as empresas de tecnologia estão lutando para ocupar essa posição.

Burnout na indústria de tecnologia

O aumento da carga de trabalho ocorre devido à cultura do "sempre online" e às "vantagens" de viver no local de trabalho oferecidas por essas empresas, mas a verdade está no que essas práticas enfatizam. Para ser bem-sucedido na área da tecnologia, é preciso estar disponível a qualquer hora e tentar não voltar para casa. Como no tuíte do muito admirado Elon Musk, "Há lugares muito mais fáceis para trabalhar, mas ninguém nunca mudou o mundo trabalhando 40 horas por semana".

O que pode ter sido ainda mais alarmante é a seguinte sequência que resultou do tuíte de Musk:

> @margrethmpossi
> Em resposta a @elonmusk
> Qual o número certo de horas semanais para mudar o mundo?
> Elon Musk
> @elonmusk

> Varia de pessoa para pessoa, mas por volta de 80 horas constantes, chegando a mais de 100 às vezes. O nível de dor aumenta exponencialmente acima de 80.

Isso é um problema. Os analistas da Gallup mostram que os riscos de burnout ocupacional aumentam significativamente quando os funcionários ultrapassam 50 horas semanais e sobem ainda mais substancialmente ao chegarem a 60.

Enquanto isso, de volta ao Vale do Silício, os funcionários da Uber compartilharam que trabalhar até as 2h da manhã era típico. Um artigo do *New York Times* sobre a Amazon descreveu uma "maratona de chamadas de conferência no domingo de Páscoa e no Dia de Ação de Graças, críticas dos chefes pelo acesso inconstante à internet durante as férias, horas de trabalho remoto quase todas as noites e fins de semana, bem como funcionários que receberam avaliações de desempenho ruins imediatamente depois de um tratamento de câncer, cirurgias de grande porte ou do parto de um natimorto.[43]"

A indústria da tecnologia agora está enfrentando os efeitos secundários da pandemia e continuará sentindo-os por ainda muito tempo. O ano de 2020 foi um momento de virada para 226 funcionários do Google. No dia 4 de janeiro de 2021, pela primeira vez na big tech, os trabalhadores formaram um sindicato. Esse pequeno grupo assinou sua união com o Communications Workers of America, um dos maiores sindicatos do país.

Um colunista de opinião do *New York Times* afirmou que a formação começou como resultado das tensões crescentes que cercavam "as decisões administrativas e operacionais" do Google. A partida de Timnit Gebru adicionou um *momentum* à formação do sindicato. Gebru é um pesquisador de ética renomado mundialmente que destacou os riscos dos grandes modelos de linguagem, que são de importância chave para os negócios do Google. Isso iniciou um debate enorme, mas importante, que, inevitavelmente, forçou Gebru a deixar a empresa. Essa discussão também questionava a falta de diversidade na produtização da área da tecnologia e o silenciamento das vozes por trás dessas inovações[44].

Essa questão não reside apenas em uma empresa. Infelizmente, a falta de diversidade em toda a força de trabalho mundial é um problema já antigo e pervasivo, impactando desproporcionalmente o burnout de todos os grupos vulneráveis. No entanto, a indústria de tecnologia é bem assimétrica quando se trata de diversidade de gênero na liderança.

Escrevi um artigo para a Sociedade para Gestão de Recursos Humanos, "Disrupting the Tech Profession's Gender Gap" [sem publicação no Brasil]. Nele, apontei que metade da força de trabalho dos Estados Unidos é composta de mulheres, mas que, na indústria de tecnologia, dominada pelos homens, elas ocupam desproporcionais 26% dos cargos ligados à computação – um número que vem diminuindo há anos, de acordo com o National Center for Women & Information Technology. As mulheres representam uma minoria no ranking das 11 maiores gigantes da tecnologia, ocupando uma média de 16% de cargos técnicos nessas empresas. Suas taxas de rotatividade são o dobro das masculinas, e 56% das mulheres deixam seu emprego no meio da carreira, de acordo com o National Council of Women in Technology[45].

Apesar de as patentes de tecnologia feitas por mulheres representarem menos de 8%, quando elas desenvolvem produtos e lideram suas próprias empresas, essas organizações não só contratam mais mulheres e aumentam a diversidade, mas também apresentam uma performance três vezes melhor do que aquelas com CEOs homens, de acordo com a Quantopian, uma plataforma de investimentos. Empresas mais diversas também têm rotatividade 22% menor.

Todavia, "não dá para ser o que não se vê", disse Dorothy Hisgrove, ex-sócia e ex-diretora de recursos humanos da consultoria PwC na Austrália. Em nossa entrevista, ela compartilhou que, quando as mulheres deixam o setor de tecnologia, normalmente não é por motivos familiares. "Os dados nos mostram que muitas dessas mulheres chegam a abrir o próprio negócio. É por isso que a PwC está focando esse problema mais grave da retenção, assegurando equidade no acesso às oportunidades de desenvolvimento de liderança, na transparência dos resultados de performance e, especialmente, nas oportunidades de promoção", disse.

Quando um indivíduo não consegue se ver representado no nível de liderança, seu senso de valor diminui. A indústria da tecnologia já está impondo cargas horárias insustentáveis e comemorando a possibilidade de as mulheres congelarem óvulos para evitarem perder oportunidades de avançar na carreira – ou seja, celebrando a continuidade do trabalho com cargas horárias insustentáveis. Todavia, a probabilidade de uma mulher chegar a uma posição sênior na indústria é de apenas 11%.

Isso é trágico. Uma verdadeira estratégia de prevenção nesse caso seria descartar o congelamento de óvulos e priorizar a licença parental remunerada. Alguns de vocês podem estar se perguntando "Como assim a licença parental é considerada um privilégio? Ela não é obrigatória?".

Um relatório de 2019 da UNICEF analisou em quais dos países mais ricos do mundo as famílias são melhor aceitas. Usando dados de 41 países da Organização para a Cooperação Econômica Europeia e da União Europeia, ele revelou que apenas metade oferecia uma licença maternidade mínima de seis meses com remuneração completa. E os Estados Unidos eram o único deles *sem* licença-maternidade remunerada prevista por lei. Então, ela se torna, sim, um privilégio, o que, simplificando, não é nada bom. Seria mentira sugerir que a licença parental é padrão no mundo inteiro. Nos casos em que é garantida, as mães conseguem tempo para se vincular às crianças, mas os pais não. Se conseguem, como dissemos, na maioria dos casos, é um privilégio.

Alan May, vice-presidente-executivo e diretor de recursos humanos da Hewlett Packard Enterprise (HPE), está tentando tomar a frente para promover mudanças. Ele implementou uma licença de seis meses com remuneração integral para todos os homens e mulheres que tenham ou adotem crianças. Apesar de isso não ser tão importante em alguns países, May espera que, com o tempo, esse recurso se torne o novo normal nos Estados Unidos, não só porque a empresa em questão é progressista, mas porque é a coisa certa a fazer. Para expandir essa política, a HPE adicionou três anos de retorno parcial (tanto para homens quanto para mulheres), garantindo totalmente o emprego. Para May, foi de importância crítica direcionar essa oportunidade dessa forma. Ele me disse: "As evidências médicas e psicológicas bem estabelecidas em relação ao cuidado com recém-nascidos nos primeiros dois anos de vida tornam essa política essencial para todos os grupos."

Quando se trata de prevenir o burnout no caso das mulheres na área de tecnologia, precisamos tornar nossa cultura mais inclusiva. Ao encorajar tanto mães quanto pais a tirarem licença parental remunerada, diminuímos o estigma para toda mulher que sente que pausar o trabalho para ter filhos significa falta de ambição. Isso também diminui o estigma no caso de homens que estão interessados em se assumir como principais responsáveis pela criança.

Isaura Gaeta, vice-presidente de pesquisas de segurança da Intel, concorda com a importância de dar o exemplo para os funcionários e orientá-los. Durante nossa conversa, ela enfatizou que a indústria sofre de um "viés institucional", já que os sistemas de engenharia são configurados de maneira genderizada: "Na Intel, há duas escadas corporativas. Uma é a gerencial, que leva até o cargo de vice-presidente, e a outra é a técnica. O cargo mais importante na escada técnica é o chamado *Intel Fellow* – só pelo nome, já dá para saber que é genderizado. Então, precisamos abordar a questão de como começar a remover o padrão do típico líder técnico para sermos mais inclusivos com todos os comportamentos."

Jill Larsen, vice-presidente executivo e diretor de recursos humanos da Medidata Solutions, acredita que a chave para a retenção está em uma cultura forte de aprendizado e objetivos ambiciosos. Larsen disse que a empresa oferece suporte e orientação conforme necessário para aqueles com tarefas ambiciosas "e visibilizamos o sucesso deles nesses cargos para destacar suas conquistas".

Além de dar o exemplo e orientar, as mulheres precisam do apoio dos colegas para prevenir o burnout na indústria da tecnologia. Gaeta creditou sua permanência na indústria após uma primeira década solitária e desafiadora na carreira ao *networking* formal e informal. Foi só quando ela encontrou aliadas mulheres na área que finalmente sentiu que aquele era o seu lugar e que sua voz era ouvida.

No entanto, nem todos os líderes do setor se sentem como Elon Musk. Em uma entrevista, Rich Kleiman, apresentador de podcast e cofundador da Thirty-Five Ventures, perguntou a Jack Dorsey, fundador e CEO do Twitter e do Square, se os jovens que fundam startups precisam se preocupar com o burnout. Dorsey respondeu de maneira enfática: "Com certeza absoluta."

Ele também compartilhou que a sugestão de Musk de que uma programação de vinte horas de trabalho e quatro de sono é "absurda" e limita o crescimento pessoal. Dorsey disse: "Trabalhar sem parar pode eliminar algumas opções – quando se está tão determinado a trabalhar, você pode não perceber as oportunidades que chegam."[46]

Precisamos que mais líderes, em todas as indústrias, recusem a glamourização da jornada de trabalho de sessenta horas semanais. Essa glorificação do burnout é perigosa. É hora de acabar com a ideia de que o excesso de trabalho é um sinal de alta performance.

Na verdade, *não* podemos fazer tudo

Em um artigo que escrevi para a *Harvard Business Review*, "When Passion Leads to Burnout" [sem publicação no Brasil], questionei o velho ditado de que se trabalhamos com o que amamos, nunca precisaremos trabalhar um dia sequer[47]. Concluí que essa ideia é legal, mas também um completo mito. Estou bem ciente de como é fácil eu me tornar uma ironia ambulante. Enquanto alguém que está escrevendo um livro sobre o burnout durante uma pandemia, preciso admitir que houve momentos em que me preocupei com o risco de cair no burnout.

Como mencionei, um dos meus maiores obstáculos é ver além de mim e me tornar minha própria chefe. Quando mergulhamos de cabeça em um projeto, podemos perder essa autoconsciência, o que torna necessário o uso de ferramentas e lembretes para nos afastarmos do trabalho. Quando fazemos o que amamos, é possível que não vejamos claramente o limite entre trabalhar demais e simplesmente adorar a atividade. De acordo com um estudo publicado no *Journal of Personality*, esse tipo de prática pode gerar uma paixão obsessiva – e não harmoniosa –, o que prevê um aumento de conflitos e, consequentemente, do burnout[48].

Queremos encontrar essa paixão harmoniosa e implantá-la em toda a cultura organizacional, porque propósito e paixão estão intimamente relacionados à felicidade no local de trabalho e ao aumento do bem-estar dos funcionários. Apesar do risco do burnout, é imperativo que não tentemos reprimir a alegria que sentimos ao nos envolvermos em uma atividade motivada por um propósito.

Precisamos estar cientes de quem está em maior risco de esgotamento e alimentar o equilíbrio entre o amor pelo que fazemos e a obsessão pelo trabalho.

Eu realmente detesto quando me perguntam: "Como você consegue fazer tudo?" Isso não só é extremamente sexista, já que a pergunta quase sempre é direcionada exclusivamente às mulheres, mas também não gosto de precisar responder isso com sinceridade. Sinceramente? Não estou fazendo tudo. A maioria de nós não está. Boa parte está frequentemente no modo de triagem, usando critérios como "O que ou quem está sangrando mais?" para decidir do que vamos cuidar primeiro. Isso está longe de ser sustentável.

Lidando ou não com preocupações perfeccionistas, todos sofremos o risco do excesso de trabalho. Em todos os casos de carga de atividades, precisamos nos perguntar: "Minha carga de trabalho se tornou insustentável somente por motivos que fogem ao meu controle, ou será que tenho um papel nisso também?". Pergunte-se o seguinte:

» Continuo me disponibilizando mesmo quando sei que preciso focar a minha carga de trabalho atual?
» Eu me comunico com os outros quando sinto que as demandas estão ficando pesadas demais?
» Sei delegar bem as atividades?
» Já identifiquei o que me energiza e o que me esgota?
» Sei lidar com distrações?
» Tenho interesses fora do trabalho ou minha vida gira em torno dele?
» Tenho alguém próximo no trabalho a quem recorrer para obter apoio?

Se você reconhecer que está envolvido em algumas dessas atitudes pouco saudáveis, provavelmente está reconhecendo o seu papel no aumento da própria carga de trabalho. É bom se observar por alguns dias para entender quando e onde essas ações e comportamentos surgem. Este é o primeiro passo para lidar melhor com eles.

» *Observe seu medo de ficar de fora* (FOMO). Reveja sua agenda para as próximas semanas. Quantas dessas obrigações estão relacionadas ao trabalho e quais são esperadas nele? Pode parecer que os outros precisam nos ver em um evento de *networking* ou que precisamos participar de um conselho comunitário, mas, se estamos lidando com cargas de trabalho desafiadoras, algo tem que ceder. Para ser sincera, eu era assim. Sentia-me pressionada a "aparecer" para a minha comunidade, então aceitava todos os pedidos. Em retrospecto, deveria ter escolhido dois compromissos nos quais me dedicar, em vez de oferecer apenas 50% da minha capacidade a todos que me pediam.

» *Proteja o seu tempo.* Certifique-se de escolher fazer mais coisas que envolvam seus talentos em vez daquelas que esgotam você. Se já estiver cansado do Zoom, atenda a chamada, mas fique só por metade do tempo. Se estiver exausto das interrupções digitais, ative uma resposta automática e reserve um tempo protegido para si mesmo. Se precisar de mais tempo livre, reserve um espaço do seu dia para isso. Isso colocará você no estado de *flow*, reduzirá o estresse e, consequentemente, diminuirá o risco de burnout.

» *Encontre um amigo.* Encontre pessoas a quem possa recorrer, tanto no trabalho quanto em casa. Relacionamentos saudáveis são essenciais para uma vida mais saudável e de maior desempenho, tanto pessoal quanto profissional. Também precisamos garantir que haja um investimento significativo nesses relacionamentos para ajudá-los a florescer. Você não conseguirá dar a eles o tempo necessário para se desenvolverem e crescerem se estiver sempre ocupado trabalhando.

» Ter amigos no ambiente de trabalho também é importante; já discutimos o valor deles no capítulo anterior, mas também precisamos de colegas em que possamos confiar para nos ajudar quando necessário. Precisamos de relacionamentos recíprocos no trabalho, que se desenvolvam por meio do trabalho em equipe e da confiança. Ter a segurança psicológica necessária para saber que, se estivermos em uma enrascada, nossos colegas de trabalho estarão lá para nos socorrer, ajuda a mitigar o estresse e o burnout.

Apesar de termos destacado apenas alguns setores que enfrentam riscos de burnout, isso não significa que outras profissões e indústrias estejam isentas dele. Muito pelo contrário. Até mesmo especialistas no assunto podem sofrer com isso. Todo cargo assume diferentes formas em diferentes momentos. A chave para a prevenção reside em nosso autoconhecimento e autocompaixão.

Talvez o mais importante seja que a luta contra o burnout requer trabalho em equipe, bem como parcerias entre as organizações e seus funcionários, entre colegas e uma parceria interna, na qual, para boas intenções, há atitudes autênticas. Precisamos entender nossas funções e o momento em que ultrapassam nossa capacidade. Precisamos que os outros olhem por nós e nos protejam do pior. Quando tudo isso falhar, a situação se torna uma questão de vida ou morte.

Ao me despedir de Corey Feist durante nossa chamada, eu lhe disse que sentia muito pela sua perda. Ele me confiou que seu luto ainda está fresco, mas que ele sempre mantém a esperança. Que precisa dela. Seu trabalho atraiu a atenção de 60 milhões de pessoas, e esse número continua crescendo, o que alimenta sua esperança. Feist concluiu: "Precisamos começar a cuidar uns dos outros. E, ao fazer isso, reconhecer que a cultura precisa mudar. Não podemos mudar por eles. Posso fazer o possível para mudar todas as leis em todos os estados e ajudá-los de todas as formas, mas não posso fazer isso sozinho, e nem devo."

Como estamos construindo a cultura por *crowdsourcing*, precisamos de desejo individual, mas é o contágio – a vontade coletiva – que gera impacto. Isso é difícil, leva muito tempo e envolve uma infinidade de pequenos movimentos que se espalham externamente até todos pegarem o ritmo. Mas quando isso acontece, o efeito é poderoso.

PARTE DOIS

ESTRATÉGIAS

3

A INTENÇÃO ERA BOA, MAS ACABOU MAL

ÀS VEZES, NÃO PERCEBEMOS MUITO BEM QUANDO O CLIMA ESTÁ tenso no trabalho. Não é por falta de compaixão nem de um desejo de impactar positivamente nossa equipe e nossa empresa. Na verdade, é só uma questão de empatia autêntica. Aqui, a Regra de Ouro 2.0 cai bem. Não se trata apenas de fazer com os outros o que não gostaríamos que fosse feito a nós. Trata-se de fazer para eles o que *eles* gostariam que fosse feito.

Seja ao implementar uma nova política, proferir um discurso tranquilizador em tempos de crise ou até mesmo um único tuíte, a forma como decidimos nossa estratégia, informamos novos programas ou nos comunicamos com as nossas equipes deve sempre considerar a interpretação do receptor da mensagem. Podemos ter as melhores intenções, mas se elas não forem impregnadas com uma liderança empática, não atingirão seu objetivo. Ou pior, trarão felicidade apenas para um pequeno grupo exclusivo, enquanto o restante dos funcionários se sentirá deixado de lado.

CULTURAS QUE SAÍRAM DO CONTROLE

No início da minha carreira, trabalhei brevemente em uma empresa famosa por ter uma cultura incrível – que era parte integrante da sua marca. A empresa a promovia durante o recrutamento, nas entrevistas, nos prêmios pendurados nas paredes. Até o escritório era deslumbrante – digno de capa de revista –, pronto para aparecer em um ensaio sobre os "melhores lugares para se trabalhar".

No entanto, ao olhar com mais atenção, ficou claro que os prêmios eram de décadas passadas, conquistados sob uma liderança diferente, e que a beleza superficial não refletia necessariamente a realidade da cultura interna.

Eu vinha observando essa sensação de "crepúsculo dos deuses" entre os funcionários já fazia algum tempo. Muitos haviam aproveitado os dias de glória e, agora, estavam à deriva. Um líder sênior chegou a comentar: "Temos nossos altos e baixos aqui. Logo melhora." Foi bom ouvir de uma figura de autoridade que aquilo era normal; isso me deu esperança. Contudo, um ano depois, a cultura ainda não tinha melhorado; na verdade, estava muito pior.

A empresa havia feito uma série de contratações que estavam além da sua zona de conforto, mas a maioria delas não durou muito. A cultura ambiciosa não correspondia à realidade que os funcionários encontraram ao entrar na empresa, e se encaixar lá se tornou um desafio. As pessoas entravam, mas assim como aquela roupa que pinica e mal podemos esperar para tirar, elas se sentiam desconfortáveis demais ali. E, para falar a verdade, a equipe executiva ficava feliz em vê-las partindo.

Um dia, perto do fim da minha estadia na empresa, passei pela sala de jogos e parei. Eu já repetira esse percurso várias vezes, mas naquele dia, era como se eu percebesse pela primeira vez a existência daquela sala. Era toda de vidro, então dava para testemunhar a diversão dos outros e ficar tentado a se juntar a eles. Havia muitas opções – uma mesa de pingue-pongue, outra de sinuca, um sofá e algumas cadeiras para ler ou ficar conversando, além de uma pilha desordenada de jogos de tabuleiro desgastados, como se tivessem sido amados um pouco demais.

Esse momento simbolizava tudo o que estava errado naquela cultura. Aproximando-me do vidro, vi que a mesa de sinuca estava empoeirada e sem tacos. A de pingue-pongue estava encurralada contra uma parede, cercada por cadeiras abandonadas e quebradas. Os jogos eram antigos e fora de moda. E, em dois anos, eu havia testemunhado aquela sala sendo usada para sua finalidade original apenas duas vezes.

Ninguém a utilizava, porque não havia tempo para isso. As cargas de trabalho eram tão absurdas que a ideia de jogar parecia fora de questão. Aquela sala, para mim, simbolizava que as ambições da empresa não correspondiam à realidade. Ela gritava comigo enquanto eu passava: "Era tudo mentira!"

Culturas ruins são como mesas de sinuca empoeiradas. Quando não são autênticas, elas fracassam.

Não tem problema se sua empresa não tiver uma mesa de pingue-pongue. É melhor ser honesto com os recém-contratados, os funcionários e a marca. Há muitas empresas com culturas maravilhosas, mas sem uma sala de jogos. Elas têm ótimas culturas devido à confiança. São o que afirmam ser, o que é crucial para estabelecer confiança desde o início. É assim que se pratica a honestidade de maneira radical, mesmo que refletir sobre si seja a coisa mais difícil que elas já fizeram como empresas.

Para construir culturas sem salas de jogos abandonadas, o jeito é definir quem queremos ser. Quando finalmente entendermos isso, poderemos encontrar pessoas que se alinhem a essas crenças fundamentais. As culturas ambiciosas só funcionam se forem reais. Caso contrário, elas se tornam promessas não cumpridas.

Quando somos autênticos para com nossos valores, paramos de perder dinheiro com culturas falsas. Em vez disso, financiamos o que realmente importa. As mesas de sinuca e as decorações dispendiosas se vão, dando lugar a recursos para ajudar a gerenciar a carga de trabalho. Novamente, uma boa intenção não previne nada. A seguir, cito algumas intenções que eram boas mas terminaram mal, e que podem representar menos benefícios e mais burnout, se não forem compensadas com uma boa higiene cultural.

Vantagens e benefícios

Já conversei com vários funcionários que trabalharam por décadas em empresas que promovem as vantagens oferecidas como se fossem medalhas de honra. As vantagens nem sempre são o bilhete premiado para a felicidade e não previnem o burnout.

Um antigo funcionário de uma grande empresa do Vale do Silício compartilhou anonimamente que tinha chegado o momento de deixar o cargo de gerente de programa depois de oito anos, porque os contras tinham superado os prós. Ele adorava a comida gratuita, o acesso irrestrito à academia 24 horas por dia, a lavanderia gratuita, a pista de boliche, a quadra de vôlei e o clube esportivo customizado, exclusivo e restrito aos funcionários. Também gostava do salário. Mas, no fim das contas, sentia que "as vantagens não superam a taxa de burnout. Todas elas e os benefícios são ilusões. Elas mantêm as pessoas trabalhando e as ajudam na produtividade. Nunca conheci ninguém que realmente folgasse nos fins de semana ou durante as férias". Ele descreveu um ambiente desafiador, no qual os casamentos estavam "caindo aos pedaços" e era normal "os colegas escolherem o trabalho e projetos em detrimento da família, chorarem no ambiente de trabalho e adoecerem por causa do estresse, além de enviarem e-mails para todo mundo à meia-noite."

As empresas de tecnologia são notórias por inovarem massivamente com produtos e serviços disruptivos e por serem as primeiras a introduzir no mercado praticamente tudo o que usamos no nosso dia a dia. Para atrair e competir por talentos, elas tiveram que se tornar extremamente agressivas, o que inclui oferecer vantagens que podem até parecer exageradas.

As vantagens no local de trabalho não funcionam, pois afastam os funcionários de suas vidas pessoais. Apesar de receber refeições personalizadas parecer um luxo, isso deixa de ser valioso se você raramente consegue compartilhá-las com a família e os amigos fora do trabalho. Preparar comida e comer com entes queridos é algo crítico para nossa saúde e longevidade, melhorando também nossos hábitos alimentares[1].

Antes da pandemia, a quantia que um estadunidense comum gastava com refeições fora de casa ultrapassava o gasto dos consumidores dos EUA com refeições preparadas em casa. Antes da Covid-19, eram feitas em média 4,5 refeições em restaurantes ou delivery semanalmente[2]. Mas estudos sugerem que cozinhar em casa é mais saudável. Um deles examinou os hábitos culinários de homens e mulheres em Taiwan e na Austrália e descobriu que cozinhar em casa até cinco vezes na semana aumentava em 47% a probabilidade de estarem vivos dali a dez anos[3]. E já que os relacionamentos saudáveis estão correlacionados a maiores níveis de felicidade e aumento da longevidade, comer em casa pode proporcionar a oportunidade de se reunir.

Um estudo afirma que jantar com os filhos pelo menos quatro dias por semana pode aumentar o vocabulário deles, acrescentando mil palavras novas, e que passar tempo em família durante as refeições é um fator ainda mais poderoso para prever boas notas do que o tempo gasto frequentando a escola, fazendo dever de casa, praticando esportes ou criando arte[4].

Tudo isso é um sinal claro de que a vida no local de trabalho não leva em consideração o bem-estar dos funcionários a longo prazo. E quando a maioria deles ficam ali depois do expediente, isso pode criar uma cultura de culpa, na qual os funcionários sentem que precisam mostrar serviço. No fim das contas, isso não é tão útil, já que mais horas de trabalho não significam maior produtividade. E se a saúde alimentar dos funcionários está decaindo e seus relacionamentos estão sendo afetados, isso acaba contrariando os esforços de promover o bem-estar. Essas supostas vantagens criam o artifício da confiança e do apoio, mas, em várias instâncias, elas apenas levam ao burnout.

A pandemia tirou essas empresas da zona de conforto no ambiente profissional, inserindo-as em uma zona de testes virtual. O resultado? Uma força de trabalho majoritariamente remota conseguiu ser tão produtiva quanto era presencialmente – talvez até mais.

À medida que os locais de trabalho se tornaram mais seguros e as restrições foram revogadas, algumas empresas optaram por continuar com sua política de trabalho remoto indefinidamente, enquanto outras estavam ansiosas para trazer os funcionários de volta ao escritório.

De acordo com um relatório da CNBC, os trabalhadores do Google que quiserem trabalhar remotamente por mais de quatorze dias por ano depois da Covid-19 podem submeter um pedido formal para isso. Apesar de a empresa não privilegiar o trabalho remoto, ela vai permitir uma semana de expediente flexível, na qual os funcionários trabalharão no escritório três dias por semana e em casa nos outros[5].

"Estamos testando a hipótese de que o modelo de trabalho flexível resultará em maior produtividade, colaboração e bem-estar", escreveu Sundar Pichai, CEO da Alphabet e da sua subsidiária Google, em um e-mail. "Nenhuma empresa do nosso tamanho criou um modelo de força de trabalho completamente híbrido – apesar de algumas poucas estarem começando a testá-lo –, então vai ser um teste interessante."

A NBC News relatou que outras empresas aderiram à tendência. A Microsoft testará uma solução flexível para ambientes profissionais, enquanto o CEO do Facebook, Mark Zuckerberg, sugeriu que metade de seus funcionários trabalhará remotamente no decorrer da próxima década. O Twitter confirmou que oferecerá uma opção permanente de trabalho remoto para todos os funcionários[6].

A indústria de tecnologia está dando um ótimo exemplo ao oferecer opções híbridas e flexíveis. Especialistas em ambientes de trabalho já vinham defendendo há muito tempo uma postura mais aberta em relação aos locais onde somos mais produtivos. Essas mudanças devem reduzir significativamente o risco de burnout.

Quando se trata de bem-estar no ambiente de trabalho, poder escolher o ambiente onde somos mais produtivos é de importância crítica. E essas soluções híbridas representam um meio-termo saudável entre o empregador e o funcionário.

Ao testar algo novo e perceber que funcionava, surgem mais opções flexíveis e híbridas. No entanto, é fácil voltar aos velhos hábitos. Para incentivar os funcionários a voltar ao trabalho após a pandemia, algumas empresas anunciaram mais vantagens em frequentar o escritório. Se quisermos concretizar uma boa intenção, a chave está em disponibilizar essas opções sem torná-las uma expectativa da cultura. Em outras palavras, dar o exemplo de comportamentos saudáveis em todos os níveis de liderança:

- » Como gestor, observe quando os funcionários fazem todas as refeições na empresa ou trabalham até mais tarde do que deveriam com frequência. Isso pode ser ideal para alguns membros da equipe, mas não todos.
- » Garanta que, se alguém quiser ficar até mais tarde no trabalho ou frequentar o ambiente da empresa, a pessoa não seja recompensada por priorizar a equipe e fazer essas escolhas.
- » Comemore como gesto de cidadania corporativa o retorno dos funcionários às suas famílias e lares, bem como à vida social deles.

O local físico do trabalho mudou drasticamente para os trabalhadores do conhecimento e, com isso, o significado da vida no ambiente de trabalho também mudou consideravelmente. No artigo "Three Tips to Avoid WFH Burnout" [sem publicação no Brasil], Laura Giurge e Vanessa Bohns sugerem opções para evitar que as pessoas vivam trabalhando quando atuarem remotamente.

Elas destacam a importância de estabelecer limites físicos e sociais, citando um artigo de Blake Ashforth, da Universidade do Estado do Arizona, que "descreve como demarcar, via 'atividades de transição', a passagem de atividades relacionadas ao trabalho àquelas não relacionadas. Vestir as roupas do trabalho, percorrer o trajeto de casa até a empresa – esses são indicadores físicos e sociais de que algo mudou[7]".

Como gestores, precisamos garantir que as pessoas não estejam pulando o trajeto matinal até o trabalho para começar mais cedo – algo que vimos aumentar em 2020. Os trabalhadores remotos precisam manter algumas dessas atividades de transição. Devemos monitorar quando eles ficam online cedo demais ou até tarde da noite.

Criemos uma regra para a equipe, estipulando que as notificações do trabalho sejam desativadas a certa hora do dia e que os funcionários possam utilizar uma mensagem automática para indicar que deixaram o escritório. Se os pais precisam de tempo para questões familiares, isso deveria ser uma regra, não uma exceção. Todos os funcionários devem ter autonomia para tomar decisões imediatas, como buscar um filho doente na escola ou comparecer a uma consulta médica.

Para atualizar as boas intenções, o sucesso está enraizado, em primeiro lugar, nos resultados centrados nas pessoas e, em segundo, nas métricas de desempenho. Pode ser um desafio aceitar isso, pois, há vários séculos, os relacionamentos entre líderes e funcionários têm sido transacionais. Os contratantes empregam os funcionários para executar um trabalho. Eles fazem. São pagos. E voltam ao trabalho no dia seguinte.

Isso é higiene, não motivação. Hoje, o relacionamento entre os líderes e suas equipes é muito mais complexo e cheio de nuances. Quando ele é otimizado e funcionando como deveria, funciona como um supercombustível que confere às empresas uma vantagem competitiva gigantesca.

Precisamos confiar que a percepção externa do sucesso virá, mas não podemos começar com ela. As intervenções prévias devem ter apenas um objetivo em mente – a saúde e o bem-estar dos funcionários como prioridade. Produtividade, vendas, captação de recursos, crescimento, valor de mercado e assim por diante ficam, ainda que por pouco, atrás desse objetivo. Essa deve ser a posição permanente das prioridades.

É um mito completo dizer que um vem em detrimento do outro. Em vez disso, ao acertarmos o primeiro objetivo, é certo que os próximos excederão as expectativas.

Como especialista em bem-estar com muitos anos de experiência, afirmo que, tanto em anedotas quanto em evidências, funcionários mais felizes simplesmente são mais eficientes, e que uma cultura mais feliz cria um efeito em cadeia de ambientes de trabalho saudáveis em todos os níveis.

Em um estudo conduzido na Universidade de Warwick, os indivíduos cuja felicidade foi melhorada por várias intervenções apresentaram um aumento nos níveis de produtividade de aproximadamente 12%. A pesquisa também revelou que níveis mais baixos de felicidade reduziam a produtividade, levando os pesquisadores a concluir que existe uma relação de causa entre a felicidade e o desempenho[8].

Outro estudo, conduzido por David Wyld, descobriu que um maior bem-estar dos funcionários está ligado à retenção, enquanto um estudo de Claudia M. Haase e seus colegas revelou que indivíduos felizes exibiam níveis mais altos de motivação e eram mais propensos a atingir seus objetivos[9].

Também sabemos que líderes com melhor bem-estar têm maior impacto no sucesso de seus subordinados. Um estudo com 357 gestores examinou como os estados de humor estão correlacionados com a liderança transformacional e descobriu que os líderes com maior afetividade positiva eram mais transformacionais em suas organizações. Entre os benefícios desse tipo de liderança estão níveis maiores de criatividade, desempenho e cidadania organizacional[10].

No artigo "Does Happiness Promote Career Success?" [sem publicação no Brasil], Julia Boehm e Sonja Lyubomirsky afirmam que "as evidências compiladas de estudos transversais, longitudinais e experimentais confirmam a hipótese de que a afetividade positiva pode trazer resultados bem-sucedidos para o ambiente de trabalho. Pessoas felizes ficam mais satisfeitas com seus empregos e relatam maior autonomia nas tarefas. Elas têm melhor desempenho do que colegas menos felizes nas tarefas que lhes são atribuídas e estão mais dispostas a assumir tarefas extras, como ajudar os outros. Elas recebem maior suporte social dos colegas de trabalho e tendem a adotar abordagens mais cooperativas ao interagir[11]".

As autoras também compartilham que "indivíduos felizes são menos propensos a comportamentos retraídos, como absenteísmo e desemprego. Por conseguinte, de maneira geral, as pessoas felizes têm maior sucesso no ambiente de trabalho".

Quando pensamos na relação causal entre os impactos do bem-estar e o sucesso, isso deveria nos compelir a liderar de acordo. Tendo o bem-estar como prioridade, reduziremos drasticamente o burnout. É uma equação simples. Aumentar estratégias centradas nas pessoas leva ao sucesso generalizado da organização e à redução do esgotamento. Combinar boas intenções com uma missão autêntica é que nos levará ao sucesso na prevenção do burnout.

Férias ilimitadas

Em 2017, a Netflix, a Virgin e a Kronos anunciaram uma política de férias ilimitadas. Depois de seus comunicados, centenas de empresas seguiram o exemplo, incluindo a Glassdoor, a Dropbox, a Kickstarter, entre outras grandes e pequenas empresas. A ideia era cativante. Mas os resultados não têm sido tão promissores.

Implementar um número ilimitado de folgas remuneradas significa permitir que os funcionários se afastem do trabalho pelo tempo que precisarem, na expectativa de que terminem suas tarefas dentro dos prazos. A intenção dessa política é demonstrar confiança, um componente crítico na prevenção do burnout. Mas se o benefício previsto – os funcionários realmente tirarem um tempo razoável de folga – não for concretizado, então o resultado é o oposto.

No relatório "HR MythBusters" [sem publicação no Brasil], que analisou os dados de 125 mil clientes, a empresa de software de RH Namely compartilha que os estadunidenses deixam inutilizados, coletivamente, quase 700 milhões de dias de folga por ano. Ela cita um estudo que descobriu que 80% dos trabalhadores acreditavam que ficariam mais confortáveis em tirar folga se seus gestores os encorajassem nesse sentido. Desde que as políticas de férias ilimitadas foram implementadas, os estudos continuam a mostrar que, anualmente, os funcionários têm tirado menos dias de folga. Aqueles com planos de férias ilimitadas se afastam do trabalho, em média, apenas treze dias por ano, enquanto aqueles com planos tradicionais tiram quinze dias[12].

Todavia, se queremos proteger o bem-estar dos nossos funcionários e, com isso, aumentar seu desempenho, os dados mostram que ele está correlacionado com mais dias de férias, não menos. O estudo da Namely relatou que "os funcionários de alto desempenho tendiam a se afastar do trabalho, em média, dezenove dias por ano, enquanto os indivíduos com menor pontuação de produtividade, apenas quatorze dias". Uma pesquisa conduzida na Universidade de Mannheim em 2012 revelou que "o desprendimento psicológico do trabalho" – ou seja, férias que não contenham nenhuma forma de trabalho, inclusive receber e-mails passivamente – tinha um impacto marcante no bem-estar e no desempenho profissional[13].

Culturas autenticamente centradas nas pessoas são o componente crítico para garantir que as políticas de férias ilimitadas funcionem e, inevitavelmente, previnam o burnout. Isso significa que elas precisam se alinhar com alguns valores básicos.

Um exemplo de uma política de tempo ilimitado de folga remunerada que deu certo é a da Electric, uma empresa de soluções de TI de Nova York formada por duzentas pessoas ao redor do mundo, sendo que 165 trabalham em Nova York em tempo integral. Conversando com Jamie Coakley, vice-presidente de gestão de pessoas da Electric, ela compartilhou comigo que uma coisa que percebeu durante a Covid-19 foi quantos funcionários, inclusive ela mesma, não estavam usando as férias ilimitadas.

No início da pandemia, por volta de março de 2020, Coakley olhou para os gráficos da política de folga remunerada ilimitada e viu que estavam reduzidos por causa das restrições a viagens e da impossibilidade de viajar. Mas, ao analisar os números novamente em maio, ela percebeu que 70% dos funcionários só tinham se afastado do trabalho por dois dias em cinco meses. Para ela, isso foi um alerta vermelho: "Acho que eram algumas noções crônicas; viagens canceladas que não eram remarcadas; gente achando que só ia continuar trabalhando: 'Posso viajar quando esse negócio acabar'. No mais, acho que só estávamos com muito medo."

Coakley se sentou com a equipe de liderança para bolar um plano alternativo para aqueles que não estavam prontos para tirar um tempo de folga. Ela implementou programas de apoio ao bem-estar, como meditação e yoga, e convidou palestrantes focados em bem-estar, aprendizado e desenvolvimento. A primeira aula de meditação foi um sucesso, com 85 participantes. Entretanto, na próxima sessão do programa, apenas 10 pessoas compareceram. Na terceira, as mesmas 10 participaram. Foi então que decisões realmente sinceras e estratégicas começaram a tomar forma.

"Não acho que os eventos que estávamos oferecendo fossem ruins; era só que, na realidade, as pessoas estavam começando a viver no trabalho. Chamadas de Zoom o dia inteiro, era demais", compartilhou Coakley. "Você tem trinta minutos livres para fazer um sanduíche, lavar roupas ou sentar com seu parceiro e filhos. Você não quer ter que entrar em mais uma reunião do Zoom."

Foi então que Coakley realmente começou a investigar a fundo as opções que poderiam ajudar os funcionários de uma maneira que realmente correspondesse às necessidades deles. Ela pediu que a equipe inteira avaliasse o programa para descobrir como os participantes estavam se sentindo. Os funcionários foram honestos e abraçaram o projeto. A pesquisadora ouviu respostas desde "Não quero meditar, mas quero continuar a investir no meu desenvolvimento pessoal" até "Não sinto que posso fazer pausas durante o dia, porque minhas reuniões estão emendadas uma atrás da outra".

Coakley e sua equipe de liderança também tentaram identificar como tudo isso contribuía para o risco de sua equipe sofrer burnout. Ela categorizou as principais medidas de combate ao esgotamento em três tipos diferentes. O primeiro era descobrir como manter aquele mesmo ambiente de trabalho extremamente social e amado por todos, quando ninguém mais estava se conectando. O segundo era fazer com que as pessoas deixassem de sentir que tudo era prioridade, o que, de acordo com Coakley, estava em constante ajuste. O terceiro era fornecer espaço e flexibilidade para as pessoas e, acima de tudo, devolver-lhes tempo.

Para concluir, Coakley e sua equipe de liderança da Electric desenvolveram expectativas mais sustentáveis e realistas quanto ao tempo de folga, especialmente durante uma pandemia. Eles começaram a tirar a empresa do ar uma vez por mês para que ninguém trabalhasse; era uma época em que todo mundo poderia simplesmente se desconectar coletivamente. Para remover os bloqueios mentais em relação à carga de trabalho para os funcionários que tiravam folga, eles garantiam que as folgas remuneradas se encaixassem nos projetos, oferecendo opções flexíveis para que ninguém sentisse que precisava se planejar para descansar – um desafio durante a Covid-19.

Os líderes também ajudaram os profissionais liberais que, em sua maioria, trabalhavam nas equipes de suporte técnico. Visto que esse grupo registrava oito horas diárias de trabalho, eles implementaram um horário de planejamento para poderem oferecer estruturas diferentes ao longo dos outros dias. Como Coakley apontou: "Acho que é muito difícil ficar envolvido por oito horas direto em uma fila de atendimento. Precisamos nos questionar como podemos oferecer mais flexibilidade aos diferentes tipos de trabalhadores."

Além disso, os gestores enviaram pesquisas aos funcionários, pedindo que compartilhassem suas opiniões sobre a antiga e a nova política de folgas remuneradas. Perguntaram: "As pessoas realmente estão descansando? Estão planejando se afastar do trabalho ainda que não possam ir a lugar algum?" A nova política ajudou a moldar um aumento das férias remuneradas. Coakley relatou que havia mais pessoas tirando folga do trabalho, uma licença extremamente necessária.

Comunique o valor do tempo

Muitos estudos defendem a ideia de que tirar folga faz bem. Esse modo de pensar deveria estar enraizado na cultura. Para trazer todos a bordo, a chave é comunicar a evidência que sustenta essa teoria.

Os benefícios físicos de se afastar do trabalho são substanciais. Um estudo patrocinado pelo Instituto Nacional do Coração, Sangue e Pulmão do Instituto Nacional de Saúde dos Estados Unidos acompanhou, por um período de nove meses, 12 mil homens em alto risco de doença arterial coronariana. A pesquisa descobriu que os participantes que tiravam férias anuais frequentes eram 21% menos propensos a morrer por qualquer causa e 32% de doenças cardíacas[14].

De acordo com um estudo da Gallup, as pessoas que sempre se organizam para tirar férias regularmente tinham uma pontuação de 68,4 no Gallup-Healthway Well-Being Index [sem publicação no Brasil], enquanto aquelas que não viajavam tanto marcavam 51,4 pontos[15]. A empresa de serviços profissionais Ernst & Young conduziu um estudo interno com seus funcionários e descobriu que, para cada 10 horas de folga tiradas, a performance dos trabalhadores aumentava 8%[16].

Uma pesquisa descobriu que, três dias depois das férias, as reclamações de dor, qualidade de sono e humor dos participantes melhoraram em comparação com antes delas[17], as quais também são benéficas para os relacionamentos. Um estudo publicado no *Wisconsin Medical Journal* revelou que as mulheres que tiravam férias estavam mais satisfeitas com seus casamentos[18].

Todos esses benefícios – aqueles decorrentes de mais tempo para descansar, recuperar-se e passar com familiares e amigos fora do trabalho – também ajudam a prevenir o burnout.

Dê o exemplo. Nas nossas organizações, os líderes precisam ser francos e incentivar as folgas. Precisamos estar completamente inacessíveis, não é para falar da boca para fora e continuar a responder e-mails durante todas as férias. Laura M. Giurge e Kaitlin Woolley escreveram no artigo "Don't Work on Vacation. Seriously" [sem publicação no Brasil] que, como resultado da crise da Covid-19, "nosso modo e tempo de trabalho estão mudando em nível fundamental". Evidências apontam que mais pessoas trabalharam nos fins de semana e feriados durante a crise, e isso custa caro tanto aos contratantes quanto aos funcionários[19].

Segundo as pesquisas das autoras, "Passar os fins de semana e feriados trabalhando minimiza um dos fatores mais importantes, que determina a persistência das pessoas no trabalho: a motivação intrínseca". As pessoas não só estão trabalhando em excesso, mas também eliminando o tipo de motivação que previne o burnout. É tolice em dobro.

Então, como reforçamos a importância de todos tirarem folga do trabalho? Se os líderes realmente quiserem impactar os funcionários, precisamos seguir nossos próprios conselhos.

Redefina o alto desempenho. A crença antiquada de que longas horas de trabalho levam a uma maior produtividade foi refutada em uma série de estudos. Um deles, realizado na Universidade de Stanford pelo professor de economia John Pencavel, revelou que a produtividade por hora diminui consideravelmente quando se trabalha mais de 50 horas semanais[20]. Depois de 55 horas, ela cai tanto que não vale a pena acrescentar mais horas de serviço. Se alguém trabalha 70 horas, essa pessoa é tão produtiva quanto aquela que trabalha 55 horas semanais[21].

Isso enfatiza a necessidade de redefinir o que significa ter alto desempenho. Assim como Arianna Huffington enfatizou a importância de dormir mais, precisamos popularizar a ideia de trabalhar menos horas improdutivas. Já mencionei isso antes, mas é focando objetivos gerenciáveis, e não o número de horas trabalhadas, que conseguiremos prevenir o burnout. E se você quiser que seus funcionários tirem folga sem se esgotar, certifique-se de que eles sigam alguns protocolos simples:

» *Distribua o peso.* Garanta que a equipe à qual os funcionários recorrem seja seu ponto de apoio e possa lidar com as responsabilidades na ausência deles. Os gestores devem ajudar, checando a capacidade da equipe para que nenhum projeto grande caia no colo de um membro logo antes da saída de outro. Isso ajuda os funcionários a tirarem férias sem sentir uma ansiedade pervasiva quanto a sobrecarregar os colegas durante as férias.

» *Gerencie as expectativas.* Estabeleça uma regra para que os funcionários configurem uma mensagem automática antes de saírem de folga. Isso pode parecer óbvio, mas, em alguns locais de trabalho, pode não ser o caso. A mensagem precisa deixar claro que os funcionários *não* estarão verificando e-mails e não responderão a chamadas durante as férias. Faça sua equipe reservar o dia em que alguém voltará de férias para que a pessoa possa se reorganizar no retorno ao trabalho. E sugira que ela envie um e-mail aos interessados para que não seja surpreendida com pedidos de última hora antes de sair de folga.

Coloque as palavras em prática. Quando uma boa intenção dá errado, é preciso fornecer todo esse apoio e ainda mandar e-mails para seu funcionário quando ele estiver de folga ou permitir que ele lhe envie. É fundamental que você dê todo o espaço necessário, independentemente do que acontecer no trabalho. Os gestores podem ver isso como um desafio, porque não acham que haja alguém que consiga fazer o trabalho da pessoa. No entanto, isso é um mito. Se configurarmos as redes de apoio antes do funcionário da nossa equipe sair, fica tudo bem.

Precisamos todos reconhecer que, na maioria dos casos, ninguém vai morrer se deixarmos de enviar um e-mail naquele dia. Às vezes, só precisamos aceitar que um cliente pode ficar frustrado, ou que um projeto vai atrasar, ou que alguém vai ficar chateado, mas, enquanto líderes, nosso trabalho é proteger nossos funcionários. Se não conseguirmos amortecer a queda para eles, não deveríamos estar nesse cargo.

Eu mesma já contrariei essas medidas algumas vezes durante a minha carreira e me arrependi de não ter priorizado minha equipe em detrimento das necessidades da empresa. Isso parecia acontecer com mais frequência quando um cliente precisava de algo com urgência; nós largávamos tudo o que estávamos fazendo para nos concentrarmos nesse pedido. Na maioria das vezes, a solicitação acabava não sendo tão urgente assim, mas nossa saúde mental ainda sofria. Não era nada sustentável.

Parte da liderança é saber a diferença entre percepção e realidade. Acabei percebendo que todos acham suas solicitações urgentes. Assim que se assume uma estratégia que prioriza os funcionários, fica fácil medir como lidar com uma emergência de verdade quando ela chegar.

O que acontece quando sentimos que algo (ou alguém) está roubando o nosso tempo? Esse roubo de tempo é uma das causas do estresse crônico no serviço. Quando o bem-estar se torna parte da carga de trabalho, isso também pode fazer com que sintamos que não estamos sabendo gerenciar nosso tempo. Isso pode acontecer dentro das nossas organizações das maneiras a seguir.

Programas de bem-estar bem-intencionados

Olhando para uma análise estatística de estresse e comparando esses gráficos a outro parecido, sobre o crescimento da indústria de bem-estar, você presumiria que o estresse diminuiria com o crescimento dessa área. Infelizmente, segundo os dados e os gráficos, a história é outra.

Em 2021, a indústria global de saúde e bem-estar atingiu US$4,5 trilhões. O setor corporativo internacional de bem-estar detinha boa parte da produção, com uma participação de mercado de US$57,2 bilhões que deve chegar a US$97,4 bilhões até 2027[22].

O bem-estar mental atingiu uma participação de mercado de US$121 bilhões em 2020. No mesmo ano, aplicativos de saúde e boa forma geraram 656 milhões de downloads, e esse número continua crescendo, o que a maioria dos especialistas atribuiu à pandemia, que levou "os consumidores a ficarem em casa e reestruturarem seu regime de exercícios e estilo de vida de modo geral"[23].

Infelizmente, o burnout na indústria da tecnologia se tornou um problema que evoluiu rapidamente à medida que as empresas passaram a adotar novos modos de comunicação virtual. Com a extensão da pandemia, o interesse nos aplicativos de bem-estar cresceu, mas o estresse continuou a aumentar exponencialmente. Algo estava errado.

Bem antes da pandemia, ferramentas de monitoramento de atividade física e as consequentes competições ou desafios com metas de passos alcançaram uma popularidade enorme. É esperado que esses produtos atinjam uma receita anual de US$48,2 bilhões até 2023, e a razão para seu crescimento rápido é atribuída à "prevalência crescente de doenças crônicas"[24]. Alguns dizem que os aplicativos são ótimos para promover o espírito de equipe; outros afirmam que simplesmente ajudam a manter a prática quando os funcionários têm boa saúde física.

Isso é verdade. O bem-estar físico tem um papel valioso na saúde mental, e faz sentido conectá-lo à construção de relacionamentos positivos. Todavia, é de importância crítica que as organizações garantam que a programação seja bem executada, não só bem-intencionada.

Encontramos um exemplo disso em um teste randomizado coescrito por Zirui Song, professor assistente da Escola de Medicina da Universidade de Harvard, e Katherine Baicker, reitora da Universidade de Chicago. A equipe de pesquisa estudou a eficácia de um programa de bem-estar e boa forma específico implantado em uma grande empresa de comércio dos Estados Unidos. O estudo com quase 33 mil funcionários descobriu que, apesar de um aumento notável dos comportamentos saudáveis reportados pelos participantes, "não houve diferenças significativas nos marcadores clínicos de saúde; nos gastos ou utilização de assistência de saúde, nem no absentismo, permanência ou performance profissional depois de 18 meses[25]."

Outro teste randomizado e controlado que foi publicado na *Lancet Diabetes and Endocrinology* analisou oitocentos participantes que usaram uma ferramenta de monitoramento de atividade física para melhorar sua saúde no decorrer de quatorze meses. Os pesquisadores descobriram que, ao final do teste, a ferramenta não tinha surtido efeito na saúde nem na boa forma geral dos participantes – mesmo quando combinada a um incentivo financeiro[26].

Podemos não estar voltando todos ao trabalho como de costume, mas ao repensar como nos envolvemos nesses tipos de vantagens ou táticas de bem-estar, precisamos considerar, em primeiro lugar, se elas funcionam e, em segundo, se são inclusivas. Os programas de bem-estar podem ser bem-intencionados, mas se carregarem vieses, podem ter efeitos danosos.

Será que nossa sugestão é adequada aos nossos tempos? Estamos deixando alguém para trás? Estamos adotando essas práticas pelos motivos certos? Estamos sendo autênticos?

Em alguns casos, os funcionários podem se sentir envergonhados ou culpados se não se envolverem em desafios de atividade física. Enquanto alguns atingem pontuações altas para suas equipes e conseguem acesso a vagas melhores no estacionamento ou refeições grátis, outros se sentem excluídos e deixados para trás. Um desafio com metas de passos pode fazer com que pessoas com limitações de mobilidade ou problemas de peso sintam que os outros ficam de olho nelas. Para alguns, esse impacto significativo na autoestima pode ter consequências duradouras.

Considere a história de Emily e seus colegas, por exemplo, que foram apresentados pela equipe de liderança de RH a um consultor de um programa de perda de peso famoso. Durante a primeira consulta, além da lista de benefícios proporcionados pelo programa, eles descobriram que poderiam pagar taxas reduzidas se uma determinada quantidade de funcionários também se matriculasse. Quando não conseguiram essa quantidade mínima, a equipe de RH convocou Emily ao escritório para expressar sua frustração e decepção por ela não ter aderido ao programa.

Emily compartilhou que, como uma mulher acima do peso, ela se sentia envergonhada. Quando criticada por "não se importar com a saúde de seus colegas de equipe nem com a sua – evidentemente", ela se sentiu assediada. Emily deixou a empresa oito meses mais tarde, mas, cinco anos depois, ainda se lembrava do incidente como algo doloroso que teve um "efeito duradouro em sua autoestima".

Em outro exemplo, o ex-líder de RH Darin Phillips descreveu o trabalho em uma organização que, com frequência, adotava más práticas de bem-estar porque o CEO e o COO "estavam preocupados com o custo do seguro de saúde". Phillips compartilhou que eles especificamente "miraram grupos que incluíam fumantes e pessoas que não se exercitavam regularmente", monitorando sua atividade física. As ferramentas de monitoramento eram obrigatórias na campanha de metas de passos da empresa, que incluía um incentivo de US$500 para motivar a participação. De acordo com Phillips, "Tinha gente tentando recrutar as pessoas mais pesadas para sua equipe para que pudessem mostrar melhores resultados de perda de peso como um todo". Ele explicou que, se esses funcionários-alvo permanecessem no programa, eles tendiam a se sentir pressionados pelos colegas a participar do desafio de perda de peso. No entanto, se desistissem, perderiam todos os outros benefícios que o programa oferecia, incluindo os US$500. Phillips logo deixou a empresa, assumindo outro cargo.

No entanto, sempre é possível remediar as boas intenções que acabam dando errado. Contanto que pratiquemos a escuta ativa, podemos aprender e ajustar o curso das coisas. Trata-se de usar as novas informações, pesquisas e dados para mudar nosso atual modo de pensar sobre o bem-estar. Precisamos repensar o uso dessas ferramentas de forma significativa e sustentável.

O pesquisador Andrew Campbell, professor de ciência da computação no Dartmouth College, propôs-se a entender a melhor maneira de usar as ferramentas de monitoramento de atividade física. Ele desenvolveu "um sistema que monitora sinais físicos e emocionais que os funcionários produzem durante o dia e correlaciona esses dados com sua performance".

Campbell diz que sabe quando está estressado, mas nem sempre entende como o estresse está impactando seu trabalho. Citado no *Washington Post*, ele relata que ele e sua equipe "querem usar essa informação para empoderar os trabalhadores e informá-los se estão sendo influenciados pelos níveis de estresse, sono ou outros fatores que podem não estar imediatamente óbvios para eles".

Para alcançar isso, Campbell reuniu uma equipe de pesquisadores. Eles analisaram os "dados dos sensores passivos" de 750 funcionários representantes de vários níveis e cargos em uma empresa de alta tecnologia. Os participantes utilizaram dispositivos vestíveis de monitoramento de atividade física que acompanhavam as funções cardíacas, de sono e estresse, bem como medidas como peso e consumo calórico. Usaram, ainda, um aplicativo de smartphone que acompanhava sua atividade física, localização, uso do celular e luminosidade do ambiente.

Eles descobriram o seguinte:

» Aqueles com alto desempenho tendiam a ter uma porcentagem menor de uso do celular.

- » Eles também tinham longos períodos de sono profundo e eram mais ativos fisicamente do que os colegas cuja performance não era tão alta.
- » Supervisores de alta performance tendiam a se movimentar mais durante o dia, mas visitavam menos locais durante o expediente[27].

Em nossa entrevista, Campbell compartilhou sua crença de que o feedback em tempo real oferecido pelos dispositivos vestíveis tem seu valor. No entanto, ele ponderou: "Todavia, a maioria dos vendedores não publica seus algoritmos, cuja maioria se baseia na variabilidade dos batimentos cardíacos. A inexistência de testes de controle randomizado e a presença de algoritmos misteriosos significa que poucos cientistas pesquisadores confiam nas medidas de estresse." Campbell recomenda que as empresas sejam transparentes e expliquem como construíram e validaram seus modelos. Caso contrário, o feedback dos dispositivos vestíveis comerciais não tem valor algum. Ele concluiu: "É muito ruído para pouco sinal."

Na minha entrevista com James Park, CEO da Fitbit, ele compartilhou essas informações comigo. Park acredita que, nos últimos treze anos, a Fitbit se manteve fiel à sua missão: uma abordagem holística para ajudar as pessoas a entenderem o papel da união do exercício, da nutrição e do sono para aumentar o bem-estar. No entanto, quando apresentou o Fitbit Sense, a empresa acabou revolucionando completamente o nosso entendimento de como o estresse está correlacionado com tudo isso.

"Nosso compromisso em ajudar as pessoas a ficarem e se manterem saudáveis nunca foi tão forte", disse Park. "O futuro dos dispositivos vestíveis se resume a fazer do invisível visível – desbloqueando ainda mais informações sobre nossos corpos para que possamos controlar melhor a nossa saúde e bem-estar."

Para ver como a Fitbit estava usando seus dispositivos para conseguir mais sinal e menos ruído, entrei em contato com Conor Heneghan, diretor de pesquisa e algoritmos da empresa, que explicou como isso é feito. "Para entender a importância do monitoramento do estresse", esclareceu ele, "precisamos, primeiramente, definir o que significa estar estressado e entender como isso pode impactar nossa saúde física e mental."

Heneghan me lembrou de como o estresse é processado em nosso corpo, explicando que, quando nos deparamos com um estressor, nosso sistema nervoso simpático libera hormônios do estresse, como adrenalina e cortisol, de modo a nos preparar para uma reação de luta ou fuga. É por isso que a Fitbit investiu em métricas como variabilidade dos batimentos cardíacos e atividade eletrodérmica. "Monitorar essas métricas 'invisíveis' pode nos ajudar a reconhecer quando nosso corpo está estressado, mesmo quando não há nenhum sinal óbvio disso", disse ele.

Fiquei feliz em saber que a Fitbit vê o monitoramento do estresse como parte de sua estratégia futura. Eu mesma vejo essa abordagem como uma maneira mais holística de encarar nossa saúde geral. A boa forma é uma parte valiosa do nosso bem-estar, mas não abrange tudo. Embora nos aproxime de uma visão panorâmica, definitivamente não a abarca completamente. No entanto, ela *pode* monitorar se a campanha de boa forma está nos causando estresse excessivo.

Os monitores, dispositivos vestíveis ou aplicativos não têm culpa se ninguém aceita adotá-los ou se alguém se sente excluído ou envergonhado. São as intenções autênticas, não as inautênticas, que promoverão ou prevenirão sua aceitação e consequente sucesso.

Como em tudo que é novo, ainda temos muito chão pela frente até vermos os impactos de longo prazo. Por exemplo, saber os níveis e gerenciar as reações ao estresse ajuda os funcionários. Mas, novamente, acabamos de fornecer a essas pessoas mais dados para que resolvam seus problemas por conta própria. Como isso chega a ajudar? Agora, elas são forçadas a se perguntar: "Então, agora sei que estou estressado, mas preciso lidar com isso sozinho? O que devo fazer com essa informação?" Estamos apenas empurrando a expectativa de autocuidado para o indivíduo.

Todavia, os líderes estão em uma situação complicada. Para ajudá-los, precisamos entender que os funcionários estão estressados. O que nos leva a acessar seus dados e não proteger sua privacidade. É um mistério dentro de outro.

É assim que uma empresa está lidando com a questão: além de oferecer dias de folga para saúde mental, meditação e aplicativos de bem-estar, a startup ProductoBoard, com sede em São Francisco, criou um Slackbot chamado Freud que se comporta quase como um membro da equipe, mas não é humano. Ele pode entrar em canais, subir arquivos, enviar mensagens e assim por diante, oferecendo uma forma anônima para as pessoas conversarem sobre saúde mental na plataforma de colaboração social Slack. Quando alguém envia uma mensagem privada para Freud, ela é postada anonimamente no canal #conversas-saúde-mental, no qual pode ser respondida com conselhos, feedback e empatia.

De acordo com Maurice Klein, gerente de engenharia que está monitorando o projeto, Freud tem ajudado os novos funcionários a fazer perguntas e receber recomendações sem o medo de serem julgados.

"Muita gente ainda tem medo, vergonha ou constrangimento em falar sobre questões de saúde mental. Em um mundo perfeito, ninguém precisaria se sentir assim; a maioria das pessoas vai sofrer algum problema de saúde mental em algum momento da vida. Infelizmente, ainda não chegamos a esse nível, e ainda existe um estigma circundando essas questões", disse Klein. "Eu introduzi o Freud porque queria que todos pudessem compartilhar suas dificuldades, mesmo quando sentem medo, vergonha ou constrangimento, porque acredito que a gente se abrir quanto às nossas dificuldades é o primeiro passo para melhorarmos."

Freud promete uma mudança positiva, ampliando o acesso a apoio de saúde mental em uma força de trabalho permeada pelo estigma. Mas o ideal seria incluir tanto as ofertas de saúde mental quanto conversas francas sem que ninguém se envergonhe.

Edward Ellison, da Permanente Federation, é um líder que está priorizando a desestigmatização da saúde mental. Ele compartilhou comigo que os empregadores precisam, primeiramente, centralizar a comunicação sobre o próprio bem-estar, bem como ferramentas de apoio e programas de saúde mental, e depois comunicar regularmente aos funcionários o que está disponível e como acessá-lo.

A intenção da empresa era prover toda a equipe e pacientes com dois aplicativos: *Calm*, uma ferramenta para controlar o sono e meditar, e *My Strength*, uma ferramenta de apoio para cuidar da depressão, ansiedade, estresse e regulação do sono. Mas, primeiro, era necessário implementar um plano robusto para melhorar o bem-estar. Caso contrário, os grandes anúncios dessas novidades poderiam parecer fora de contexto. Adotar aplicativos e ferramentas é possível quando há confiança – quando as boas intenções são autênticas e entregues intencionalmente.

Segundo os dados de uso da empresa, essa confiança levou a uma adoção maior das ferramentas. Um feedback anedótico mostrou que, durante períodos de estresse extremo, esses aplicativos se provaram úteis aos médicos trabalhando em hospitais durante a Covid-19, ajudando-os a regular suas emoções antes de enfrentar o caos. Eles expressaram gratidão pelo conjunto de ferramentas oferecido.

A confiança na liderança facilita a crença de que a tecnologia do bem-estar, dispositivos vestíveis, aplicativos e outros serviços virtuais têm como objetivo ajudar. Com confiança, os funcionários dão aos líderes o benefício da dúvida em vez de questionar seus motivos, sentindo-se apoiados a utilizar essas ferramentas, que não são mesas de sinuca empoeiradas. E as culturas saudáveis oferecem mais de uma iniciativa de bem-estar. Elas não vendem soluções milagrosas.

Durante nossa conversa, Ellison listou o que tem feito para tentar apoiar o bem-estar com várias estratégias. Alguns desses sistemas de apoio incluem:

- Terapeutas disponíveis para consultas espontâneas e presenciais na hora do almoço e virtuais durante o todo o dia.
- O diretor de bem-estar criou uma página no site da empresa, esboçando os diferentes recursos disponíveis para os funcionários.
- Uma equipe multidisciplinar de apoio psicológico foi organizada como ferramenta de apoio entre pares no âmbito do programa de assistência aos funcionários.
- A empresa organizou um grupo de apoio para lidar com luto de segundas vítimas (aqueles que sofrem o impacto de uma perda no hospital).
- Há um programa que vem funcionando há anos, o "Finding Meaning in Medicine" ["Encontrando Significado na Medicina", em tradução livre], que ajuda a manter a resiliência da equipe, ligando o trabalho à alegria diária e ao significado.

» Em 2020, a empresa começou a pesquisar o burnout com o Institute for Healthcare Improvement, incluindo um monitoramento do burnout para determinar quais intervenções são úteis.

Ellison enfatizou frequentemente em nossas conversas que tudo se resume a uma cultura positiva e à confiança: "Acho que o que está encorajando as pessoas é nós as ajudarmos a entender que não estão sozinhas e que todos realmente reconhecem o esforço e os sacrifícios que estão fazendo. Eu as lembro de que vão fazer a diferença e melhorar a vida dos outros. De que estão ali para salvar vidas, tranquilizar e restaurar famílias. De que é por isso que fazem o que fazem."

Integração da Equipe e Diversão Forçada

Conversei com Louise Lambert, psicóloga e editora do *Middle East Journal of Positive Psychology*, que atualmente trabalha e reside em Dubai. Nós nos falamos durante a pandemia de Covid-19, e ambas tínhamos presenciado um aumento enorme na incorporação do bem-estar na carga de trabalho.

"Vinham organizações me pedir para fazer *webinars* no Zoom com o único objetivo de falar alguma coisa sobre saúde mental", disse Lambert. "Eu nem sempre tinha a sensação de que as pessoas queriam ou precisavam estar ali; parecia ser fruto de uma pressão que os gestores sentiam para fazer alguma coisa. A intenção era boa, mas participar de *webinars* intermináveis não agregava em nada ao bem-estar de ninguém; só aumentava o desconforto, porque as pessoas ficavam fatigadas de reuniões online, sentiam dor no corpo e enfrentavam demandas de atenção insustentáveis em qualquer contexto. Ainda tinham a sensação de estar acorrentadas à cadeira porque aquilo supostamente 'fazia bem'."

As pessoas eram forçadas a participar de aulas de yoga ou exercícios virtuais; algumas se sentiam desconfortáveis suando ao vivo e vendo que os colegas estavam observando seus exercícios. Uma mulher que se identificava como introvertida compartilhou comigo que "ficar fazendo aqueles agachamentos e alongamentos na frente do meu chefe era muito vergonhoso. Eu odiava cada minuto. Mas também sentia que, se não participasse, eu basicamente estaria dizendo que tanto faz não ter uma boa cultura no trabalho – porque isso se tornara a nossa nova cultura durante a pandemia".

Lambert sugeriu que os gestores correm dois riscos se a noção de bem-estar não estiver clara: "Primeiro, o bem-estar se torna mais um trabalho que os funcionários precisam fazer, para além de um dia já estressante. Segundo, dá a impressão de que não se pode gostar do trabalho em si, e que são necessárias firulas para isso. É como colocar ketchup em um feijão assado que já está bom!"

Adorei essa analogia (e agora entendo por que nunca coloquei ketchup no feijão assado). Concordo com Lambert. No trabalho, tendemos a sentir a necessidade de fazer mais ou de complicar as coisas para mostrar o valor e a dedicação dos nossos esforços. Mas a simplicidade tem poder.

Também pensávamos que estávamos "sempre disponíveis" antes da pandemia. É seguro dizer que o "sempre" dessa época não é nada comparado ao de hoje. Será de importância crítica maneirar na tecnologia para manter uma carga de trabalho sustentável e práticas digitais saudáveis no serviço.

Felizmente, ao longo de 2020, mais gestores perceberam que esses programas estavam ajudando alguns dos funcionários, mas não todos. Em uma crise sem nenhuma estrutura de referência, tentamos de tudo para resolver o problema, esperando que alguma coisa calhasse de funcionar. Mas, com isso, apenas exaurimos as pessoas. Foi um período de tentativa e erro e, ressalto, totalmente perdoável.

Como líderes, não tem problema nos darmos algum espaço para errar nessa situação. Não havia nenhuma estrutura de referência da qual pudéssemos tirar protocolos e estratégias. Cada momento era uma oportunidade de aprendizado, mas, por vezes, isso também se tornava exaustivo. Na verdade, o vice-presidente-executivo de uma multinacional me disse, quando já estávamos havia dezoito meses na pandemia: "Eu sinto que a situação agora é de líderes exaustos liderando equipes exaustas".

Em alguns anos, a curva de aprendizado será infinitamente maior do que em outros. Nestes primeiros meses de pandemia, minha autoeficácia nunca esteve tão baixa.

Os líderes que demonstram um instinto natural ou habilidade empática tendem a lidar melhor com tempos de crise e mudanças, principalmente porque são melhores em perguntar e agir rapidamente. Em tempos de mudanças rápidas, quando forças externas causam uma sensação geral de perda de controle, oferecê-lo às pessoas, na medida do possível, aumentará a confiança e prevenirá o burnout.

Nos momentos cotidianos no trabalho, os líderes devem continuar fazendo perguntas e reagindo. É assim que essas boas intenções, como os aparentemente inofensivos piqueniques corporativos ou festas de fim de ano, acabam se tornando as pedrinhas que se transformam em pedregulhos.

Alguns de vocês devem estar se perguntando como festas de fim de ano e piqueniques podem ser ruins. A verdade é que as estatísticas relacionadas a essas boas intenções são, na verdade, bem deprimentes. Uma pesquisa de 2018 realizada pelo serviço de recrutamento OfficeTeam afirmou que 93% das empresas estadunidenses planejavam organizar uma festa de fim de ano[28]. Um estudo da Randstad USA descobriu que 90% dos trabalhadores prefeririam ganhar um bônus ou férias extras a comparecer a uma comemoração dessas[28]. O custo médio de uma festa de fim de ano é de US$75, chegando a US$150 por pessoa no caso de empresas do Vale do Silício. Mas em que deveríamos investir? Qual é o impacto de US$75 ou US$150, se gastássemos essa quantia com outra coisa?

No meu artigo "Holidays Can Be Stressful. They Don't Have to Stress Out Your Team" [sem publicação no Brasil], sugiro que a festa anual de fim de ano da empresa é ótima, desde que as pessoas queiram comparecer[30]. Algumas razões pelas quais quase 40% dos funcionários acabam rejeitando o convite podem ser atribuídas ao aumento de ansiedade que acompanha esse período[31]. A Associação Americana de Psicologia revelou que 38% das pessoas relatam ficar mais estressadas durante ele – apenas 8% relatam se sentir mais felizes[32]. Os funcionários frequentemente estão lutando com prazos apertados, atendendo às expectativas para o fim do ano fiscal e lidando com clientes estressados. Essas são apenas algumas razões para o aumento de sua ansiedade, e os custos resultantes disso tudo para os empregadores podem ser bem significativos.

A quantidade de ferramentas para ajudar os introvertidos a sobreviverem às festas de fim de ano revela muito sobre o público que esse evento atrai e o que não atrai. A plataforma online The Muse publicou o artigo "An Office Holiday Party Survival Guide for Introverts and Shy People" [sem publicação no Brasil], garantindo que realmente aproveitar uma festa de fim de ano é um desafio para os introvertidos: "Muitas pessoas que são introvertidas ou tímidas, como eu, odeiam a época das festas de fim de ano. Toda aquela socialização é exaustiva para essas pessoas, que muitas vezes se sentem superestimuladas e até mesmo ansiosas quando em grupos grandes. Os tímidos também podem sentir ansiedade nesses eventos, mas por razões diferentes; está mais para medo do que esgotamento de energia[33]."

Todavia, a maioria das pessoas não consegue recusar o convite. Outras pesquisas do OfficeTeam afirmam que 66% dos gerentes afirmam que existe a regra tácita de que os funcionários devem comparecer às festas: "Basicamente, os superiores gostam quando você se esforça para comemorar com a equipe."

A razão mais citada para não comparecer às festas de fim de ano é que elas normalmente acontecem à noite e entram em choque com os afazeres domésticos, reforçando mais uma vez que é estressante quando o bem-estar se torna parte da carga de trabalho. No mais, para aqueles que chegam a comparecer, há uma queda de 77% na produtividade no dia seguinte, com mais da metade dos funcionários perdendo as primeiras 4 horas do próximo dia porque estão se recuperando da noite anterior – um pouco melhor do que os 20% que dizem estar doentes e não vão trabalhar. O estresse dos funcionários e a perda de produtividade devido às festas de fim de ano custam às empresas do Reino Unido aproximadamente £11 bilhões (por volta de R$67 bilhões), de acordo com um relatório de 2016[34].

Vou recomendar o uso de *small data* neste caso. Comece fazendo um referendo sobre todos os eventos para garantir que não seja uma "diversão" forçada. Pergunte aos funcionários se gostam da festa de fim de ano, do piquenique anual, dos "happy hours" de sexta-feira ou mesmo das aulas de yoga e campanhas de boa forma. O que devemos manter? O que devemos mudar? Será mesmo que isso está contribuindo para o bem-estar e a prevenção do burnout, ou será que só é bom para o *branding* da empresa?

Reconheça que a integração da equipe é um aspecto importante da celebração da cultura e não deve ser eliminado. Só que é preciso haver um alto nível de consideração no seu planejamento e implementação. Em minha entrevista com Dan Schawbel, autor do best-seller *De Volta às Conexões Humanas*, ele afirmou acreditar que as reuniões fora do escritório são um componente-chave das culturas saudáveis no ambiente profissional. Em seu trabalho com a Virgin Pulse, ele analisou as respostas de 2 mil gerentes e funcionários sobre a expansão dos relacionamentos humanos – e as reuniões fora do escritório ganharam de forma categórica. Schawbel explica que, já que é possível "escapar dos papos de trabalho e se envolver em conversas mais pessoais, a sensação de isolamento e solidão é reduzida, o que aumenta a produtividade".

A chave é essa. Permita a diversão. Apoie a diversão. É só não forçá-la.

Muitas pessoas ainda adoram esses eventos, então não faz mal mantê-los como parte da tradição. Algumas amam *de paixão* as festas de fim de ano (chegam a corar quando manifestam seu apoio). No entanto, apesar de eu mesma adorar me arrumar toda para a festança de fim de ano, ainda defendo que precisamos nos questionar: "Devemos fazer alguma outra coisa com esse dinheiro ou vale a pena manter esse evento?"

A seguir, veremos como podemos diminuir o burnout causado pela diversão forçada e, em vez disso, construir uma cultura autêntica, na qual todos se sintam bem-vindos a qualquer momento.

SEJA INCLUSIVO

Na minha entrevista com Ben-Saba Hasan, vice-presidente sênior e diretor de cultura, diversidade e inclusão do Walmart, ele compartilhou a necessidade de os líderes reconhecerem as diferentes formas de as pessoas comemorarem as festas de fim de ano: "Enquanto líderes, precisamos criar um ambiente em que os membros da nossa equipe se sintam confortáveis e seguros, de modo a estimular uma maior sensibilização daqueles da cultura dominante em relação aos outros cujas celebrações de fim de ano são diferentes."

Mini Khroad, vice-presidente de recursos humanos da Splunk, contou-me em uma entrevista recente: "As festas de fim de ano deveriam ser sempre uma época importante nas empresas. Garantir que os funcionários tenham a capacidade de reconhecer festas nacionais e outras, tanto no ambiente profissional quanto no pessoal, ajuda a tornar o local de trabalho agradável para todos."

Proteja o tempo pessoal

Por que não oferecer um dia a mais de folga na véspera das festas de fim de ano para que os funcionários consigam cumprir necessidades pessoais, como sair para comprar presentes, resolver questões familiares ou tirar um tempo para se recompor – qualquer coisa que lhes seja necessária. Um dia de folga obrigatório pode fazer toda a diferença nos níveis de estresse dos funcionários. Esses gestos pequenos, mas muito valorizados, aumentam a lealdade e a gratidão da equipe e oferecem recompensas a longo prazo. Por que isso é importante? Pesquisas provaram que funcionários gratos se envolvem mais, priorizam a comunidade e são mais felizes no trabalho.

Rebalanceie as cargas de trabalho

As demandas conflitantes ficam no topo da lista do que mais estressa os funcionários. As pressões do trabalho e do lar convergem durante as festas de fim de ano, e o tempo parece estar extremamente escasso. Planeje uma revisão das cargas de trabalho e veja se alguns prazos de projetos podem ser estendidos. "Os períodos de alto estresse, como o final do ano, representam uma oportunidade para os gestores tratarem os funcionários como indivíduos, entendendo suas necessidades específicas e respondendo apropriadamente a elas", disse David Almeda, diretor de gestão de pessoas do Ultimate Kronos Group. Em nossa entrevista, ele sugeriu que "algumas táticas, como rebalancear a carga de trabalho entre os membros da equipe ou permitir horários de expediente atípicos por um certo período de tempo, trarão resultados, aumentarão o comprometimento dos funcionários e reduzirão substancialmente o estresse deles".

Dê tempo em vez de presentes

A pesquisa dos neurocientistas Jordan Grafman e Jorge Moll demonstra que, instintivamente, somos inclinados à generosidade. Quando os participantes doaram para o que consideravam ser organizações de valor, seus exames de ressonância magnética revelaram que parte dos seus mesencéfalos se ativou – a mesma região que controla a vontade de comer e que se ativa quando as pessoas recebem dinheiro em suas contas bancárias. Ben-Saba Hasan conectou esse pensamento à sua equipe, que se enturmou durante o trabalho voluntário n comunidade: "Acredito que um dos melhores jeitos de lidar com o estresse e cuidar de si mesmo é cuidar dos outros em primeiro lugar."

"O bem-estar pode ser desenvolvido com pequenos atos, como uma ligação a cada duas semanas perguntando 'Como você está? O que está te preocupando? Como posso ajudar? O que tem te dado esperança?'", disse Louise Lambert. "Não precisa ser nada custoso ou complexo. Pense no melhor trabalho que já teve; eram as pessoas que o tornavam tão bom ou o 'entretenimento?'"

Não se esqueça de que uma boa intenção acaba mal se ficar apenas na expectativa.

Então, o que acontece quando os líderes sugerem que podem ajudar a postergar a idade fértil de seus funcionários? E se essa boa intenção se tornar uma expectativa? Parece ridículo, não é? Eis o problema.

Congelamento de óvulos

Estou falando sério. A política do congelamento de óvulos realmente é uma das "boas intenções", que está ficando cada vez mais popular nas empresas de tecnologia do Vale do Silício e para além dele. Isso é tão problemático que chega a me deixar desorientada e, por estar relacionado ao burnout, tem um grande impacto.

Apesar de a política ter a intenção de conferir aos funcionários mais liberdade para fazer o planejamento familiar no próprio ritmo, os críticos afirmam que a impressão que ela passa aos trabalhadores é a de que o trabalho é mais importante que a família. A licença-maternidade já é vista como uma vantagem, o que também passa a impressão errada. Ela deveria ser uma prática de higiene, não uma vantagem, na minha opinião e na de outros da minha área, porque, ao ser considerada como uma vantagem, enfatiza que ficar um tempo longe do trabalho para ter um filho é um luxo provido pela empresa.

Então, quando o congelamento de óvulos se tornou uma vantagem disponível a todos os funcionários, não apenas àqueles que precisavam dele em casos médicos específicos, ele reforçou as barreiras sistêmicas que têm segurado as mulheres por mais de um século. Isso sugere que o trabalho é mais importante que a família e que elas não podem ter ambos ao mesmo tempo, perpetuando um sistema ultrapassado que faz com que as mulheres sintam que, quanto mais velhas ficam, mais obsoletas se tornam. É trabalhar enquanto são jovens e deixar o resto para depois. Essa é uma vantagem não só sexista, mas também etarista, e deve ser evitada se quisermos prevenir o burnout.

Como líderes, precisamos refutar esse tipo de decisão corporativa.

Rebecca Mead, colunista do *New Yorker* e autora do livro *My Life in Middlemarch* [sem publicação no Brasil], escreveu: "As dificuldades que a mulher estadunidense continua a enfrentar em seus esforços para reconciliar a carreira e a maternidade vão além de um código defeituoso que precisa ser corrigido. Na verdade, são vastas e epidêmicas: a disponibilidade limitada de creches para crianças na fase pré-escolar, a resistência da cultura corporativa em flexibilizar ou reduzir as horas de trabalho de pais com crianças pequenas, a falta de uma licença parental remunerada prevista por lei federal... enquanto os funcionários sortudos da Apple e do Facebook gozam de pacotes generosos de licença parental... isso é exceção, não regra[35]."

Mead continua, reforçando que também "não há substituição na reforma política que possa, por si só, evitar que uma jovem precise refletir sobre congelar seus óvulos. Quando se trabalha, nunca há um momento conveniente para ter um filho, como todos que já trabalharam e já foram pais podem confirmar. Mas, contanto que a opção de não ter filhos ainda seja apresentada como a melhor possível para uma futura mãe, é improvável que fique mais fácil ela fazer sua escolha".

O Colégio Americano de Obstetras e Ginecologistas e a Sociedade Americana de Medicina Reprodutiva (ASRM, na sigla em inglês) não indicam o congelamento de óvulos como opção para postergar a maternidade – o que também é chamado de congelamento social de óvulos. A ASRM retirou o procedimento da categoria "experimental" em 2012 para que ele pudesse ser aplicado quando houvesse necessidade com indicação médica, como no caso de mulheres com câncer. Para a maioria das mulheres, o congelamento de óvulos, seja médico ou social, tem uma taxa de sucesso baixa. Os dados mais recentes e completos disponíveis revelam uma taxa de fracasso de 77% no caso de óvulos congelados que não resultam em um feto vivo para mulheres de 30 anos e de 91% para as de 40 anos[36].

Até que o local de trabalho (e o governo) realmente comece a atender às necessidades das mulheres, veremos ainda outras "boas intenções", como o congelamento de óvulos, se tornarem lugar comum. Todavia, isso não passa de um suborno disfarçado de presente. Boas intenções não são prevenções, especialmente nesse caso.

. . .

Se analisarmos o momento em que essas intenções saem do eixo, ele normalmente está relacionado a um erro fundamental: a falta de empatia autêntica. Quando estamos prevenindo o burnout "pessoalmente" ou ao viver na empresa em vez de trabalhar de casa, precisamos considerar que ter funcionários totalmente imersos em seu serviço no local de trabalho não é saudável para as áreas mais importantes da vida – família, amizades e vida pessoal. Precisamos que as pessoas tirem férias sem sentir culpa ou pressão, oferecendo-lhes suporte interno e dando o exemplo desses comportamentos. Precisamos perguntar como elas gostariam de passar o tempo de folga e garantir que, se lhes pedirmos que cuidem de algo relacionado ao trabalho, isso não crie nenhum estresse adicional.

Devemos assegurar que o bem-estar não faça parte da carga de trabalho e que, independentemente do que implementarmos, isso seja inclusivo, desde as políticas até a infraestrutura, a programação e os benefícios. Precisamos ser inclusivos porque a falta de justiça é uma das maiores causas do burnout.

Isso é sempre uma via de mão dupla, um problema coletivo a ser resolvido. Para prevenir o burnout, precisamos identificar quando perdemos a autocompaixão; quando paramos de nos conceder espaço suficiente para errar. Estamos vivendo além das margens. Podemos ser líderes, mas também somos humanos. Se realmente estivermos interessados em ajudar os outros, precisamos nos ajudar primeiro. Só então estaremos prontos para fazer o necessário.

4

COMO MEDIR O BURNOUT

A PALAVRA "DADOS" ESTÁ NA BOCA DO POVO. MAS TOMAR DECISÕES com base neles não é nada novo. As primeiras pesquisas com os funcionários, mais conhecidas como pesquisas de satisfação interna, emergiram nas empresas industriais na década de 1920. Entre 1944 e 1947, o National Industrial Advisory Board ["Conselho Consultivo Nacional da Indústria", em tradução livre] dos Estados Unidos viu um aumento de 250% na implementação de pesquisas de satisfação no âmbito empresarial[1].

Eu sou das que acredita piamente que, como líderes, precisamos confiar na nossa intuição; nossos pressentimentos podem ter um papel importante na definição de culturas que prosperam. No entanto, sempre devemos apoiar nossos instintos com dados, mais especificamente, com dados precisos.

Então, como que os dados podem ajudar a prevenir o burnout? Para sermos líderes empáticos, nossa escuta precisa estar sempre ativa. Fornecer aos nossos funcionários a capacidade de compartilhar seu feedback tanto aberta quando anonimamente é de importância chave para identificar problemas. Quando fornecemos uma variedade de canais de comunicação, temos mais chances de descobrir o que estamos fazendo certo e onde estamos saindo do curso.

No mais, dados anônimos tendem a ser sinceros e diretos. E implementar mudanças significativas, que é o que queremos – ou melhor dizendo, o que *precisamos* – requer que estejamos abertos à verdade sem rodeios, mesmo que ouvi-la seja difícil.

Sinceramente, as decisões baseadas em dados não deveriam ser tão difíceis assim de adotar. Já temos memória muscular para isso. Por exemplo, os enfermeiros e médicos analisam dados o dia inteiro, desde a temperatura registrada no termômetro até os raios X e tabelas. Os professores aplicam provas e medem o conhecimento a partir de rubricas. Os desenvolvedores testam códigos e medem a eficácia e a conformidade. Usamos dados para determinar se devemos usar protetor solar em um determinado dia ou encher o tanque de gasolina. Existem inúmeras maneiras de utilizá-los nas nossas decisões diárias.

Então, por que medir a cultura (o bem-estar das nossas organizações) de maneira contínua seria menos importante? Precisamos fazer disso um hábito no nosso comportamento organizacional. O mundo muda e nós acompanhamos o impacto disso. Então, como incorporar o hábito de medi-la dentro da nossa organização?

Primeiro, precisamos explorar as ferramentas disponíveis.

MEDINDO O BURNOUT

O padrão de excelência para medir o burnout foi e continua sendo o Inventário de Burnout de Maslach (MBI). Criado em 1981, trata-se de um inventário psicológico que consiste em 22 itens que abordam o burnout ocupacional. O MBI mede três tipos de esgotamento: a exaustão emocional, a despersonalização e a realização profissional. Atualmente, existem cinco versões específicas para várias indústrias e tipos de pessoal, inclusive um teste geral que pode ser feito por qualquer um.

Todos os itens do MBI são computados a partir de uma escala de frequência de sete níveis que vai de "nunca" a "diariamente". O teste abrange três escalas: exaustão emocional (nove itens), despersonalização (cinco itens) e realização profissional (oito itens). Cada uma mede uma dimensão do burnout, e a pontuação de zero a seis define um nível baixo, moderado ou alto de esgotamento em cada uma delas.

Embora esse resumo seja extremamente simplificado, basicamente quanto maior a exaustão, despersonalização ou cinismo, maior a probabilidade de sofrer burnout. Quanto maior o sentimento de envolvimento e realização pessoal, menor a probabilidade de ser afetado.

A definição de burnout da OMS em 2019 teve como base o MBI. Na maioria dos casos, os pesquisadores utilizam essa escala ao analisarem o esgotamento em seus trabalhos.

A importância do MBI no histórico de pesquisa desse problema (entre outras coisas) é que ele "marcou um divisor de águas na pesquisa sobre burnout, já que, com ele, era possível medir facilmente o estado mental das pessoas de diferentes populações e profissões"[2]. Em nossas pesquisas e em investigações subsequentes, incluímos uma escala parcial do MBI e a Area of Worklife Scale, de Michael Leiter, combinando-as à pesquisa de Whiteside do artigo *Rethinking Burnout*[3]. Também fizemos perguntas qualitativas, que Leiter desenvolveu especificamente para medir o bem-estar dos participantes durante a pandemia.

Quando os autores do MBI (bem como outros especialistas que já desenvolveram pesquisas sobre ambientes de trabalho) conversaram sobre o trabalho, eles expressaram o desejo de que as organizações utilizassem os dados coletados de maneira mais efetiva. A crença generalizada de que "as pessoas sofrem esgotamento devido a falhas de caráter, comportamento ou produtividade... que o problema está no indivíduo, e as soluções, em uma mudança interna da pessoa, é uma narrativa equivocada", afirmaram. "Na verdade, as pessoas sofrem burnout em resposta ao ambiente social e profissional. A estrutura e o funcionamento do ambiente de trabalho moldam como os funcionários interagem entre si, como trabalham e como se sentem em relação a esse ambiente. O burnout individual muitas vezes revela mais sobre as condições do ambiente de trabalho do que sobre a pessoa. Não é ela, mas a relação da organização com os funcionários, que precisa mudar[4]."

Conversei com Christina Maslach sobre seu interesse em convencer mais organizações a repensarem o burnout – sobre a sua responsabilidade no assunto e diretrizes para começar a mudar essa dinâmica. "Acho que parte do desafio é que olhamos para um fenômeno do burnout e não conseguimos enquadrá-lo nas categorias às quais estamos acostumados", disse ela. "Então, acredito que esta seja parte da dificuldade que as pessoas têm para realmente entender o significado disso e o que precisam fazer a respeito."

Maslach estava se referindo à definição de burnout da OMS, que, segundo acredita, não nos ajuda muito a identificar, possivelmente diagnosticar e tratar com eficiência o esgotamento. Ela continuou: "Quando o comunicado da OMS saiu, muitas pessoas, erroneamente, relataram o burnout como doença, mesmo quando foi explicado que não era essa a intenção da sua inclusão na Classificação Internacional de Doenças (CID). Todavia, acho que a OMS deveria ser mais clara na classificação. É algo que eu e outros pesquisadores discutimos há muito tempo – isso, em parte, ajudaria as pessoas a tentar entender melhor o problema. Por exemplo, se for uma doença, então sabemos que precisamos trazer médicos, tratamentos farmacológicos e protocolos para tratá-lo e, então, podemos encaixá-lo em um plano de saúde."

No entanto, Maslach avisou que essa classificação enquanto doença poderia, por sua vez, recair na exclusiva responsabilidade do próprio paciente para superá-la. Ela disse: "Entretanto, se examinarmos a situação de outro ângulo, se o burnout agora é uma doença... é um problema daquela pessoa que está sofrendo e doente. E qual é o efeito disso no local de trabalho?"

Se tenho certeza de alguma coisa é de que os autores do MBI se importam muito com a prevenção do burnout e dedicam suas carreiras a aprender sobre o impacto dele. No entanto, medir algo mal definido é um desafio. Deveria ser classificado como doença? Ou devemos considerá-lo uma condição médica diagnosticável? É um estresse crônico? Bem, então não seria melhor chamá-lo assim? É um distúrbio de exaustão? Isso, sim, é uma condição diagnosticável.

Essas perguntas abalam a comunidade de pesquisadores do burnout e são mais uma razão para esse problema ser um osso duro de roer.

Você, eu e pouca grana

Maslach tinha muitas histórias para provar que "perguntar primeiro" deveria ser o mantra de todas as organizações, mas a seguinte história, em especial, reflete isso. "Lembro que um dos CEOs com quem eu trabalhava decidiu montar uma quadra de vôlei na cobertura do prédio. Você sabe no que isso vai dar", disse ela. "Só algumas pessoas vão utilizá-la, o que acaba aumentando o cinismo e a frustração delas, porque sabem que foi caro construí-la... e os funcionários do CEO pensavam: 'Quanto dinheiro, meu Deus, queria eu poder gastar assim... Aqui está uma lista com dez, quinze, vinte coisas que poderiam ter feito a diferença no cotidiano profissional da minha equipe.'"

Um exemplo desse desencontro entre a liderança e os funcionários apareceu no meu trabalho com uma universidade renomada quando medimos os níveis de bem-estar de seus departamentos e faculdades. Os representantes da faculdade de música decidiram investir o orçamento anual inteiro na construção de um estúdio com isolamento acústico. Eles tinham certeza de que o resto da faculdade ficaria encantado. Estavam errados. Na realidade, os funcionários só queriam novos porta-partituras, que custavam US$300. Os existentes estavam desnivelados, alguns quebrados, e os alunos muitas vezes viam suas partituras caírem no chão enquanto praticavam com seus instrumentos. O evento de inauguração foi morno, e o engajamento dos trabalhadores, baixo. Alguns membros da faculdade nem compareceram. Os líderes expressaram sua frustração com os funcionários por tamanha ingratidão. Nenhum dos grupos compartilhou sua insatisfação uns com os outros e, no decorrer do próximo ano, a semente da raiva cresceu. Os instrumentistas sem vínculo permanente procuraram novas oportunidades, e a faculdade perdeu muitos talentos. Se os funcionários pudessem ter se expressado quanto à alocação do orçamento, por US$300, a equipe talvez ainda estivesse intacta.

Quantas vezes sentimos que US$100, ou mesmo um único recurso, poderiam resolver um problema? Se pudéssemos simplesmente contratar mais uma pessoa, seria um fardo a menos nos ombros da equipe inteira. Qual é o valor disso? Todavia, quando essas necessidades não são atendidas, criam-se condições para o burnout. Muitas vezes, a maioria desses problemas baratos pode ser prevenida de maneira simples, perguntando aos outros se precisam de alguma coisa.

Uma das minhas falas favoritas do filme *Caindo na Real* é quando Troy Dyer, interpretado por Ethan Hawke, diz a Lelaina Pierce, interpretada por Wynona Ryder: "Viu só, Lainy, precisamos só disso. Precisamos de um cigarro, um café e um bom bate-papo. Você, eu e pouca grana[5]."

É isso que mais importa para a maioria das pessoas, no entanto, nós, humanos, adoramos complicar as coisas. A cultura prospera nas pequenas coisas. No *tête-à-tête*, nas amizades que se fortalecem com um café. É um estado espontâneo de pertencimento, a sensação de quando nos apaixonamos pelo trabalho, porque ele é real, autêntico e tem um propósito.

É aí que ações simples, feitas repetidamente, geram resultados positivos. Então, não podemos sair só uma vez para tomar café e pronto! Precisamos nos tornar melhores amigos. Além disso, marcar de, uma vez por mês, atender uma ligação, fazer uma videoconferência, tomar café da manhã juntos virtualmente ou se encontrar pessoalmente sempre que possível para estabelecer laços duradouros. Não esqueça, ter um melhor amigo no trabalho é de importância crucial para a felicidade no ambiente profissional, o tipo de amigo que te buscaria no aeroporto no meio da noite ou pagaria a sua fiança. Espero que nunca precisemos testar essa última situação.

É preciso tempo e intenção para fazer isso acontecer. Para identificar a solução de baixo custo ideal, coletamos dados. Aprendemos por meio de medições. E, para isso, precisamos fazer perguntas com frequência, de modo quc possamos tomar providências rapidamente.

Para eliminar todas as pequenas irritações, repita as perguntas por um período de tempo. Isso também o ajudará a entender os altos e baixos que sentimos na cultura. Todos sabemos, lá no fundo, que às vezes ela funciona e, outras vezes, não. Para impedir que a cultura saia dos trilhos, fazemos perguntas antes de isso acontecer. Validamos nossas intuições. Então, podemos começar a nos prevenir mais, a sermos menos reacionários e, com o tempo, os dados permitirão que sejamos produtivos.

Saturação de pesquisas

Maslach sugeriu que um dos maiores problemas em organizações é que, dado o número avassalador de pesquisas, as pessoas ficam saturadas delas. Eu entendo. No entanto, não devemos culpar somente a abundância de pesquisas, e sim a falta de providências quanto aos seus resultados.

Eu e Maslach compartilhamos dessa frustração. "Quando converso com os funcionários de diferentes níveis", começou ela, "eles diziam coisas do tipo 'bem, da primeira vez que vieram nos fazer perguntas, foi até animador, tipo, 'oba!, estão focando o engajamento. O que podemos melhorar? Que legal'. Havia lugares para colocarmos nossas ideias e sugestões sobre o que poderia fazer a diferença ali. Mas, depois disso tudo, não deu em nada. Não aconteceu nada'".

Maslach explicou a derrota que isso foi para os funcionários e o impacto negativo que teve na cultura. Também fez dos dados algo completamente inútil; ela os descreveu como "informações jogadas no lixo". "No próximo ano, fizeram as mesmas perguntas. Mas, agora, os funcionários falavam: 'Da última vez, eles nem leram o que eu escrevi, para que investi tanto tempo e esforço?' Na terceira vez, as pessoas falavam ou que não responderiam, se não fosse obrigatório, ou que só saíram marcando a opção neutra. Pensavam: 'Que diferença faz, se nada muda?'"

Não faz sentido. Por que voltar a um restaurante onde o garçom anota seu pedido e nunca traz sua comida?

Sabe o que não é tão engraçado nisso? As pessoas parecem pensar que as pesquisas não podem custar nada. Normalmente, é só uma pequena parte do orçamento de pagamento. Mas pode ser um grande ponto cego para os líderes que não valorizam o investimento de uma quantia simbólica para acompanhar o impacto da cultura no bem-estar e na performance gerais.

Quando você convida os outros a compartilharem seus insights e não faz nada com isso, como pedir que compartilhem novamente suas opiniões autênticas? Seria melhor não ter perguntado nada em primeiro lugar, porque a confiança deles no processo se perdeu, e recuperá-la é um caminho longo e custoso.

As decisões baseadas em dados são o futuro do trabalho, mas, até o momento, elas têm sido mal executadas em organizações demais. Portanto, antes de pesquisar, esteja disposto a tomar providências a partir dos dados. Para que seja possível agir a partir deles, é preciso estabelecer:

» Orçamento.
» Recursos.
» Planos e um ecossistema envolvendo essa pesquisa (tempo, energia, comprometimento, pessoas que se identificam com a causa).
» Disposição a ser transparente quanto aos resultados.
» Valorizar os procedimentos e a consistência. Os resultados só serão comparáveis se forem usadas as mesmas medidas do mesmo modo.
» Monitorar o processo com regularidade. Checagens rápidas e comunicação contínua sobre os achados podem, muitas vezes, colher mais resultados do que pesquisas anuais gigantescas – ou, ao menos, complementá-las.

Como perguntar com eficiência

Jim Moss, diretor-executivo da YMCA WorkWell, divisão da associação que pesquisa e promove o bem-estar no local de trabalho, passou, com David Whiteside, diretor de insights da WorkWell, vários anos aperfeiçoando sua análise da cultura e bem-estar profissionais.

Eles utilizam uma pesquisa com 22 perguntas baseada em evidências (algumas das quais, inclusive, incluímos em nosso estudo), combinando questões relacionadas ao engajamento, à cultura e ao bem-estar. Os dados são comparados com um Net Promoter Score para ajudar os executivos a entenderem os sentimentos dos funcionários e o impacto disso nos resultados. Para uma análise eficaz, é necessário compartilhar ambas as narrativas, sua importância e seu efeito nos negócios. Esse conhecimento, então, direciona melhor os investimentos programados e estratégicos.

Moss acredita que, para uma pesquisa ser funcional, é necessário que ela forneça aos líderes insights suficientes para causar impacto, mas que não seja tão longa a ponto de comprometer o envolvimento dos funcionários nas respostas. O tempo médio necessário para responder a pesquisa da WorkWell é de aproximadamente cinco minutos. "Fazer menos perguntas de maior valor torna a experiência dos funcionários indolor e aprofunda o conhecimento da equipe", explicou Moss. “Os insights mais significativos vêm à tona. Isso comunica aos líderes exatamente qual grupo, departamento ou equipe precisa permanecer como está ou cuja experiência e bem-estar precisam melhorar. Quando se trata de lidar com os dados de maneira realista, é importante que não tentemos abordar tudo de uma vez só. Se conseguirmos identificar quais questões têm maior prioridade, podemos tomar providências mais facilmente em relação a elas.”

Para valorizar uma pesquisa, Whiteside sugeriu que as perguntas sejam bem direcionadas e específicas, fornecendo a oportunidade de um feedback aberto. “Se são 22 perguntas, significa que cada uma é um bem valioso, e boa parte da formulação é um processo iterativo para encontrar as melhores perguntas que demonstram uma ligação mais forte com o bem-estar profissional. Isso também é incrivelmente importante; algo que vejo que falta em muitos outros testes”, enfatizou Whiteside, “é uma questão que gira em torno das *necessidades* imediatas dos funcionários, de modo que eles sintam que podem ser mais saudáveis no trabalho. Não é só olhar para os dados e procurar as pontuações que diminuíram, mas, realmente, perguntar de maneira explícita e, então, deixar que as verdadeiras necessidades deles falem por si só”.

Moss também sugere que um grande ponto cego para os líderes é a valorização da visualização dos dados. “Nunca devemos subestimar como visualizamos e compartilhamos os insights”, disse Moss. “Trazer as histórias à tona é importante. A maioria das medidas carece de relatórios convincentes e design de relatórios, o que, inevitavelmente, não consegue galvanizar os interessados. São necessárias histórias para despertar a empatia das pessoas responsáveis por acionar a mudança.”

A frequência das perguntas também é importante, pois, para muitas organizações, a ansiedade vem em picos ao longo do ano, como se estivesse programada. Testemunhamos isso com os contadores corporativos que estavam lidando com auditorias de fim de ano fiscal. Para contadores pessoais, a época de pagar impostos desempenha um grande papel em seu estresse. Os professores também sofrem um grande aumento de estresse em dezembro, quando tentam encerrar um ano letivo e planejar o próximo. Muitos têm dificuldade em lidar com a situação e relatam sentir-se exaustos.

A pesquisa da WorkWell aborda uma previsão de satisfação para os próximos três meses, apresentando uma escala Likert de 100 níveis. "Qual é a probabilidade de você se sentir satisfeito com seu trabalho daqui a três meses?" (de 0, muito improvável, a 100, muito provável). Essa informação conta uma história importante – revelando se a insatisfação é aguda ou crônica. Como o estresse e a insatisfação crônicos no local de trabalho são grandes indicadores de burnout, é útil saber se alguém acredita que sua experiência profissional não deve melhorar tão cedo. Além disso, comparando isso ao Employee Net Promoter Score (eNPS), um medidor de lealdade dos funcionários que indica sua disposição para recomendar seu local de trabalho para amigos e familiares, é comum ver uma correlação entre um eNPS baixo e a previsão de estresse.

Esses tipos de dados ajudam os interessados a decidir onde investir mais e, talvez mais importante ainda, quais investimentos atuais estão funcionando e quais não estão.

Não improvise as pesquisas

Checar é uma coisa. Mas inventar uma pesquisa cujo propósito é decidir sua estratégia de bem-estar é outra história. Testemunhei isso muitas vezes no meu trabalho, onde essas pesquisas no estilo "faça você mesmo" apareciam.

Quando nos chamavam para consertar uma cultura que estava tendo dificuldades (isso se houvesse medições; muitas vezes, não havia), examinávamos os dados das pesquisas. Com frequência, deparávamo-nos com testes caseiros, mal executados e analisados de maneira ineficaz. Pior ainda, descobríamos que as informações que os líderes reuniam sobre seus trabalhadores os direcionavam para resolver os problemas errados. Quando chegávamos ao local, já começávamos a reparar os relacionamentos e tentar restabelecer a confiança.

A clássica teoria das vantagens comparativas de David Ricardo, desenvolvida em 1817 para explicar por que os países praticam o comércio internacional, explica por que nem sempre devemos fazer tudo sozinhos. Podemos até conseguir, mas por que não criar redes de eficiência por meio da cooperação?

O mesmo se aplica às organizações. Quando os líderes tentam fazer tudo sozinhos para economizar, no fim das contas, acabam gastando mais. Por exemplo, digamos que você tenha uma loja de doces e pergunte se as pessoas gostam dos produtos e de sua apresentação. Sim ou não? Setenta por cento respondem negativamente, indicando que não gostam da apresentação dos produtos. Entretanto, a loja fecha porque os donos acham que ninguém gosta dos doces. Coletar dados é um componente crítico para a prevenção do burnout. Fazer boas perguntas é fundamental. Apesar de algumas organizações medirem o esgotamento por meio do MBI ou de outros testes específicos para esse problema, muitas não o fazem. E, pelo que testemunhei, as pesquisas caseiras, sem nenhuma psicometria ou investigação científica, são constrangedoras.

Whiteside compartilhou um exemplo de uma pesquisa que acabou mal: "Em uma escala de 7 níveis que vai de (1) discordo completamente a (7) concordo completamente, eu me sinto esgotado no trabalho quando preciso lidar com clientes ou colegas que me frustram?"

Ele enfatizou: "Quase tudo está errado. A pergunta serve a dois propósitos, ou seja, ela se refere tanto aos clientes quanto aos colegas ao mesmo tempo. E como os funcionários podem responder a isso quando lidam só com os clientes ou com os colegas? Ficou ainda mais vergonhoso quando me disseram que apenas cerca da metade dos funcionários lida diretamente com os clientes, mas que era esperado que todos eles respondessem a essa pergunta."

Whiteside deu outro argumento relevante quando explicou que a pergunta "presume que a pessoa sofre burnout no exato momento da interação frustrante com o cliente, quando, na verdade, a experiência do esgotamento não é aguda ou imediata".

Ele continuou, explicando que, quando alguém faz uma escala de sete níveis para uma pergunta que era para ser de verdadeiro ou falso, sendo que o mais interessante é o nível de burnout, ela acaba não abordando adequadamente nenhum dos pontos. Ele sugeriu formas melhores de formular essa pergunta, como as seguintes:

» Eu sinto um esgotamento emocional ao interagir com clientes difíceis. (Em uma escala de 1 a 7; propensão ao burnout.)
» Eu sinto um esgotamento emocional frequente depois de interagir com clientes difíceis. (Em uma escala de 1 a 7; níveis gerais de burnout.)
» Com que frequência você se sente esgotado emocionalmente depois de interagir com clientes difíceis? (Em uma escala de 1 [nunca] a 7 [sempre]; frequência da experiência de burnout.)

Ele continuou: "Você basicamente pode pegar essa ideia e adaptá-la às suas necessidades, sejam quais forem, dependendo se o pesquisador está interessado na frequência das experiências de burnout, na propensão a desenvolvê-lo a partir de acontecimentos específicos ou nos níveis gerais de esgotamento. Mas se esses simples fundamentos da metodologia de pesquisa não estiverem em vigor, seus objetivos ficarão bem aquém, e dados obscuros não ajudam muito a resolver o problema."

As pesquisas e inventários do burnout são de importância crítica para preveni-lo, todavia, quando as organizações interpretam os dados de maneira equivocada, a intenção falha.

Recapitulando, quando medimos o burnout, precisamos focar três pontos-chave:

» *Priorizar o small data.* Para isso, pratique a escuta ativa, controle o tamanho da equipe para poder ouvi-la melhor, contrate "enxeridos" – antropólogos, recursos externos e escutas externas para ajudá-lo a escutar e ouvir melhor.
» *Priorizar dados claros.* Não tome a frente de um dos maiores aspectos para prevenir o burnout. Isso não se resolve inventando moda; esses dados podem muito bem ser o componente mais crítico para a saúde mental dos funcionários. Se os planos estratégicos se basearem em dados errados, eles irão corroer ou possivelmente destruir os investimentos feitos no bem-estar da sua empresa e nos esforços de prevenção do burnout.

» *Priorize a tomada de providências.* Quando você continua buscando feedback dos funcionários sem fazer nada a respeito do problema, mina a confiança deles na liderança. Você pode dar um retorno, explicando até que ponto as mudanças estão ao seu alcance, mas ao buscar feedback, é preciso gerenciar as expectativas deles. Não peça a menos que esteja pronto para fazer algo com os dados.

O debate do burnout/engajamento

Há alguns debates sobre as melhores escalas para medir o burnout. Uma falha potencial no MBI, de acordo com alguns cientistas, é que esse problema é definido como um extremo oposto do engajamento. Esses pesquisadores argumentam que os dois devem ser medidos separadamente para que seja possível distingui-los e conseguir uma ideia mais clara sobre o burnout.

De acordo com Wilmar Schaufeli, coautor do artigo "The Measurement of Engagement and Burnout: A Two Sample Confirmatory Factor Analytic Approach" [sem publicação no Brasil]:

> Até o momento, pouca atenção tem sido dada a conceitos que podem ser considerados antípodas [extremos opostos] do burnout... Maslach e Leiter... presumiram que o "engajamento" é caracterizado pela energia, envolvimento e eficácia, que são considerados extremos opostos das três dimensões do burnout, a exaustão, o cinismo e a falta de eficácia profissional, respectivamente. Os funcionários engajados sentem uma conexão energética e efetiva com suas atividades profissionais e se consideram capazes de lidar completamente com as demandas do trabalho. Por implicação, o engajamento, na visão de Maslach e Leiter... é medido por um padrão de pontuações oposto às três dimensões do MBI. Ou seja, de acordo com esses autores, se a pontuação for baixa nos critérios de exaustão e cinismo e alta na eficácia, isso é um indicativo de engajamento[6].

Parte do argumento de Schaufeli é que a definição de engajamento do MBI inclui ficar totalmente concentrado no trabalho – algo parecido com o estado de *flow* –, seguindo uma teoria definida por Mihaly Csikszentmihalyi, psicólogo e professor emérito de psicologia e gestão da Universidade de Pós-graduação de Claremont. O *flow*, segundo Csikszentmihalyi, é caracterizado pela atenção focada, mente limpa e sintonia entre o corpo e a mente, concentração sem esforço, controle completo, perda da autoconsciência, distorção temporal e satisfação intrínseca.

À primeira vista, ele parece exatamente o oposto do burnout. No entanto, o *flow* tende a ser um conceito mais complicado referente a experiências de curto prazo aumentadas, e não a um estado mental mais permanente, como é o caso do engajamento.

Schaufeli e sua equipe iniciaram duas pesquisas de amostras para determinar se o burnout e o engajamento profissional deveriam ser medidos como fatores independentes ou extremos opostos. A primeira amostra contou com 314 estudantes de graduação da Universidade de Castellon, e a segunda, 619 funcionários de empresas públicas e privadas de várias atividades e ramos diferentes.

O estudo comparou o MBI, que consiste em 22 itens que são medidos em três escalas: a exaustão (EX: cinco itens, por exemplo, "Eu me sinto esgotado emocionalmente por causa do meu trabalho/dos meus estudos"); cinismo (CI: cinco itens, por exemplo, "Tenho ficado menos entusiasmado com os meus estudos/o meu trabalho"); e eficácia (EF: seis itens, por exemplo, "Eu consigo resolver com eficiência os problemas que aparecem nos meus estudos/no meu trabalho"). Todos os itens são avaliados com uma escala de frequência de sete níveis que vai de 0 ("nunca") a 6 ("sempre"). Pontuações altas na EX e no CI e baixas na EF indicam burnout (ou seja, todos os itens da EF têm pontuação reversa). Na escala de Schaufeli, o "engajamento" era medido com 24 itens feitos pelo próprio participante e colocados em um questionário de 40 itens.

Os pesquisadores descobriram que a relação entre o burnout e o engajamento está mais para um triângulo do que para uma linha reta. Um estudo de 2017, comparando dados de 1.535 policiais holandeses, também mostrou que a distinção entre burnout e engajamento não é tão clara como às vezes se sugere. Os autores concluíram que "os dois são conceitos que se entrelaçam e cujas diferenças conceituais e empíricas não devem ser superestimadas[7]".

Schaufeli e seus colegas afirmariam que a ausência de burnout não significa, necessariamente, a presença de engajamento e nem vice-versa; mais tarde, eles desenvolveram a Utrecht Work Engagement Scale (UWES, ou "Escala de Engajamento Profissional Utrecht", em tradução livre) que, agora, analisa especificamente o engajamento.

Matt Leon, professor assistente de gestão da Universidade do Norte da Flórida, escreveu o artigo "A Dialectical Perspective on Burnout and Engagement" [sem publicação no Brasil], no qual compartilhou por que a teoria da tensão dialética poderia contribuir com um contexto para o MBI. Ele citou o trabalho de Leslie Baxter, da Universidade de Iowa, que fundou a teoria da dialética relacional com Barbara Montgomery, do *campus* de Pueblo da Universidade Estadual do Colorado. Basicamente, a tensão dialética relacional está enraizada no dinamismo do yin e yang. Como essas forças, qualquer valor levado ao extremo contém o potencial do seu oposto[8]. Leon testou que a dialética não só provia um jeito plausível de pensar a relação entre o burnout e o engajamento, mas também capturava melhor os achados empíricos relativos à relação entre os dois conceitos.

Tanto Leon quanto Schaufeli estão nos dizendo que considerar o engajamento como o oposto do burnout não é o certo a se fazer. O termo "engajamento" está na boca do mundo corporativo, mas o que ele significa?

Para defini-lo, precisamos explorar a pesquisa de William Kahn, que basicamente fundou o conceito de engajamento dos funcionários. O estudo de Kahn de 1990, "Psychological Conditions of Personal Engagement and Disengagement at Work" [sem publicação no Brasil], e a base de sua pesquisa das motivações humanas foi inspirada pelo psicólogo Frederick Herzberg.

A pesquisa de Kahn envolvia dois estudos do local de trabalho: o primeiro em um acampamento de verão e o segundo, em uma firma de arquitetura. Durante esse período nas organizações, ele definiu o engajamento como a capacidade de um funcionário explorar seu "eu completo" no trabalho e identificou três condições psicológicas que permitem isso:

» *Significatividade*. O funcionário encontra propósito suficiente (para a organização e a sociedade) no próprio trabalho para garantir o engajamento do seu eu completo?

» *Segurança*. O funcionário se sente seguro ao trazer seu eu completo para o trabalho sem o risco de sofrer consequências negativas?
» *Disponibilidade*. O funcionário se sente mental e fisicamente capaz de explorar seu eu completo nesse momento específico[9]?

Seus achados separam o engajamento do trabalho duro de cada dia. Um funcionário diligente capaz de explorar seu eu completo demonstrará lealdade e responsabilidade. Por exemplo, ele lidará com as tarefas sem que seja necessário lhe pedir, porque quer fazê-lo e acredita que seu esforço extra beneficiará a organização.

Kahn também descobriu que o engajamento não é uma tática – as experiências dos funcionários no local de trabalho em diferentes momentos podem causar flutuações nele. Essa é uma boa notícia para os contratantes, já que eles têm a oportunidade de criar um ambiente onde o engajamento possa florescer.

Ele escreveu: "[As] pessoas ocupam cargos no trabalho; ocupam casas providas pelos cargos e constantemente trazem ou excluem vários aspectos de si durante o curso do dia de trabalho[10]."

O pesquisador afirmaria: "O engajamento é delicado e frágil ao mesmo tempo, e bem resiliente. As pessoas desejam se engajar. Elas têm uma vontade instintiva de expressar quem são, quem querem ser e, se tiverem essa oportunidade no trabalho, elas o farão."

A pesquisa de Kahn foi qualitativa e, logo, não forneceu uma escala quantitativa a partir da qual se pudesse medir o engajamento. Pode ser por isso que Schaufeli queria testar se o engajamento poderia ser medido simplesmente com a programação reversa do burnout. Os pesquisadores continuam sugerindo que o engajamento, em vez de estar na extremidade oposta do burnout em um contínuo, é, na verdade, uma construção distinta por si só e colocou em dúvida a possibilidade de medir o engajamento utilizando uma pontuação reversa das escalas de burnout.

Como resultado, o UWES se tornou a medida de engajamento mais utilizada no mundo acadêmico. Essa escala e o MBI podem se fortalecer mutuamente, mas nenhuma delas poderia ser considerada um substituto para a outra.

Matt Leon quer enfatizar que existem alguns perigos em fazer as pessoas pensarem que, se estiverem engajadas, não sofrerão burnout. Essa é a teoria dialética que ele apresenta em seu artigo já citado. Ele afirma que, ao opor o burnout ao engajamento, corremos o risco de este ser o responsável por aquele.

"Antigamente, pensávamos que o engajamento era o oposto do burnout", disse Leon em nossa entrevista. "Nós pegávamos um medidor de burnout e o invertíamos, dizendo 'Bem, você é engajado' ou pegávamos um medidor de engajamento e o invertíamos, dizendo 'Bem, você está esgotado'. Eu acho que no mundo real, estamos falando de duas coisas diferentes."

Ele acha que as pessoas que escolheram trabalhar com pesquisas e no meio acadêmico e permanecem nessas áreas o fazem de propósito: "É uma coisa com que se identificam em um nível pessoal, que lhes é gratificante – elas ficam absortas, são dedicadas –, mas, em muitas instâncias, ficam muito, mas muito, esgotadas. Pode ser que, de certa forma, o engajamento realmente leve ao burnout."

Todos precisamos nos recarregar de alguma forma, seja ficando ao ar livre, passando um tempo saudável com a família, encontrando hobbies que escolhemos dominar ou simplesmente dedicando tempo ao relaxamento e ao tédio. Mas o engajamento pode estar nos impedindo de achar esses outros meios, pois sentimos gratificação com o trabalho e não temos a consciência de quando a recarga se torna esgotamento.

Quando nos identificamos tanto assim com o trabalho, deixamos de ver a pessoa inteira, o ser humano que tem uma vida fora do contexto do trabalho. Nossa marca se torna nosso cargo. "É sério, qualquer coisa que apresente um risco alto de fracasso requer muito treinamento, que passa a integrar a identidade das pessoas", disse Leon. "Percebi isso com outras pessoas da minha área, no meio acadêmico, onde, se eu topar com uma pessoa que tem doutorado e lhe perguntar quem é, ela diz 'Sou doutor', e tenho vontade de responder 'Não, esse é o seu trabalho; não é você'. Mas acho que, dedicando tanto esforço, energia e recursos a algo e estando tão engajado nisso... o trabalho e a identidade viram a mesma coisa. Ninguém fala 'Bem, meu nome é Matt, sou do sul do Alabama, tenho um filho pequeno e uma esposa que amo muito e gosto de viajar'. Em vez disso, falam 'Sou o Dr. Leon'... e viver assim não é nada sustentável."

Voltemos à minha conversa com Maslach e à analogia do canário na mina de carvão, já que isso está relacionado ao burnout. Quando colocamos o pássaro nesse local e ele começa a respirar, viver e funcionar com dificuldade, não dizemos "Caramba, como fazemos esse canário ficar mais resiliente? Como podemos fazê-lo ficar mais saudável para ele voltar para a mina logo?" Os gases lá dentro não importam; os canários são fortes, são resilientes. Não, esse pássaro é o sinal de que se trata de um ambiente perigoso, de que existe algo tóxico ali, e não queremos que ninguém entre até resolvermos.

Maslach disse: "De certa forma, o burnout deve ser mais encarado como um alerta assim, essa coisa que diz 'Se você está começando a ver esse problema, e as pessoas estão reclamando das mesmas questões, esse é o alerta vermelho.'"

Vou dizer mais uma vez. Não enviamos as pessoas de volta para prédios em chamas.

Quando elas estão reclamando, não devemos presumir que estão sendo ingratas ou mimadas e dispensá-las. Precisamos é dizer "Como podemos ajudar?" E, em vez de "O que faço com o burnout?", precisamos perguntar: "Como criamos um local de trabalho melhor e mais saudável para as pessoas, de modo que não se esgotem?" A questão é intervir desde cedo.

O MONTINHO

Maslach descreveu uma dessas intervenções precoces. Em um grupo de profissionais de saúde, em sua maioria médicos e enfermeiros de um hospital, a primeira coisa que faziam pela manhã era olhar as tabelas e identificar onde poderiam ocorrer problemas ou acúmulo de tarefas e, então, perguntar às pessoas como estavam se sentindo. Eles deixavam claras as situações de saúde mental e de cunho pessoal que pudessem impactar suas atividades do dia. Alguns relatavam que estavam com um filho doente em casa, que não havia creches suficientes e que estavam improvisando uma solução, que estavam tentando colocar a mãe em um asilo – havia de tudo um pouco. Mas todos os membros da equipe que podiam levantavam a mão para carregar um pouco desse fardo: "Posso cuidar desses dois casos. Posso assumir isso."

E, nas manhãs em que as pessoas se sentiam bem e não tinham problemas para compartilhar, elas conversavam sobre um filme legal e novo ou comemoravam um aniversário. Essa reunião foi carinhosamente chamada de Montinho do Abraço e gerou inúmeros benefícios, sendo um deles o aumento do conforto para se manifestar e comunicar conversas difíceis. Na área da saúde, historicamente, há uma linha hierárquica sólida entre cargos específicos, mas, desde que esse grupo investiu em se conectar em um nível pessoal, ele mudou a sua dinâmica interpessoal de uma maneira saudável e produtiva.

Maslach disse: "Eles descobriram um monte de benefícios extras nos quais nem tinham parado para pensar na época, conheceram aqueles em que podiam confiar, com quem podiam falar quando tivessem um problema. É um espaço seguro. Pessoas seguras."

Por que as "intervenções da felicidade" parecem piegas?

Alguns de vocês podem ter parado de prestar atenção assim que mencionei a reunião matinal chamada Montinho do Abraço. Tendemos a ter reações viscerais às intervenções de bem-estar que parecem simplistas ou sentimentais demais. A felicidade pega mal para alguns. Ela conjura uma abordagem *à la* Pollyanna para problemas sérios. Eu entendo. Como especialista em bem-estar, frequentemente me deparo com essas questões de invalidação.

Conversei com Shawn Achor, autor de *Grande Potencial*, *O Jeito Harvard de Ser Feliz* e *Por Trás da Felicidade*. Seu TED Talk é um dos mais populares, com mais de 11 milhões de visualizações. Ele compartilhou comigo por que acredita que existe uma barreira emocional em relação às práticas de psicologia positiva: "Muitas vezes, elas parecem importantes, mas não urgentes. Acho que a maioria dos líderes, mesmo os otimistas bem-intencionados, acredita que, se conseguirem fazer o que tem que ser feito, então todos ficarão naturalmente felizes. Eles seguem a fórmula que diz que, trabalhando duro, o sucesso virá, você alcançará seus objetivos e, então, será feliz. Mas essa fórmula está de trás para frente. Agora, sabemos que a maior vantagem competitiva na economia moderna é um cérebro otimista e engajado. Portanto, se você está tentando obter mais sucesso, precisa ajudar sua equipe a criar os melhores cérebros possíveis para impulsionar essa mudança."

O autor compartilhou que os líderes com que ele e sua equipe trabalham também têm preocupações, especialmente durante uma pandemia, de que tentar enfatizar a positividade e a felicidade os faça parecer sem noção. No entanto, Achor acredita que ainda é de importância crítica que as organizações se engajem em intervenções positivas e que, ao analisar os dados, é possível provar que isso funciona.

Colocando os insights em prática

O próximo passo do processo de medidas é aplicar os insights recolhidos a duras penas. Depois que descobrimos onde estão os fatores estressores e como as pessoas estão se sentindo, partimos para a ação. Testamos intervenções para ver se conseguimos diminuir o estresse e aumentar o bem-estar. Isso não significa que deixamos de medir os dados. Na verdade, ao colocar os insights em prática, é a coleta de feedback de todas as formas possíveis que determinará nosso sucesso.

Aqui está um exemplo dos insights em ação.

Achor e sua companheira, Michelle Gielan, ex-âncora da CBS News e autora de *Broadcasting Happiness* [sem publicação no Brasil], juntaram-se ao Genesis Health System, um grupo de cinco hospitais e um centro regional, em uma época em que não eram lucrativos. Jordan Voigt, presidente dos maiores centros médicos do grupo, queria instilar mais positividade na cultura, mas estava prestes a demitir funcionários e cortar custos. Seria desafiador, mas Voigt viu valor no investimento.

Achor e Gielan trabalharam no centro médico para aplicar uma série de intervenções de psicologia positiva, departamento por departamento, para testar sua eficácia em relação a grupos que não haviam sido expostas a elas. Cada departamento projetou mudanças positivas sob medida para sua subcultura, desde a prática de exercícios de gratidão até elogiar mais, obter reconhecimento dos gestores e praticar atos gentis e intencionais em equipe.

Apesar das mudanças organizacionais significativas, a porcentagem dos participantes que relatou estar feliz no trabalho subiu de 43% para 62%. O número de indivíduos que se sentiam esgotados reduziu de 11% para 6%, enquanto o dos que relatavam "muito estresse no trabalho" reduziu para 30%. A quantidade de pessoas que participaram e disseram "Eu me sinto conectado no trabalho" subiu de 68% para 85%. Nas partes do hospital que não adotaram a intervenção, apenas 37% dos participantes afirmaram que o Genesis Health System estava no caminho certo, em comparação com 63% nos grupos que passaram pela intervenção.

Achor e Gielan compartilharam o sucesso de sua pesquisa em um artigo da *Harvard Business Review*, "What Leading with Optimism Really Looks Like" [sem publicação no Brasil]. O casal sugeriu as seguintes lições para os líderes que querem saber como iniciar essa conversa.

Dê o exemplo do topo

Muitas vezes, os líderes falam apenas da boca para fora sobre o valor de adotar uma mentalidade positiva e de considerar as pessoas como o ativo principal, sem se dar ao trabalho de comparecer às próprias oficinas internas de liderança positiva, pois estão ocupados demais para isso. Isso assinala para o resto da organização que, na verdade, uma cultura positiva é menos prioritária do que afirmam. Como presidente do centro médico, Voigt deu o pontapé inicial em todas as oficinas pessoalmente. Ele se certificou de acompanhar todas as rodadas de coleta de dados para determinar o que estava funcionando e se valia a pena continuar. Ele estabeleceu a felicidade como uma prioridade, enfatizando o tópico nas mentes dos membros da equipe. Este é o primeiro passo para os líderes que desejam criar uma mentalidade positiva em meio à adversidade: apareçam e deem o exemplo.

Ajude os funcionários a se conectarem antes de lhes pedir que mudem

Não é comum que as pessoas mudem para melhor por conta própria ou de forma isolada. Praticar a mentalidade positiva no trabalho muitas vezes é um exercício coletivo, porque os comportamentos e ações são reforçados quando um grupo os adota em conjunto. No

Genesis Health System, as oficinas enfatizavam o desenvolvimento de hábitos positivos, a criação de novas rotinas de trabalho por meio de *brainstorming* e conversas coletivas sobre a cultura. Isso permitiu que os participantes se responsabilizassem com novas mentalidades, rotinas e modos de trabalho. Eles estavam criando novos padrões sociais em tempo real e conectando essas mudanças a propósitos, verbalizando o impacto significativo que sua felicidade e positividade podem ter nos pacientes. É imperativo que os líderes ajudem as pessoas a se sentirem conectadas primeiro e só depois as encorajem a fazer mudanças positivas.

Faça das mudanças a rotina do trabalho

Como líder, não saia por aí dizendo para as pessoas "serem felizes"; trabalhe com elas para criar padrões que reforcem o aspecto positivo. É extremamente difícil tentar inventar novas maneiras de ser otimista em meio ao estresse, portanto, criar padrões regulares em nível departamental pode ajudar a sustentar a positividade sem exigir novos recursos cerebrais. Isso pode ser muito simples de fazer – estabelecendo comemorações regulares, por exemplo. O departamento de endoscopia, que tinha reputação de ser tóxico e uma taxa de 35% das vagas desocupadas, agora realiza confraternizações regularmente – e já faz seis meses que todas as vagas estão preenchidas. Os líderes de alguns departamentos instituíram a rotina de começar as reuniões de equipe com cada participante expressando sua gratidão por algo. Alguns criaram espaços onde as pessoas podem colocar agradecimentos e fotos de suas conquistas, para que qualquer funcionário ou paciente que entrar no departamento receba uma dose de positividade visual.

Todas essas mudanças não beneficiaram apenas os trabalhadores do hospital, mas também os pacientes. As avaliações do atendimento hospitalar quase dobraram em um período de 12 meses. Depois da intervenção, o Genesis Medical Center de Davenport recuperou sua rentabilidade e ultrapassou seu orçamento operacional em 35% na primeira parte de 2019, passando de um déficit de US$2 milhões para um lucro operacional de US$8 milhões. O centro médico foi reconhecido em 2019 pela Press Ganey Associates como um dos estabelecimentos de melhor desempenho; nos primeiros seis meses do ano fiscal, o centro aumentou sua receita operacional em US$15 milhões, ou 8,7%, enquanto os gastos aumentaram apenas US$1,9 milhão, ou 1,1%. E em outubro de 2019, ele bateu um recorde de receita bruta, atingindo US$114 milhões. Enquanto tudo isso acontecia, grande parte da indústria médica estava enfrentando redução[11].

Achor e Gielan provaram que, quando medimos nossas intervenções, podemos acompanhar seu funcionamento. A WorkWell analisa o sucesso das intervenções por meio de dados de pesquisa e feedback qualitativo, mas também compara isso com o eNPS e outras métricas fornecidas por cada empresa, a fim de acompanhar o que está funcionando e o que não está. Há diversas vantagens nesse cenário. Evidências apontam que uma campanha de bem-estar, quando bem executada, pode melhorar a comunidade e diminuir o estresse, assim como impactar positivamente os resultados.

A lição final que Achor e Gielan tiraram de seu projeto de pesquisa reforça meus argumentos anteriores. Eles ressaltam:

> Se não houvesse nenhuma mudança perceptível ou nenhum dado justificando a abordagem adotada, a cultura não mudaria tão rapidamente. Se não testarmos para ver o que funciona, não teremos motivação para transformar a mudança em algo permanente ou consciente. Intervenções positivas, em especial, caem por terra em períodos desafiadores, a menos que seja estabelecida uma conexão clara entre a energia necessária para continuar a aplicá-las e os resultados desejados. Por fim, com a implantação dessa abordagem surpreendente, as outras equipes ouviram falar da intervenção e dos resultados, e passaram a demandar uma intervenção positiva em seus próprios grupos[12].

Esse exemplo vai além de enfatizar os benefícios das intervenções de bem-estar para a receita e valor de mercado. Ele demonstra o papel das decisões baseadas em dados nesse impacto. Nós sabemos em que precisamos investir. Criamos eficiência ao descobrir o que funciona e o que não funciona, e investimos de acordo com isso.

Também alcançamos uma maior adesão. Quando temos evidências para mostrar que o que parece bom, mas supérfluo, na verdade é necessário, não precisamos nos esforçar tanto para convencer aqueles responsáveis pelas decisões a adotar ideias que eles possam ver com receio ou preconceito.

E, se quisermos definir o burnout com clareza, precisamos entender o que o causa e o que o previne. Isso não apenas requer medições, mas também a adoção de testes iterativos para ver o que funciona. Não podemos nos prender à possível natureza dessas soluções; só precisamos explorar todas as possibilidades. Também não podemos nos agarrar à medição perfeita; a questão aqui é dar um passo de cada vez.

Esse único passo pode começar gradualmente e crescer com o tempo. Se você ainda não implementou a medição em sua organização, que tal começar com algo simples?

Você, eu e pouca grana.

PARTE TRÊS

LIDERANÇA

5

LIDERANDO COM CURIOSIDADE

A CURIOSIDADE É DEFINIDA COMO UM PROFUNDO DESEJO DE APRENDER ou de saber mais sobre algo. Esse desejo vem de uma necessidade genética de sobrevivência, profundamente embutida em nós. A curiosidade nos ensina a respeito de ameaças, mas também contribui para o nosso desenvolvimento emocional, mental, intelectual e mesmo físico, a partir da aquisição de conhecimento. Quando reprimimos esse processo, paramos de crescer. Nossa imaginação atrofia, e o aprendizado morre.

Se não ajudarmos nossos funcionários a seguirem sua curiosidade, é como se estivéssemos ordenando que parem de crescer, o que parece contrariar o necessário para o sucesso de nossas organizações. Se quisermos que as empresas que lideramos prosperem, nossos funcionários precisam prosperar primeiro.

Estimular a curiosidade e comemorar as descobertas em nossas culturas nos ajudará a levar esse objetivo à frente. Dito isso, parece que, como adultos, nossa sede de questionamento se esvai.

Quando crianças, perguntávamos às pessoas em nossas vidas "por quê?" *ad nauseam*. A maioria de *nós* já teve contato com uma criança que não para de perguntar *por quê?*. Pode ser um pouco irritante às vezes, mas que pena que, como subproduto do envelhecimento, percamos esse desejo de investigar mais a fundo. De se importar um pouco mais com as respostas.

Será essa uma condição prolongada da nossa evolução ou será ela que piorou, um sintoma dos nossos tempos? Nós nos sentimos satisfeitos? A nossa sede por informação é saciada depois da dose diária de redes sociais ou da rotação de notícias 24h por dia que agora é a música de fundo das nossas vidas? A nossa necessidade de buscar respostas dos outros diminuiu porque é só procurarmos no Google?

E se pudéssemos reduzir o burnout ao aumentar a nossa curiosidade pelos outros e procurar novos aprendizados para o nosso bem? Não seria divertido?

"A VIABILIDADE COMERCIAL DA CURIOSIDADE"

Francesca Gino, cientista comportamental e professora da cátedra Tandon Family of Business Administration na Escola de Negócios de Harvard, escreveu o extremamente popular artigo da *Harvard Business Review* "The Business Case for Curiosity" [sem publicação no Brasil].

Neste, ela desafia os líderes de empresas a considerarem o valor da curiosidade, citando todos os motivos que se espera – inovação, pensamento criativo, competitividade. "A maioria das descobertas revolucionárias e das invenções notáveis ao longo da história, desde usar pedras para fazer uma fogueira até dirigir carros autônomos, têm uma coisa em comum: são o resultado da curiosidade", escreve Gino[1].

Mas o artigo também propõe uma reflexão sobre outros benefícios de uma cultura da curiosidade, como estimular a confiança, fomentar a segurança psicológica, facilitar perguntas e impulsionar amizades. Mais importante ainda, a curiosidade, de acordo com a pesquisa da professora, aumenta a empatia – habilidade de liderança conhecida por diminuir o burnout.

"Minha pesquisa revelou que a curiosidade encoraja os membros de um grupo a se colocarem no lugar uns dos outros e a se interessarem pelas ideias dos colegas, em vez de focarem apenas as próprias perspectivas", disse Gino[2].

Os resultados de seu trabalho também determinaram que a curiosidade ajudava os funcionários a se ouvirem com mais franqueza e eficiência e, quando confrontados com desafios, a se manterem firmes e buscarem soluções criativas.

Os argumentos a favor de uma cultura curiosa são fortes. Só precisamos praticar a curiosidade da maneira correta.

E, sim, para sua surpresa, existe uma forma correta e outra incorreta.

A ciência da curiosidade

Segundo Mario Livio, um astrofísico de renome internacional que publicou mais de quatrocentos artigos científicos, "Ao se mostrarem curiosos quanto a novas comidas, à criação de novas ferramentas e ao uso do fogo para fins culinários, os seres humanos provavelmente aumentaram sua capacidade de curiosidade". Mas no cérebro, o processamento da curiosidade não é sempre o mesmo. "Na verdade, ela pode englobar vários estados psicológicos diferentes que são ativados por circuitos cerebrais distintos", afirmou ele em seu artigo na *Psychology Today*, intitulado "Why Ask Why?" [sem publicação no Brasil][3].

Tomemos como um primeiro exemplo a curiosidade que emerge da sensação de desconhecer alguma informação – algo com o qual todos podemos nos identificar dada a nossa experiência durante a pandemia. O desconhecido se tornou mais comum do que o conhecido, o que acionou a nossa curiosidade perceptiva. Isso acontece quando sentimos que há uma "lacuna criada pela incerteza, motivando-nos a procurar novos insights que reduzam essa sensação desagradável"[4].

A curiosidade epistêmica – do tipo que explora as artes e as ciências, conectando a humanidade por meio de descobertas e inovações – conjura um "estado prazeroso, no qual esperamos uma recompensa"[5].

Ela está diretamente associada a uma sensação desagradável ou, como Livio sugere, parece que estamos "cedendo a um desejo intelectual". Pensemos nas notícias diárias durante aqueles primeiros meses da epidemia, e mesmo antes da Covid-19. Nosso consumo midiático aumentou exponencialmente desde a eleição de 2016, trazendo resultados lamentáveis. Isso causou tantas sensações "desagradáveis" que os terapeutas cunharam um termo específico para explicar os sintomas resultantes: o "transtorno de estresse das manchetes".

Celeste Kidd e Benjamin Hayden, pesquisadores do Departamento do Cérebro e de Ciências Cognitivas da Universidade de Rochester, afirmam que nossa demanda insaciável por informações motiva boa parte da economia global. Eles sugerem que, em uma microescala, nosso desejo por informação "chega a motivar alguns padrões de forrageamento nos animais"[6].

Já conhecemos muito bem essa toca do coelho. Nós entramos em busca de informações reconfortantes, mas acabamos presos em uma fossa escura e deprimente da qual não parecemos conseguir escapar.

Se estivesse aqui, Oscar Wilde nos lembraria de que "o público tem uma curiosidade insaciável de conhecer tudo, exceto o que é digno de se conhecer". Mas e se ele estiver errado?

Só precisamos direcionar nossa atenção para a curiosidade epistêmica, que é aquela que se segue aos circuitos que transmitem dopamina para ativar o sistema de recompensa do nosso cérebro. Quando somos curiosos quanto a esse tipo de aprendizado por diversão, conseguimos aproveitar uma "motivação intrínseca, uma atividade feita apenas por fazer, o que também é prazeroso"[7].

E uma vez que a curiosidade epistêmica nos faz sentir muito bem, deduzimos que ela traga alguns benefícios à nossa saúde mental, certo? É isso mesmo. Na verdade, nossa sobrevivência depende dela.

» *A curiosidade ajudou os humanos a evoluir.* Ainda poderíamos estar vivendo em cavernas sem fogo se não tivéssemos levado a curiosidade a sério. A urgência de explorar e o impulso de buscar novidades desempenham um papel importante na nossa evolução, e fomos programados para isso. Somos recompensados pela curiosidade com dopamina e opioides (substâncias cerebrais que nos trazem sensação de bem-estar), que são estimulados face a uma novidade. O oposto disso é o tédio – um preditor de burnout. Precisamos continuar avançando, e podemos fazê-lo ao estimular comportamentos curiosos.

» *A curiosidade aumenta o sucesso do ambiente de trabalho.* No estudo "Field Investigation of the Relationship Among Adult Curiosity, Workplace Learning, and Job Performance" [sem publicação no Brasil], os autores descobriram que a curiosidade adulta e epistêmica (que busca o conhecimento) influencia o aprendizado no ambiente de trabalho e o desempenho profissional[8].

» *A curiosidade pode expandir a nossa empatia.* As pessoas muito empáticas têm uma curiosidade insaciável em relação a estranhos. Elas acham os outros mais interessantes do que si mesmas, mas não os interrogam por isso. Roman Krznaric, membro fundador da School of Life em Londres, escreveu no artigo "Six Habits of Highly Empathic People" [sem publicação no Brasil] que "[a] curiosidade expande a nossa empatia quando conversamos com pessoas fora do nosso círculo social habitual, encontrando vidas e perspectivas muito diferentes das nossas"[9]. A curiosidade também faz bem: o pesquisador de felicidade Martin Seligman a identifica como uma força de caráter fundamental que pode aumentar a satisfação com a vida.

» *Nossa curiosidade contribui para a saúde dos outros.* Jodi Halpern, especialista em bioética da Universidade da Califórnia, *campus* de Berkeley, indica no artigo "Empathy and Patient-Physician Conflicts" [sem publicação no Brasil] que, quando os médicos estão genuinamente curiosos sobre as perspectivas dos pacientes, ambos relatam sentir menos raiva e frustração e tomam decisões melhores, o que acaba por aumentar a eficácia do tratamento[10].

» *A curiosidade reduz o estresse.* Todd Kashdan, no artigo "Curiosity and Exploration: Facilitating Positive Subjective Experiences and Personal Growth Opportunities" [sem publicação no Brasil], revelou que a curiosidade afasta o estresse, a ansiedade e a depressão – fatores que podem limitar o potencial cognitivo e a capacidade de acessar grandes habilidades cognitivas, como a comunicação avançada e a negociação[11].

Cientistas, pesquisadores e especialistas concordam: precisamos manter viva essa autêntica curiosidade epistêmica. Muitos afirmam que ela pode prevenir o burnout.

Rebecca A. Palacios, orientadora educacional sênior da Age of Learning, compartilhou durante nossa conversa que "as crianças nascem com uma curiosidade natural. Elas querem conhecer o mundo ao seu redor e, constantemente, perguntam 'por quê?'". Palacios afirmou que, como adultos, devemos continuar abertos a questionar o porquê das coisas e a buscar respostas: "Dessa forma, podemos aprender sobre o mundo ao nosso redor, as pessoas nele, seus sentimentos e maneiras de apoiá-las. Quando paramos de questionar o porquê das coisas, estagnamos e respondemos menos ao mundo ao nosso redor. Ou mesmo quando paramos de perguntar tanto."

Para estimular as culturas da descoberta e da inovação, precisamos ser autenticamente curiosos. Precisamos buscar respostas dentro de nós mesmos. Precisamos ter curiosidade sobre as pessoas com as quais colaboramos e garantir que estejam saudáveis e felizes. E quando não estiverem, devemos perguntar o motivo e adaptar nossas práticas e políticas com base nessas informações. É por isso que priorizar uma cultura da curiosidade é essencial para as nossas estratégias de bem-estar. Elas não só trazem inúmeros benefícios para nossa saúde mental, mas também são significativas para a prevenção do burnout.

Construir uma cultura de curiosidade pode ser mais simples do que você pensa.

Como se tornar um intrometido profissional

Martha Bird, diretora de antropologia da ADP, tem um cargo atípico. É bem progressista que uma empresa tenha uma antropóloga entre os funcionários do alto escalão. Talvez mais organizações devessem fazer isso. Parece valer a pena.

Em 2019, a ADP ficou em terceiro lugar no ranking "Top 50 Best Large Company Cultures" ["As 50 Melhores Culturas de Grandes Empresas"] da *Comparably*. Normalmente, não sou muito fã desse tipo de lista, porque elas carecem de contribuições dos funcionários, mas esses rankings se baseiam nas opiniões de trabalhadores anônimos. De acordo com o plano de fundo da metodologia de pesquisa, "o último conjunto de dados foi compilado a partir de quase 10 milhões de votos de 50 mil empresas estadunidenses no site comparably.com. Os vencedores foram determinados a partir de uma série de mais de cinquenta perguntas bem estruturadas e abrangentes sobre o ambiente de trabalho, abordando categorias essenciais, incluindo remuneração, liderança, desenvolvimento profissional, equilíbrio entre a vida pessoal e a profissional, vantagens e benefícios, entre outros"[12].

O motivo para ela ter ficado em terceiro lugar pode estar relacionado a Bird e seu cargo como diretora de antropologia. Em um texto no site da ADP sobre mulheres nas ciências exatas, dá para ver por que ela lidera boa parte dessa estratégia cultural.

Em seu antigo cargo na eBay, uma empresa multinacional de e-commerce com sede em San Jose, Bird passava os dias imersa na cultura dos vendedores: "Ela saía com colecionadores de bonecas e brinquedos mágicos para entender o que era importante para eles e como a tecnologia poderia melhorar para tornar o site mais envolvente. Martha percebeu que, em vários aspectos, o [eBay] era um museu online, e os usuários eram como curadores tentando descobrir o que queriam e do que precisavam."[13]

Eu lhe perguntei sobre como a imersão em uma determinada cultura – seja na linguagem, nos costumes ou nos rituais de um país – ao lançar um produto ou empresa nesse lugar afeta a experiência dos usuários. Ela me disse que, quando se é antropóloga, tem-se "um respeito muito grande pela liberalidade das outras pessoas, e isso requer ir além do superficial, com um pouco mais de nuances". Bird acredita que o seu trabalho se assemelha ao de uma "intrometida profissional".

Claro, eu adoro essa definição, porque ela é o princípio da liderança empática, que basicamente se trata de "escuta ativa". Essa é uma das minhas sugestões para avaliar uma boa cultura, escutando os detalhes e criando um efeito de rede – um contágio – de comportamentos saudáveis.

Mas Bird disse uma coisa que me marcou muito, e demonstrou seu conhecimento profundo sobre os requisitos de uma cultura profissional – o sabor especial que sentimos entre as quatro paredes físicas e virtuais do local de trabalho –, aquele clima espontâneo de pertencimento que pode ser observado em todos os ambientes profissionais. Ela disse: "As pessoas são uma bagunça, e é a bagunça que mais revela. Nós, seres humanos, tentamos dar sentido a ela, e esse sentido se reflete em tudo o que fazemos. Portanto, os dados têm uma cultura. A tecnologia é cultural. Os antropólogos desconstroem a bagunça para tentar iluminar padrões e novos modos de pensar sobre desafios antigos."

Quando chegamos ao tópico do burnout, eu estava animada para considerá-lo a partir de uma perspectiva antropológica.

Os antropólogos organizacionais analisam o negócio por meio de sessões de contação de histórias, provas culturais e pesquisas observacionais que ajudam os líderes a entenderem o que os funcionários estão realmente fazendo. Eles observam a organização por meio de filtros de nuances. Também investigam a fundo o contexto histórico e o léxico popular para ajudar a trazer novos entendimentos em relação a comportamentos antigos.

Os antropólogos nos forçam a olhar mais a fundo os significados a partir do visual, dos artefatos, dos símbolos e das palavras para que possamos obter respostas melhores para as questões que nos afligem.

E a magia da descoberta, muitas vezes, está nas histórias que são compartilhadas e passadas adiante. Ela aparece nas crônicas aleatórias da vida cotidiana – nas coisas estranhas que nos fazem rir, na arte que apreciamos, nos livros que lemos, nos sonhos de infância e na nossa realidade. É possível aprender mais sobre as motivações de uma pessoa a partir de um *bottom* com alguma causa estampada que ela defende ou de uma foto colada em sua mesa do que apenas mensurando sua produtividade e engajamento.

Essas medidas amplas – as macroanálises ainda são importantes – revelam como os funcionários estão operando. Já o *small data* revela como eles se sentem.

Indo mais a fundo

A essa altura, você já deve estar ciente de que vou sugerir que comecemos a medir. Mas aqui está outra abordagem para fazer isso. É uma lição sobre como se tornar um intrometido profissional.

Independentemente do tamanho da organização, sempre há um motivo e um mecanismo para conectar nossos funcionários. A ideia de que um CEO de uma empresa com mais de 20 mil funcionários não possa se envolver com todos os colaboradores é uma narrativa falsa que vem permeando a liderança por tempo demais. Talvez isso fosse mais desafiador antes de baratearem e acessibilizarem as conferências por chamada em meados dos anos 1980, mas desde então não há mais desculpa para os líderes do alto escalão estarem desconectados dos funcionários.

Como podemos medir esse tipo de acessibilidade? É mais fácil do que parece.

Acredito piamente na abordagem utilizada por organizações como o Google para montar suas equipes. E, como é de se esperar dessa empresa, ela não chegou a essa decisão sem dados. No chamado Projeto Aristóteles, um grupo de pesquisadores, passou anos analisando as cento e poucas equipes de melhor performance para descobrir a receita de sua cultura. Depois de anos investigando as equipes de alta performance no Google, alguns ficaram surpresos. (Eu, não.) Aqui está o que os pesquisadores descobriram.

Primeiro, os membros das melhores equipes tinham participação proporcional nas reuniões – todos dispunham de um período igual para compartilhar ideias, soluções, pensamentos, planos e assim por diante. A pesquisadora-chefe do Projeto Aristóteles, Anita Williams Woolley, da Universidade Carnegie Mellon, descreveu isso como "uma igualdade na distribuição da tomada de turno conversacional". Ela compartilhou que "contanto que todos tivessem a oportunidade de falar, a equipe ia bem. Mas se uma pessoa ou um pequeno grupo falasse o tempo todo, a inteligência coletiva diminuía"[14].

Segundo, todas as melhores equipes tinham uma alta "média de sensibilidade social" – maneira acadêmica de dizer que discerniam muito bem como os outros se sentiam com base na linguagem corporal, semiótica, tom de voz, expressões faciais e outras pistas não verbais. Elas usavam uma técnica muito legal para estimar essa sensibilidade, mostrando às pessoas fotos de olhos e pedindo que descrevessem o que os fotografados estavam pensando ou sentindo – um teste conhecido como "Ler a Mente nos Olhos". Como se pode imaginar, as equipes de melhor performance tiveram pontuação alta nesse teste; elas pareciam ser capazes de interpretar melhor quando alguém estava triste, estressado ou isolado dos colegas. Já as equipes de menor performance tiveram uma pontuação abaixo da média no teste, demonstrando menor sensibilidade em relação aos colegas.

Tanto evidências científicas quanto anedóticas confirmam que uma empatia reduzida em relação aos colegas de trabalho e à liderança pode aumentar o burnout. Portanto, isso deveria ser um sinal claro para os líderes de que construir equipes com uma média mais alta de sensibilidade social e estabelecer uma igualdade ao compartilhar ideias faz bem tanto para prevenir o burnout quanto para os resultados.

No artigo "What Google Learned from Its Quest to Build the Perfect Team" [sem publicação no Brasil], Charles Duhigg, autor de O *Poder do Hábito*, escreve: "O Projeto Aristóteles serve como um lembrete de que, quando as empresas tentam otimizar tudo, às vezes fica fácil esquecerem que o sucesso é frequentemente formado por experiências – como interações emocionais e conversas complexas sobre quem queremos ser e como nossos colegas nos fazem sentir – que não podem ser otimizadas."[15]

Se eu lhe perguntasse "O que motiva emocionalmente as suas equipes de melhor performance?", você seria capaz de responder?

Apesar de a segurança psicológica dever ser aceita em todas as organizações, ela pode se manifestar de diferentes formas e estilos de liderança. É isso que o Google provou, mas, no fim das contas, cada cultura é única, o que significa que cada organização deve adotar sua própria versão do Projeto Aristóteles.

Uma curiosidade: a partir dos dados, o Google percebeu que, se ela atrasasse um pouco a divulgação do cardápio de almoço, colheria mais "colisões". A empresa deduziu que, quando as pessoas passavam um pouco mais de tempo esperando na fila, elas começavam a conversar. Isso levava mais indivíduos a almoçarem em grupo e resolverem alguns de seus maiores problemas.

Com base nos dados coletados pelo Projeto Aristóteles, o Google acabou descobrindo que o tamanho da equipe também pode impactar a melhoria da sua performance. Muitas pesquisas concordam que a performance aumenta em grupos menores, mas e quando se trata de prevenir o burnout? Evidências continuam a sugerir que equipes menores proporcionam um aumento de feedback e uma melhoria na comunicação, ambos fatores altamente relacionados à redução do burnout, se funcionarem corretamente.

Infelizmente, a formação de um grupo grande para trabalhar junto em tarefas independentes leva a problemas inesperados. Pesquisadores concluíram que quanto mais pessoas trabalham juntas, mais a comunicação fica sobrecarregada. E menores são as oportunidades para a curiosidade.

Manter a conexão com equipes menores

Alistair Cockburn supervisiona o scrumplop.org – site cuja missão é construir um *corpus* com um padrão de literatura, principalmente para engenheiros e desenvolvedores de software em um "scrum". Esse termo é definido pelo scrum.org como "uma estrutura na qual as pessoas podem abordar problemas complexos de adaptação e, ao mesmo tempo, entregar resultados produtivos e criativos com o maior valor possível"[16].

Alguns podem ver a palavra *scrum* (que é uma abreviação de *scrummage*) e pensar no rugby. Bem, a intuição deles está correta – ela foi emprestada do rugby, onde designa uma aglomeração de jogadores. Ele foi usado pela primeira vez no contexto de desenvolvimento de software em um artigo de 1986 da *Harvard Business Review*, escrito por Hirotaka Takeuchi e Ikujiro Nonaka[17]. Os autores do artigo escolheram esse termo porque ele enfatiza o trabalho em equipe.

De acordo com o site "Scrum Guides", o *scrum* tem sido usado para desenvolver softwares, hardwares, softwares embarcados, redes de função interativa, veículos autônomos, escolas, governos, marketing, para gerir a operação das organizações e quase tudo que usamos no nosso cotidiano enquanto indivíduos e sociedades[18].

Os colaboradores do blog Published Patterns são desenvolvedores de software que compartilham dicas e conselhos sobre liderança nessa área. Um deles escreveu em um post intitulado "Pequenas equipes" que a boa comunicação é essencial para um trabalho em equipe eficiente. No entanto, é óbvio que, à medida que as equipes crescem, "há uma proporção menor de informação transferida internamente no grupo, todavia, é preciso que haja mais informações à medida que o número de pessoas aumenta. Levadas ao extremo, a comunicação e a coordenação essenciais da empresa consomem quase todos os recursos do grupo, deixando quase nenhum tempo disponível para um trabalho produtivo. Parece aquele problema de *thrashing* dos computadores, no qual se gasta muita energia sem nenhum propósito"[19].

O colaborador, alinhado com outras pesquisas sobre esse mesmo tema, sugere que, com grupos maiores, a contribuição relativa geral diminui – é como se perder em meio a uma multidão, onde as pessoas podem esconder a inatividade e não serem tão responsabilizadas por isso. O cientista Alan Ingham criou o conceito de "preguiça social" nos anos 1970, que nos ajuda a entender por que o esforço individual diminui à medida que a equipe aumenta.

Muitas vezes, podemos explicar a preguiça social como uma redução do esforço individual de modo a evitar carregar o fardo de um colega. Ingham argumentou que, acima de cinco ou seis indivíduos, para cada pessoa adicionada, as contribuições individuais para o todo diminuíam. O que ele está enfatizando aqui é que grupos maiores podem ter taxas de produtividade mais altas de modo geral, mas os membros individuais desse grupo maior apresentariam taxas de produtividade mais baixas do que aqueles das equipes menores.

No artigo "'It's Not Fair!' Cultural Attitudes to Social Loafing in Ethnically Diverse Groups" [sem publicação no Brasil], os coautores Jill Clark e Trish Baker escreveram: "Um dos maiores fatores na redução da preguiça social é manter o grupo em um tamanho pequeno e providenciar mecanismos confiáveis para a avaliação da performance e padrões claros. Também foi relatado que fornecer um feedback aos indivíduos, tratando da performance individual e do grupo, pode reduzir a preguiça social e aumentar o envolvimento pessoal dos membros. Pesquisadores concluíram que as pessoas tendem a se esforçar mais em tarefas desafiadoras e cheias de propósito. Por outro lado, os indivíduos que acreditam ser melhores que os outros estão mais propensos a contribuir menos em tarefas em equipe"[20].

A professora de gestão da Wharton, Katherine J. Klein, sugeriu no artigo "Team Mental Models and Team Performance" [sem publicação no Brasil], com seu coautor Beng-Chong Lim, professor da Universidade Tecnológica de Nanyang, que o tamanho ideal para uma equipe funcional é cinco indivíduos. "Ultrapassando cinco pessoas, a equipe começa a perder na performance individual, enquanto aquelas com menos de cinco participantes podem ter dinâmicas de grupo estranhas e lacunas de habilidades"[21], disse.

No mais, as pessoas que trabalham em pequenas equipes são mais apegadas umas às outras e aos objetivos que compartilham, bem como apresentam melhor comunicação interna como equipe. Elas recebem mais oportunidades de serem ouvidas e, geralmente, são mais produtivas.

No entanto, especialistas sugerem que cortar pessoas de uma equipe já existente – independentemente do tamanho dela – não é a resposta. Quando um grupo forma uma panelinha no local de trabalho, cortar esses laços sem um motivo válido pode impactar negativamente suas experiências de trabalho *en masse*. E, já que relacionamentos saudáveis desempenham um papel importante na prevenção do burnout, é melhor procurar a abordagem certa para tirar pessoas do grupo, como atritos, promoções ou o interesse de um dos membros da equipe em buscar novas oportunidades internas.

CONSTRUINDO UMA COMUNIDADE A PARTIR DA CURIOSIDADE

A falta de comunidade é uma das maiores ameaças ao burnout, porque relacionamentos saudáveis são fundamentais para o bem-estar. De acordo com Martin Seligman, pesquisador de felicidade e pioneiro na área da psicologia positiva, existem cinco fundamentos importantes do bem-estar e da felicidade, conhecidos como PERMA (na sigla em inglês):

» Emoções positivas – sentir-se bem.
» Engajamento – estar completamente absorto nas atividades.
» Relacionamentos – estar autenticamente conectado com os outros.
» Propósito – levar uma existência significativa.
» Conquistas – sentir-se realizado e bem-sucedido[22].

O que entendemos melhor desde que Seligman teorizou a PERMA é que os relacionamentos podem ser o fator mais importante para a nossa felicidade e bem-estar. E, se durante a vida passamos 90 mil horas no trabalho, não faria sentido dedicar um tempo para estimular amizades duradouras por lá[23]? Uma maneira de fazer isso é acompanhar as pessoas – ter curiosidade sobre a vida delas.

No artigo "The Surprising Power of Simply Asking Coworkers How They're Doing" [sem publicação no Brasil], a autora Karyn Twaronite, que trabalha no setor de diversidade e inclusão da EY Global, sugere que "quando as pessoas se sentem acolhidas no trabalho, ficam mais produtivas, motivadas, engajadas e 3,5 vezes mais propensas a contribuir utilizando seu potencial total"[24].

Na pesquisa, ela descobriu que 39% dos participantes se sentiam mais acolhidos quando seus colegas os acompanhavam, tanto pessoal quanto profissionalmente. Por outro lado, ela descobriu as táticas que não traziam os mesmos resultados. Por exemplo, um tête-à-tête nada pessoal com um líder sênior, um convite para eventos ou apresentações grandes ou externas por parte de líderes seniores e/ou um e-mail encaminhado não faziam ninguém se sentir mais conectado. Então, como devemos acompanhar os outros?[25]

Segundo Twaronite, acompanhar é toda uma arte.

Seja atencioso

Para ser autêntico, você precisa saber como a pessoa gosta de se comunicar. Em uma era em que as pessoas estão sofrendo mais do que nunca com o burnout devido ao Zoom, pedir que alguém participe de mais uma reunião pode parecer sem noção. Algumas pessoas não gostam de ficar encarando outra pessoa cara a cara por um período indefinido, especialmente quando se trata de alguém que não conhecem tão bem. Talvez, em vez de fazer isso, ligue para a pessoa ou marque de sair para conversar, ou mesmo envie um e-mail ou uma mensagem de chat. Não importa a abordagem, mas descubra isso primeiro – então arranje um canal de comunicação apropriado.

Seja autêntico

Tente estabelecer conexões autênticas com amigos e colegas. Não pergunte apenas como estão e aceita quando responderem que estão bem; seja específico. Vá mais a fundo. Em vez de só abordá-los casualmente, pergunte sobre um projeto em que estão trabalhando. Descubra seus interesses e reflita sobre isso com curiosidade. Talvez você tenha ouvido que eles fariam uma apresentação sobre um tema específico; peça que elaborem a resposta. Relacionamentos autênticos começam com interesses genuínos e compartilhados. Isso significa prestar atenção. Analise e assimile o que as pessoas ao redor estão fazendo. Valorize as ações e os comportamentos delas. Pode ser a chave para desbloquear uma conexão.

Não seja tendencioso

Reserve um tempo para ouvir as perspectivas das pessoas. Isso é importante, especialmente em uma época de polarização crescente.

O viés de confirmação é um tipo de viés cognitivo que envolve o favorecimento de informações que confirmam suas próprias crenças ou vieses já existentes. No desenvolvimento dos relacionamentos, isso nos leva a diminuir nossas opções, o que impede pensamentos e abordagens mais diversas para a resolução de problemas.

Por exemplo, imagine que alguém acredita que os canhotos são mais criativos que os destros. Sempre que essa pessoa encontrar alguém canhoto e criativo, valorizará mais essa "evidência" que apoia sua convicção anterior. Ela pode até buscar mais provas que sustentem essa crença, desconsiderando exemplos que não a confirmem.

Catherine A. Sanderson, autora de *Social Psychology* [sem publicação no Brasil], afirma que o viés de confirmação reforça os nossos estereótipos em relação aos outros. Em seu livro, ela escreve: "É mais provável que lembremos (e repitamos) informações que confirmem os estereótipos e esqueçamos ou ignoremos as que não o façam, esse é um dos modos como os estereótipos se mantêm mesmo diante de evidências que os refutam."[26]

Ela compartilha o seguinte exemplo: "Se você descobrir que sua nova amiga canadense odeia hockey e adora navegação e que seu amigo mexicano odeia comida apimentada e adora sushi, é menos provável que você se lembre dessas novas informações que não se conformam aos estereótipos."

Segundo Francesca Gino, "Quando nossa curiosidade é acionada, é menos provável que acabemos vítimas do viés de confirmação e do hábito de estereotipar as pessoas (de generalizar as coisas, como dizer que mulheres ou minorias não dariam bons líderes). A curiosidade tem esses efeitos positivos, porque nos leva a gerar alternativas"[27].

É por isso que precisamos chegar a uma conversa com a mente aberta. Também precisamos estar preparados para exercer a escuta ativa, de modo a assimilar as novas informações sem nenhum viés atrelado. Isso nos ajudará a lembrar esses detalhes em comunicações futuras.

Suponha o melhor

Comece a conversar com as pessoas supondo o melhor. Acredite que suas intenções são boas, especialmente quando se trata de questões difíceis. Quando estamos em situações complicadas – digamos, no caso do luto –, receber conforto de alguém pode parecer atrapalhado e estranho. Mas supor que a intenção é boa ajudará a aceitar o lado bom do desconforto. Por outro lado, se for você oferecendo um ombro amigo, não tente consertar o problema ou compará-lo com suas próprias experiências. Só devemos nos meter se nos identificarmos autenticamente com a situação. Se você não sabe o que dizer, é bom ficar no: "Obrigado por compartilhar isso comigo. Não tenho nenhum conselho para dar. Só quero ouvir e aprender".

Mantenha a humildade

Ser capaz de mostrar humildade enquanto líder e de modo geral na comunicação com os outros é uma grande qualidade. As pessoas mais bem-sucedidas – especialmente no ambiente de trabalho – recorrem a várias vozes para ditar sua estratégia. É por isso que temos reuniões de comunicação diagonal e mentorias reversas; isso abre espaço para mais pessoas entrarem no jogo.

Estimular relacionamentos positivos no ambiente profissional é um componente crítico de culturas saudáveis que evitam o burnout. Ter um melhor amigo no trabalho, segundo a Gallup, é um dos maiores fatores para retenção e engajamento[28]. Nutrir relacionamentos inclusivos e diversos também tem um papel importante no pensamento criativo e inovador. Podemos conquistar a maioria desses objetivos ao praticar a arte do acompanhamento.

Mas o investimento na criação da cultura da curiosidade precisa ser autêntico e protegido. Pare e reflita sobre a imagem da mesa de sinuca empoeirada. Se você quiser que seus funcionários sejam curiosos, precisa lhes fornecer um tempo ocioso para explorar e reagir. Se oferecemos "10% de tempo", precisamos ajustar nossas expectativas. Ninguém vai trocar a oportunidade de bater uma meta por um espaço em branco.

Se você quiser realmente criar uma cultura de curiosidade, contrate as pessoas certas. Ruma Batheja, chefe de desenvolvimento organizacional e estratégia de RH na Knowledgetics, uma firma de consultoria de pesquisa, recomenda várias estratégias para contratar pessoas curiosas[29]:

» *Durante a entrevista, apresente um problema para os candidatos resolverem.* Atribua uma tarefa real e desafiadora que necessite de atenção imediata. Os curiosos terão confiança no próprio conhecimento e, provavelmente, tentarão modificar um processo ou método para criar algo melhor. Aqui, não se trata da solução; o mais importante é o percurso até ela.
» *Verifique se estão interessados em aprender coisas novas.* Batheja oferece alguns exemplos: "Pode me contar algo que aprendeu nos últimos seis meses?" ou "Qual habilidade você adquiriu recentemente e como a implementou em seu cargo atual?".
» *Pergunte aos candidatos sobre seus interesses externos, mas seja específico.* Sugira que eles lhe contem sobre um hobby. O que esse interesse externo lhes ensinou sobre a vida? Como buscam aplicá-lo às suas carreiras ou à carreira para a qual se candidataram? Ou pergunte que livros leram ou a que filmes assistiram e, depois, peça para compartilharem por que se interessam por esses gêneros audiovisuais ou literários específicos.
» *Pessoas curiosas fazem perguntas melhores.* O entrevistador pode tentar fazer perguntas com cenários hipotéticos para conferir aos candidatos a oportunidade de mostrar se tendem, naturalmente, a fazer perguntas ou a tentar entender como um processo específico funciona.

Para amplificar uma cultura curiosa, tente colocá-la em prática. Alison Horstmeyer, em artigo publicado na *Graziadio Business Review*, lista os dois seguintes exercícios para desenvolvê-la[30].

Exercício 1: Refletir

Ao final de cada dia, escreva como você usou sua curiosidade de modo a contribuir para um resultado positivo ou produtivo. Depois de duas semanas, reveja o que escreveu nesses dias.

» Que padrões você percebe?
» Quais insights sobre seu uso da curiosidade vieram à tona?
» Como esses insights podem ajudar você a conectar, no futuro, sua curiosidade ao seu crescimento profissional ou a uma maior satisfação no trabalho?

Crie um plano de ação de curiosidade, identificando três ações que você continuará a praticar para encorajar uma mentalidade curiosa.

Alterne isso com a contemplação das seguintes perguntas:

» Como sua curiosidade aparece no trabalho?
» Como aplicar a mentalidade curiosa para estimular conexões significativas com os outros?
» Como ressignificar um desafio, considerando-o uma oportunidade de aprendizado?
» O que bloqueia sua curiosidade ou interfere nela? O que você poderia fazer para remover esses obstáculos?

Identifique um comportamento que previna sua curiosidade ou interfira nela e outro que encoraje você a continuar curioso.

Por um mês, mantenha um diário para acompanhar o seu progresso de descontinuar os comportamentos que inibem a curiosidade e implementar os que a estimulam. Se, ao final do mês, você se sentir satisfeito com o progresso, identifique outra conduta negativa e outra positiva e acompanhe sua evolução por mais um mês. Você pode selecionar novos comportamentos para monitorar mensalmente ou escolher reexaminar os antigos.

Exercício 2: Ressignificar

Selecione uma questão ou problema de negócios e organize uma reunião para apresentá-lo brevemente à equipe multidisciplinar.

Então, instrua o grupo a gerar coletivamente, em quatro minutos, quinze perguntas diferentes que ressignifiquem o problema.

O objetivo deste passo não é resolver a questão, mas revelar, a partir de várias formulações, se existe um problema alternativo cuja resolução teria ainda mais valor organizacional.

Depois dos quatro minutos iniciais, reserve mais vinte para identificar outros questionamentos além dos quinze primeiros. Então, com o conjunto de perguntas em mãos, selecione aquelas que identificaram novos caminhos na interpretação do problema e ressalte por que cada um deles parece importante ou significativo. Deixando de lado os rumos que podem ser mais confortáveis, comprometa-se a investigar ao menos um dos caminhos e a criar um plano de ação nesse sentido.

. . .

Ao desenvolvermos comportamentos curiosos, aprendemos. Aprendemos uns sobre os outros e sobre nós mesmos. Sobre o que nos motiva. Sobre o que nos anima. Sobre o que leva os outros a se engajarem e o que os desvia da própria felicidade.

Ao desenvolvermos comportamentos curiosos, aumentamos nossa empatia cognitiva, o que melhora não só nossas habilidades de liderança, mas também nos torna cidadãos globais melhores. Quando praticamos a curiosidade, ressignificamos a superação de obstáculos como algo estimulante. A mudança se torna instigante em vez de assustadora. A curiosidade é uma "super-habilidade" à qual podemos recorrer durante períodos de mudanças grandes e incertas.

Os indivíduos podem se mobilizar mais prontamente para acessar os recursos de que precisam para lidar melhor com a mudança – construindo autoeficácia e esperança. Quando as pessoas interpretam as situações assim, isso ajuda a reduzir o estresse e, notavelmente, o burnout.

Talvez o mais importante de tudo seja que nascemos para sermos curiosos. Aqueles que lideramos estão ansiosos para aprender e explorar novas experiências. Ao criar uma cultura da curiosidade, abraçamos a empatia, restauramos a calma, melhoramos a criatividade e cultivamos mentalidades inovadoras.

Comece hoje, perguntando, nem que seja a apenas uma pessoa, "Por quê?".

6

COMO SE TORNAR UM LÍDER EMPÁTICO

Quando falamos de empatia na liderança, as pessoas podem se sentir desconfortáveis. Não porque não tenham empatia alguma; é só que foram ensinadas que a liderança se demonstra com comportamentos que demonstram autoridade, disciplina emocional e estoicismo. E isso não combina com o comportamento ideal de um líder empático.

Alguns logo dizem que a empatia é sentimental demais, emocional demais para o local de trabalho. Mas, na realidade, desenvolvê-la é desafiador, especialmente se não houver uma predisposição genética forte nesse sentido. E pode ser difícil sustentar a empatia.

Vou ser direta. É irritante quando sugerem que ela é uma *soft skill*. Apesar da vontade de reformular a maneira como concebemos o termo *soft* ["suave", em tradução livre], essa palavra traz quase tanta bagagem e viés quanto *burnout*. Alguns termos simplesmente precisam mudar; e *soft skills* é um deles.

No dicionário, *soft* é definido como: que fácil de moldar, cortar, comprimir ou dobrar; que não é duro ou firme ao toque. Uma pessoa "manteiga derretida". Sinto muito, mas considerar isso uma habilidade de liderança me parece equivocado.

Inteligência emocional, ou saúde psicológica – é assim que penso sobre a empatia enquanto habilidade de liderança. Quem não quer ter o cérebro em forma ou um QE (quociente emocional) mais alto? Reconhecida como uma habilidade necessária para uma liderança competente no *Manual de Campanha do Exército dos EUA*, essa é uma qualidade que vale a pena ter.

Aqui está o que o exército quer que pensemos da empatia, trechos retirados das seções 4.1 e 4.4 do manual:

> 4.1. O caráter, as qualidades morais e éticas de um indivíduo, ajudam a determinar o que é certo e conferem ao líder a motivação para tomar as medidas apropriadas, independentemente das circunstâncias ou das consequências. Uma consciência ética informada e consistente com os Valores do Exército fortalece os líderes, de modo a tomarem as decisões certas ao enfrentar questões difíceis. Já que os líderes do Exército buscam fazer o certo e inspirar os outros a fazer o mesmo, eles precisam incorporar esses valores.
> 4-4. O caráter é essencial para uma liderança bem-sucedida. Ele determina quem as pessoas são e como agem. Ele ajuda a diferenciar o certo do errado. Os fatores internos e centrais à liderança que compõem o seu cerne são:
> 1. Os valores do exército.
> 2. Empatia.
> 3. Ethos guerreiro.[1]

E como que a empatia é descrita por uma das líderes mais populares do mundo?

Jacinda Ardern foi eleita primeira-ministra da Nova Zelândia em 2017. Ela é a líder mais jovem da história do país desde 1856 e se tornou a chefe de governo mais nova do mundo quando assumiu o cargo aos 37 anos.

Para Ardern, a empatia se reflete no compromisso de aumentar o salário mínimo, incorporar à lei a redução da pobreza infantil e construir residências acessíveis. Durante seu mandato enquanto primeira-ministra, ela teve o primeiro filho enquanto liderava a Nova Zelândia na sequência do tiroteio da mesquita de Christchurch e em meio à pandemia. Ardern foi muito elogiada por ter mudado radicalmente as regras de armamento, bem como por ter contido com maestria a contaminação por Covid-19 no país.

Citada no *New York Times*, ela disse: “Uma das maiores críticas que recebi ao longo do tempo foi que não sou agressiva ou assertiva o suficiente, ou que, de alguma forma, minha empatia significa que sou fraca. Eu não aceito isso de jeito nenhum. Recuso-me a acreditar que não seja possível ser compassiva e forte[2]."

Fazendo do local de trabalho um espaço seguro para o luto

Muitos de nós enfrentamos o luto no decorrer da vida, mas em 2020, o luto coletivo foi sem precedentes. Desde as guerras mundiais e a gripe espanhola de 1918, o mundo nunca havia experimentado tamanha perda de uma só vez.

O interessante do luto é que não o sentimos apenas com a perda da vida, mas de inúmeras outras maneiras. Podemos vivenciá-lo pelo fim de um casamento devido a um divórcio; pela perda de um emprego ou identidade; pela perda de uma cultura; pela perda de nossa antiga vida, como foi o caso de muitas pessoas poucas semanas após o início do *lockdown* em 15 de março de 2020.

No local de trabalho, o luto pode fazer as pessoas ficarem mais desorganizadas, retraídas ou ansiosas. Infelizmente, quando os líderes carecem de empatia, eles confundem esses comportamentos com problemas de performance, em vez de analisarem o que está por trás dos atrasos ou do trabalho que já não é tão impecável.

Na maioria dos casos, os líderes esquecem de mudar as cargas de trabalho durante períodos de luto ou crise. Vimos isso durante a pandemia, quando foram poucos os gestores que reavaliaram as cargas de trabalho apesar do luto crescente entre os funcionários.

No meu artigo para a *Harvard Business Review* "Making Your Workplace Safe for Grief" [sem publicação no Brasil], escrevi que muitas empresas carecem de regras ou políticas para lidar com o luto – ou "licença para o luto", como é conhecido em RH. Aqueles que realmente possuem políticas frequentemente as consideram insuficientes[3].

A regulamentação do tipo de luto que permite ao funcionário conseguir um afastamento é rigorosa. Apenas a Nova Zelândia oferece uma licença remunerada por luto após um aborto espontâneo ou natimorto. E são poucas as organizações mundo afora garantem essa licença em casos de morte de um melhor amigo, de uma tia favorita ou de um sobrinho querido. A maioria das políticas de falecimento atuais sugere que o funcionário deve absorver o choque, planejar e executar o funeral, além de lidar de maneira saudável com a perda, tudo isso enquanto trabalha dentro dos níveis esperados de desempenho.

Se desenvolvermos uma política de licença para luto baseada na empatia, não precisamos saber a causa do luto dos nossos funcionários – apenas lhes concederíamos o espaço para vivê-lo. As pessoas deveriam ter um tempo ocioso garantido para lidar com todos os tipos de perda.

Há políticas demais em nosso ambiente de trabalho que presumem o pior dos funcionários. Mas as evidências continuam a reforçar que a confiança na liderança e um respeito saudável pelas regras é uma abordagem melhor para a aderência. Não devemos incorporar políticas para os 20% dos funcionários que não mostram engajamento; devemos nos concentrar na motivação dos outros 80% da nossa força de trabalho, que não fizeram nada para perder nossa confiança.

O termo *conformidade* é muito usado no linguajar corporativo. Basicamente, ele significa o ato de seguir o padrão, seja um requisito regulatório (as leis ou padrões legais) ou normativo, que é baseado em padrões contratuais, sociais e culturais.

A integridade pode ser descrita como a honestidade e a moral demonstradas por um indivíduo ou coletividade. E quando temos empatia e compaixão, construímos políticas que incentivam a honestidade.

Louise Manning estuda a diferença entre o impacto das culturas motivadas pela conformidade e o das motivadas pela integridade na indústria alimentícia. Ela descobriu que "os padrões da cadeia de abastecimento de alimentos que focam apenas a conformidade dos requisitos de produção e processamento prescritos não garantem a integridade dos alimentos. Isso porque a conformidade, por si só, não garante que outros aspectos da integridade, como responsabilidade, confiança e honestidade, também se farão presentes."

O trabalho de Manning também foi aproveitado em outras indústrias para ajudá-las a fazer a transição de uma cultura da cumplicidade para uma da integridade. "A integridade é uma abordagem ativa e consciente por parte de uma organização para definir o que é a moral, em vez de simplesmente aceitar os valores e padrões muitas vezes prescritos", ela me explicou.

A pesquisadora sugere que engajemos todos os funcionários, independentemente do cargo, inspirando-os e empoderando-os para que entendam o tamanho de seus papéis nos grandes objetivos da organização e para lhes "motivar uma sensação de responsabilidade, agência e iniciativa pessoal."

No artigo "Managing for Organizational Integrity" [sem publicação no Brasil] da *Harvard Business Review*, Lynn S. Paine faz referência à sua pesquisa sobre os contrastes entre sistemas de liderança baseados em conformidade e em integridade. A Tabela 6-1 mostra as diferenças entre os dois estilos.

O exemplo da NASA mencionado no Capítulo 1 se encaixa perfeitamente aqui. Uma mentalidade que priorize a integridade teria permitido que mais vozes se fizessem ouvir e que seu conselho agisse, potencialmente prevenindo as consequências do trágico desastre do Columbia.

Em nossa entrevista, Manning forneceu outro exemplo de como culturas baseadas na conformidade fazem com que a coragem seja vista de forma negativa. Há uma história específica que realça as diferenças gritantes entre os dois conceitos.

Yasmine Motarjemi é formada em ciência e tecnologia de alimentos pela Universidade de Languedoc e possui um doutorado em engenharia de alimentos pela Universidade de Lund. Apesar de suas credenciais e longa carreira como gestora de segurança alimentar corporativa e vice-presidente assistente da Nestlé de 2000 a 2010, ela foi demitida.

Durante o seu trabalho na empresa, Motarjemi encontrou diversos exemplos de perigos associados a certos produtos, mas quando se manifestou a respeito disso, sofreu assédio e bullying por parte dos líderes seniores, o que acabou resultando em sua demissão.

Levou oito anos para que finalmente recebesse a decisão da corte. Em um trecho de uma declaração escrita pelo advogado de Motarjemi, lê-se: "No dia 7 de janeiro de 2020, a Corte de Apelação Civil do cantão de Vaud, em Lausanne, Suíça, condenou o Grupo Nestlé por violar as leis trabalhistas suíças". Os juízes concluíram que "a gestão da Nestlé violou sua política interna de denúncias". Motarjemi foi vingada[4].

No entanto, essa vitória durou pouco. No início de 2021, a Nestlé precisou recolher quase 346 mil quilos de comida congelada possivelmente contaminada com vidro e plástico, talvez porque mais ninguém tenha se sentido seguro para se manifestar. Se falar traz o potencial de um assédio contínuo, da perda do emprego e de quase uma década de litígios para proteger a própria reputação profissional, é de se esperar que todos fiquem em silêncio. Motarjemi é um ponto fora da curva – alguém corajoso, forte e poderoso.

Esse caso pode ser um exemplo extremo, mas continua sendo importante. Ele diz em alto e bom som que é necessário haver mais responsabilidade. E não estou aqui para suavizar as realidades do burnout, mas para ajudar a consertar a situação.

TABELA 6-1

CULTURAS BASEADAS EM CONFORMIDADE E CULTURAS BASEADAS EM INTEGRIDADE

Elementos	Sistemas baseados em conformidade	Sistemas baseados em integridade
Compromissos na empresa	A declaração de princípios e a política da empresa levam à conformidade	O código de conduta ressalta uma liderança com valores e compromissos que façam sentido e sejam comunicados com clareza
Ethos	Conforme fatores externos impostos	A autogovernança segue os padrões organizacionais escolhidos
Objetivo	Prevenção da improbidade criminal e redução do risco organizacional a partir da conformidade com padrões legais e mercadológicos	Uma conduta responsável garantida por meio do desenvolvimento dos valores e aspirações da empresa, bem como obrigações sociais, inclusive a conformidade legal

Métodos	Prescritivismo, sistemas organizacionais e processos de decisão, auditorias e controle, sanções, treinamentos	Liderança, responsabilidade, sistemas organizacionais e processos de tomada de decisão, auditoria e controle, sanções, treinamentos
Líderes da empresa	Comprometidos a garantir a conformidade para com padrões internos e externos	Têm comprometimento pessoal, credibilidade e disposição para colocar em prática os valores que apoiam
Sistemas e procedimentos da organização	Apoiam e reforçam a necessidade da conformidade para com os requisitos	Apoiam e reforçam os valores da organização
Denúncias e investigações	Há mecanismos estabelecidos para denunciar e investigar a falta de conformidade	Há mecanismos estabelecidos para denunciar e investigar a falta de conformidade
Atividades de verificação	Implementadas para garantir a conformidade; por exemplo, auditorias	Implementadas para garantir a conformidade; por exemplo, auditorias
Tomada de decisão	Os gestores têm habilidades de tomada de decisão, conhecimento e competência para tomar decisões orientadas à conformidade cotidianamente	Os valores apoiados são integrados aos canais de gestão para a tomada de decisão e se refletem nas atividades mais importantes da organização. Os gestores têm habilidades de tomada de decisão, conhecimento e competência para tomar decisões éticas e razoáveis no dia a dia

Fonte: Adaptado de: PAINE, Lynn S. "Managing for Organizational Integrity". *Harvard Business Review*, março-abril de 1994, pp. 106-117.

Há certa urgência. O burnout é um problema sério. Quando as organizações não agem com responsabilidade, isso deveria ser denunciado por outros líderes, outras organizações, pela mídia ou por especialistas. É difícil demais para os funcionários – especialmente se estiverem desamparados – fazerem tudo isso sozinhos.

Jill Lepore, professora de história estadunidense na Universidade de Harvard, ficou famosa por ter questionado se o progresso a todo custo é mesmo necessário. E o crescimento e a receita? Seria menos provável que uma cultura baseada na integridade fosse bem-sucedida?

Manning me deu uma resposta para essa pergunta: "Em alguns países, existe a ideia de direito do consumidor, e, como resultado, é a responsabilidade legal que motiva as empresas... Então, elas desenvolvem sua cultura, e mesmo o clima do negócio, a partir das noções de legalidade/ilegalidade. Mas os seres humanos não necessariamente operam nessas esferas. A responsabilidade moral é diferente da legal. Acho que um dos desafios no meio empresarial é que estamos baseando as empresas em padrões, prescrições e regras, enquanto os seres humanos, na verdade, só querem acreditar que estão fazendo o bem e o que acham certo, e a justiça é diferente da lei."

Em um local de trabalho baseado na conformidade, também vemos mais incompatibilidade de valores, o que contribui para o burnout.

"O burnout acontece quando tentamos encaixar uma peça quadrada em um buraco redondo", disse Manning. "As regras impostas não são regras aceitas de bom grado pelos trabalhadores. Isso tem um impacto neles enquanto indivíduos e pode levar a um comportamento de autossabotagem. Em vez disso, queremos que as pessoas pratiquem um desvio construtivo. Então, por exemplo, aqueles que estão procurando inovação empreendem na empresa. Para isso, precisamos ter a coragem de não nos conformarmos."

"Sinto muito"

As regras de retratação nos Estados Unidos podem muito bem ser outro exemplo dos contrastes entre culturas baseadas na conformidade e as baseadas na integridade. Evidências mostraram que, quando um profissional de saúde se desculpava por um erro médico, isso reduzia a frequência dos processos por negligência. Como resultado, alguns estados implementaram leis que protegiam os médicos, caso eles se desculpassem, e determinava que essa questão não poderia ser usada contra eles, se o caso fosse a julgamento[5].

Segundo os autores do artigo "Efficacy of a Physician's Words of Empathy: An Overview of State Apology Laws" [sem publicação no Brasil], "a correlação entre pedir desculpas e precisar pagar uma indenização menor em caso de negligência médica foi confirmada por um estudo de seis anos do Centro Médico de Veteranos Lexington, em Kentucky. Essa pesquisa também mostrou que esse centro médico, após implementar um programa de retratação, pagou indenizações menores do que hospitais sem políticas nesse sentido[6]".

No entanto, os autores citam estudos que criticam esses achados, afirmando haver grandes diferenças a serem consideradas ao comparar hospitais de veteranos a hospitais não governamentais[7]. O debate continua em relação ao papel da retratação na redução de processos por negligência.

Para mim, o mais danoso nesse caso é a crescente falta de confiança entre pacientes e médicos. Além de colocar a segurança dos pacientes em risco, ela torna o pedido de desculpas uma decisão baseada na conformidade, em vez de na integridade.

Seria válido rever se essas leis realmente comprometeram a autenticidade da retratação. Elas mudaram a sinceridade dela? Os pacientes veem o pedido de desculpas como falta de empatia ou como algo significativo? Os médicos sentem que precisam se retratar para reduzir as chances de o hospital ser processado, mesmo se não acharem que cometeram erro algum?

A não ser que existam motivos puros, nossas boas intenções estão fadadas ao fracasso.

Escuta ativa

A escuta ativa é um atributo-chave da empatia. Ela significa ter a habilidade de focar completamente no interlocutor, entender sua mensagem, assimilar as informações e responder de forma atenciosa. Como líderes, isso requer que sejamos ouvintes melhores e se faz ainda mais necessário durante uma crise, quando há muito mais ruído para filtrar.

Os líderes precisam conseguir estabelecer prioridades e determinar quais informações canalizar e como fazê-lo. Quando a empatia está no cerne dessa escuta, ela ajuda a moldar como sua força de trabalho enfrentará as mudanças.

O Workforce Institute da Kronos Incorporated descobriu que "apenas uma fração dos funcionários (20%) sentiu que sua organização atendeu às suas necessidades durante os primeiros meses da pandemia de Covid-19". Chris Mullen, diretor-executivo do Workforce Institute, enfatizou que "à medida que as organizações do mundo todo operavam durante uma pandemia sem precedentes, elas precisavam reforçar a estratégia de experiência dos funcionários. No entanto, em vez de procurar modismos, elas precisaram voltar às necessidades básicas demandadas por todos os funcionários: segurança física e psicológica, estabilidade profissional e flexibilidade".

Mullen afirmou que, entre os funcionários que agora confiam mais em suas organizações do que antes da pandemia, 70% disseram que a empresa fez um esforço significativo em resposta à Covid-19. "Ao colocar, de fato, o funcionário em primeiro lugar", disse Mullen, "uma confiança mútua vai começar a se instalar, levando o engajamento dos trabalhadores – e o sucesso da empresa – a outro nível".

A escuta ativa também reduz o estresse e aumenta a calma. Ela faz as pessoas se sentirem ouvidas e diminui a incerteza. Aqui vai um exemplo de como uma das maiores empresas do mundo foi capaz de melhorar a escuta ativa e a empatia para superar um dos momentos mais desafiadores da história da força de trabalho.

Conversei com Alan May da Hewlett Packard Enterprise (HPE) durante a segunda onda da pandemia, em meados de outubro de 2020. Na época, quase todos os seus 60 mil funcionários estavam trabalhando remotamente. May sempre colocou a saúde mental e o bem-estar como uma prioridade estratégica da HPE, mas percebeu imediatamente, que a pandemia tornaria essa necessidade ainda mais urgente.

"As crises tendem a acelerar, e muito, as tendências subjacentes", explicou. "Então, já há vários anos, temos sido muito ativos em relação ao que podemos chamar de bem-estar em larga escala, e também aos benefícios de saúde mental para a nossa força de trabalho. Temos aproximadamente 60 mil funcionários, sendo que dois terços deles estão fora dos Estados Unidos, inclusive, nem todos inseridos em economias do tipo ocidental, com muitos estando em lugares como Índia, Singapura, China e outros países, então temos algum grau de familiaridade com como podemos apoiar os membros da nossa equipe em meio a essas situações."

May também enfatizou como é necessário "nunca perder de vista a importância do gestor da linha de frente". Ele reforça constantemente para a sua equipe a necessidade de ligar para seus subordinados diretos sem nenhum propósito relacionado ao trabalho e simplesmente perguntar "E aí, como estamos? Tudo bem? Posso ajudar em alguma coisa?". May disse que não espera que os gestores da linha de frente sejam especialistas em saúde mental, mas compartilhou que "houve inúmeros casos em que, como resultado de algumas dessas interações, detectamos algumas preocupações e conseguimos encaminhá-las para obter ajuda profissional".

Quando se trata do burnout, apesar de a HPE chamá-lo de "carga de trabalho excessiva", ela tenta prestar atenção aos setores que possam lidar com maior estresse do que o normal. May reconhece que, em 2020, todos tiveram suas demandas, mas ele deu o exemplo da equipe da cadeia de abastecimento, cujo estresse era incrível devido à necessidade de completar os produtos, às dificuldades em obter componentes ao redor do mundo e lidar com manufaturas terceirizadas e questões logísticas, como se pode imaginar, incríveis.

May e equipe contataram pessoalmente esses trabalhadores e simplesmente agradeceram. Também pediram feedback, perguntando o que podiam fazer para ajudar a limitar ou equilibrar a carga de trabalho.

Um dos motivos para ele acreditar que seus funcionários resistiram melhor à crise do que os de algumas outras organizações foi seu comprometimento de longo prazo para com o bem-estar deles. May não estava criando programas apenas em resposta à Covid-19; a campanha que a HPE começara já estava em vigor dois anos antes de a pandemia surgir. Denominado "Real Life" ["Vida Real", em tradução livre], esse esforço tinha como objetivo garantir que os funcionários tivessem termos e condições de trabalho e um tratamento de supervisão que apoiassem seu bem-estar. May disse: "O objetivo era passar aos membros da nossa equipe a mensagem de que realmente queremos nos encaixar nas suas vidas, e não o contrário". Mas o que isso significava?

Além de sua abordagem direta em relação à licença parental, ele e sua equipe também criaram as "Sextas do Bem-estar". Isso pode parecer bem padrão, mas a intenção era mais do que um dia de folga para apoiar o bem-estar dos funcionários. Mensalmente, por pelo menos metade do dia, os líderes encorajavam os trabalhadores a focar em algo relacionado a isso, como utilizar os benefícios de saúde (massagens, fisioterapia ou consulta com um psicólogo), passar tempo com a família, trabalhar na própria comunidade, ir à igreja e/ou se voluntariar.

May ouviu histórias de pais com filhos pequenos que participaram na escola das crianças e de pessoas que arrumaram tempo para se exercitar. Cerca de um terço dos relatos focava o voluntariado e prática do altruísmo. Ele citou outras atividades que foram compartilhadas na plataforma de colaboração social, nas quais os funcionários descreveram ter "participado de treinos em grupos pequenos, aproveitado para almoçar ao ar livre com uma vista bonita e música calma, cozinhado com as crianças, passado tempo com os pets, feito trilhas nas montanhas, pedicure mãe e filha, passeios de bicicleta à tarde, além de yoga e churrasco ao ar livre ao pôr do sol", para citar alguns exemplos.

Para apoiar todas essas atividades, foram criadas as "sextas sem reunião" de modo a criar um "espaço em branco" para os funcionários se concentrarem em ideias e reflexões.

Quando a Covid-19 chegou, May percebeu que, apesar de não ter planejado que seus funcionários estivessem com a resiliência em dia, ele ficou feliz por eles terem acumulado algumas reservas. Os funcionários estavam mais preparados para a mudança porque a maioria deles já sabia como acessar e usar esses apoios. Isso ficou evidente a partir do feedback que forneceram.

May me enviou os "Dados de Experiência de Trabalho dos Funcionários" da HPE de julho de 2020:

- 91% concordam que a saúde e o bem-estar dos funcionários são prioridades na empresa.
- 92% concordam que seu supervisor direto mostrou uma preocupação genuína para com o bem-estar deles.
- 91% concordam que seu supervisor direto mostrou flexibilidade ao permitir que eles equilibrassem suas vidas pessoais e profissionais.

Pontuações de experiência de funcionários como essas contam uma história importante: "Líderes, bom trabalho. Continuem assim."

A grande descoberta aqui deve ser esta: para replicar essas pontuações de experiência no local de trabalho durante uma crise, não espere a crise acontecer para priorizar o bem-estar.

Menos monólogos. Mais diálogos

Também aprendemos com a HPE e sua estratégia de reação a focar a comunicação como fundamental e acionar imediatamente um plano de resposta corporativo. Isso é crítico, segundo a pesquisa do Workforce Institute na qual quase um terço (32%) afirmou que desejava mais comunicação – com maior antecedência e transparência –, o que foi citado como um dos maiores arrependimentos por mais de um terço (35%) dos executivos de alto escalão.

Fran Katsoudas, vice-presidente-executiva e diretora de recursos humanos, políticas e propósitos da Cisco, concorda que a empatia é a raiz de uma liderança forte e de culturas saudáveis.

"Acreditamos firmemente que a empatia é um superpoder", compartilhou Fran em abril de 2021, depois de um longo e estressante ano liderando em meio à pandemia. "Da perspectiva do local de trabalho, vamos trabalhar duro para ajudar nossos líderes e equipes a se aproximarem de pessoas diferentes deles, caminharem lado a lado com elas e entendê-las. Acreditamos que, se fizermos isso, melhoraremos muito como empresa." A Cisco liderou ao colocar a empatia em primeiro lugar durante a pandemia ao:

- Aumentar a transparência na comunicação.
- Acompanhar os funcionários com mais frequência em todos os níveis de liderança.
- Conversar mais francamente sobre tópicos desafiadores, incluindo saúde mental, justiça social e saúde e segurança durante a Covid-19.
- Melhorar as opções de trabalho flexível já existentes.
- Facilitar o acesso a especialistas de saúde.

» Criar um maior foco em campanhas que promovam o bem-estar, como:

1. "Um Dia Só para Mim", que concedeu aos funcionários e empregadores um dia de folga em maio para focar a saúde mental e o bem-estar dos trabalhadores.
2. #safetalk ["conversas de prevenção ao suicídio", em tradução livre], um programa bem estabelecido anteriormente que oferece recursos de saúde mental.
3. #safespace ["lugar seguro", em tradução livre], que conecta funcionários de ideias afins de modo a criar networking e apoio mútuo. Os tópicos abordados incluem saúde mental, abuso de substâncias, funcionários neurodiversos e aqueles em transição de gênero, bem como pais que perderam filhos.

Com a consciência sagaz de que esses momentos únicos requerem soluções únicas, a equipe de liderança da Cisco reconhece que há mais trabalho a ser feito. Em resposta, eles continuam a analisar novas abordagens para apoiar a saúde física e mental da força de trabalho sob o estresse crônico de uma pandemia.

Aqui estão mais algumas sugestões para colocar a empatia em prática durante uma crise:

» Comunicar instantaneamente sobre o plano da empresa, suas incertezas e como ela vai proteger os funcionários.
» Garantir que todos os trabalhadores saibam onde conseguir informações relacionadas à crise.
» Garantir que os funcionários possam acessar imediatamente ferramentas de apoio à saúde mental.
» Reduzir as horas de trabalho ou oferecer flexibilidade, ou mesmo férias remuneradas, automaticamente.
» Desenvolver um programa de apoio mútuo antes de algo acontecer, bem como um treinamento básico de saúde mental, e selecionar líderes já treinados para serem ativados como pontos de apoio para todos os funcionários.
» Notificar os gestores da linha de frente para começar a acompanhar os funcionários que trabalham remotamente.
» Criar uma página de recursos antes da crise que mostre

programas de apoio disponíveis localmente e profissionais de saúde mental durante as catástrofes.

Quando temos empatia, tentamos mitigar a incerteza. Praticar a escuta e a comunicação ativas e empáticas durante uma crise ajuda a reduzir os medos subjacentes. Nossas ações dizem: "Ouvi as suas mensagens, estou trabalhando duro para entender suas necessidades e fazendo o melhor para responder atenciosamente".

Priorizando a segurança física e psicológica

Eugenie Fanning, vice-presidente de recursos humanos na SquareFoot, uma empresa imobiliária comercial e *tech-enabled* sediada em Manhattan, compartilhou em nossa entrevista que, durante a pandemia, reforçar a confiança ajudou a mitigar o burnout. Ela disse: "Gastamos muito tempo e dinheiro recrutando e treinando, contratamos os 5% a 10% melhores em cada área, então precisamos confiar que eles estão fazendo um bom trabalho. Queremos um trabalho que foque nos resultados, não ficar discutindo online às 16:59h de uma quarta-feira se a pessoa está alcançando seus objetivos e fazendo o que deve ser feito."

É por isso que Fanning e seus funcionários se desprenderam das expectativas do trabalho tradicional das 9h às 17h. Ela disse: "É importante que todos sejam muito compreensivos e solidários quanto ao equilíbrio entre vida profissional e pessoal, para que possamos tirar essa pressão uns dos outros. Estamos mantendo conversas individuais para acompanhar os funcionários e garantir que isso ainda está funcionando para eles".

A SquareFoot sempre foi a favor dos escritórios físicos, e a equipe de liderança ainda acreditava que todos juntos em um espaço físico funcionavam bem em sua cultura. Quando foram forçados a lidar com toda a ansiedade e incerteza das aglomerações em locais fechados durante a pandemia, foi importante tratar esses estressores com sensibilidade.

Primeiro, eles abriram seus escritórios a qualquer um que sentisse falta de estar junto com os outros em um espaço ou que não estivesse sendo produtivo em casa. Para fazer com que todos se sentissem seguros, eles incorporaram uma checagem de sintomas, treinamentos em vídeo para preparar os funcionários para as mudanças, entre outras medidas para acalmar todos os medos. "Só precisamos continuar ouvindo e respondendo", disse Fanning.

Danny Groner, um diretor de marketing da SquareFoot, compartilhou que foi bom poder escolher quando se tratava de voltar ou não ao escritório físico. "As pessoas no escritório estão interagindo umas com as outras como nos velhos tempos", disse Groner. "Então, eu vi novamente o poder daquelas interações fortuitas."

Esses são exemplos de empatia na liderança, nos quais a escuta ativa é a chave para o sucesso, e a flexibilidade é a regra, não a exceção.

Garantir que os funcionários sintam um senso de agência não significa que você precise desistir dos seus objetivos ou dos da empresa. Forneça prazos tangíveis que possam ser reavaliados, se necessário. No entanto, significa, sim, que será necessário ir além para demonstrar que tanto a segurança física quanto a psicológica são prioridades.

Se nosso prédio estivesse pegando fogo, nós o abandonaríamos. É importante que não forcemos ninguém a adentrar um lugar onde não se sinta física e mentalmente seguro. O estresse crônico pode ser tão nocivo para nosso corpo quanto inalar a fumaça de um incêndio, causando doenças respiratórias, derrames e ataques cardíacos[8].

Em 2020, corremos para adotar medidas de segurança para proteger nossos locais de trabalho da Covid-19. Por que não priorizamos as mesmas medidas para proteger nossa segurança psicológica? O estresse crônico e o burnout não apresentam perigos similares?

Amy Edmondson, professora da Escola de Negócios de Harvard e especialista em segurança psicológica no local de trabalho, escreve: "A segurança psicológica se refere a um clima em que as pessoas estejam confortáveis para ser (e expressar) elas mesmas[9]." Para nutrir uma cultura psicologicamente segura, precisamos continuar a focar na situação como um todo.

Alguém faz besteira, ficamos com raiva. Sim, todos têm o direito de ficar frustrados, mas de que adianta? Em vez disso, o objetivo maior é voltar aos trilhos. Edmondson compartilha que uma resposta produtiva é: "Obrigada pela clareza. Do que você precisa? O que podemos fazer para voltar aos trilhos? No fim das contas, ambos nos importamos com isso[10]."

Se esse tipo de comunicação for amplamente aceito, os funcionários se sentirão mais seguros de modo geral e mais confortáveis para se abrir sobre tópicos como saúde mental.

Vou repetir. *Ambas* a saúde física e mental precisam ser prioridade no local de trabalho.

A empatia constrói confiança

Fornecer às pessoas uma sensação de controle sobre sua própria saúde mental faz da prevenção do burnout algo colaborativo, não isolado. Não queremos sugerir que sabemos tudo o que é necessário para que o funcionário lide bem com o estresse. Entender isso é de importância crítica para os líderes. Precisamos recuar em nossa necessidade de controlar ou microgerenciar todas as situações, ainda mais durante uma crise. Como líderes, queremos que nossos funcionários também tenham agência para explorar suas experiências mentais e emocionais no trabalho.

O que é agência?

Albert Bandura, um psicólogo canadense-estadunidense e professor emérito da Universidade de Stanford, sugere no artigo "Toward Psychology of Human Agency" [sem publicação no Brasil] que as pessoas agem como agentes que regulam intencionalmente seu próprio comportamento e circunstâncias de vida. Elas são auto-organizadoras, autorreguladoras e autorreflexivas. "São as produtoras das circunstâncias da própria vida, e não apenas produtos dessas[11]."

No local de trabalho, esses são comportamentos importantes a promover. Bandura acredita que a sociedade atual está passando por mudanças sociais, informacionais e tecnológicas dramáticas.

E possivelmente, esses "avanços revolucionários na tecnologia e na globalização estão transformando a natureza, o alcance, a velocidade e os *loci* da influência humana. Essas novas realidades apresentam oportunidades muito melhores para as pessoas controlarem como levam suas vidas[12]".

Alguns podem afirmar o oposto – que o avanço tecnológico está nos moldando mais do que nós o moldamos. Bandura argumentaria que, com um senso de agência bem desenvolvido, o poder é todo nosso. Enquanto nossos funcionários enfrentam insegurança de trabalho e obsolescência, o aumento da agência diminui esses medos.

Alguns líderes têm dificuldade em abrir mão desse controle. O microgerenciamento tem um papel sério no burnout dos funcionários. E estudos refletem que um aumento de autonomia dos trabalhadores leva a uma maior confiança e propósito, o que aumenta a motivação intrínseca.

Então, agora, temos uma força de trabalho motivada que é abastecida pela paixão individual e coletiva, não pela conformidade nem pelo medo. Isso é boa coisa.

Durante períodos de estresse, certifique-se de que o senso de agência seja sentido em toda a organização. Isso não só apoia o bem-estar dos funcionários em geral, mas também ajuda todos a permanecerem alinhados e conectados à missão e aos objetivos corporativos.

Outro benefício de uma força de trabalho que tem agência sobre as decisões profissionais é um aumento da flexibilidade psicológica e da regulação emocional – comportamentos que estimulam a socialização e reduzem o conflito e a volatilidade do local de trabalho, sendo totalmente benéficos para a saúde mental e a redução do burnout nesse ambiente.

Eu vi isso em ação no exemplo de Jamie Coakley, da Electric. Durante a pandemia, ela estava avaliando o contraste entre o modelo presencial e o remoto e decidiu que essa escolha deveria ser individual de cada funcionário. Forçá-los a comparecerem ao escritório mesmo que isso lhes causasse estresse parecia contrariar seus objetivos de liderar uma organização centrada nas pessoas.

Coakley percebeu que havia outras barreiras a serem consideradas, como o fato de que a viagem de ida e volta para o trabalho geraria mais medo do que estar no escritório. Ela reagiu provendo reembolsos totais e diários para corridas de Uber, o que levou o número de pessoas no ambiente a aumentar cinco vezes.

Isso também a levou a repensar de que servia ter um escritório no centro de Manhattan. Ela disse: "Estamos explorando para 2021 – talvez teremos polos no Brooklyn, em Nova Jersey, no norte de Nova York, na área do Bronx, onde possamos meio que possibilitar às pessoas ir a pé ou pedalar até o trabalho e ter flexibilidade, porque acho que nossa equipe é muito social, especialmente já que estamos em uma empresa de serviços e queremos conversar com os clientes e com nossos colegas de equipe."

O principal objetivo de Coakley é fornecer opções aos seus funcionários – a agência de escolher.

Forças de trabalho emocionalmente flexíveis

Garantir que as pessoas tenham um bom senso de agência individual só vai acrescentar ao nosso bem-estar. Mas liderar e ajudar os funcionários a se abrirem à mudança também é uma habilidade psicológica crítica para ajudá-los a lidar com o estresse.

Segundo Todd Kashdan e Jonathan Rottenberg, a flexibilidade psicológica ou emocional envolve uma grande variedade de habilidades humanas:

» Reconhecer e se adaptar a várias demandas situacionais.

» Mudar mentalidades ou comportamentos quando a estratégia original não estiver funcionando (abandonar o plano A pelo plano B, por exemplo).

» Manter o equilíbrio entre domínios importantes da vida (saber quando se desligar do trabalho e se juntar à família, aos amigos, aos hobbies e à vida de modo geral).

» Ser consciente, aberto e comprometido em relação a comportamentos congruentes com valores profundamente estimados (por exemplo, não permanecer em um cargo cujos valores não combinam com os seus[13]).

Em uma crise, a flexibilidade psicológica tem um valor enorme. Uma pesquisa feita por Danielle Lamb, da University College London, e publicada no artigo "Examining Psychological Flexibility at the Individual, Team, and Leadership Levels in Crisis Resolution Teams" [sem publicação no Brasil] mostrou que a flexibilidade psicológica prevê um maior bem-estar no nível individual da equipe de resolução de crises. Lamb também descobriu que uma maior flexibilidade psicológica por parte dos gestores também estava positivamente associada a um maior bem-estar dos funcionários[14]. Vale notar aqui o efeito de transbordamento da flexibilidade emocional. Ela parece gerar um efeito em cadeia positivo que promove o bem-estar em todos os membros da equipe.

Segundo o psicólogo clínico Rob Archer, a flexibilidade emocional pode ajudar a "minimizar a evitação experiencial que ocorre quando alguém tenta evitar pensamentos e sensações desagradáveis ao evitar os comportamentos que os causam. Há um grande *corpus* de pesquisa mostrando que uma alta evitação experiencial está associada a um bem-estar, desempenho de trabalho e qualidade de vida baixos[15]."

O estresse pode ser um subproduto emocional de uma crise, mas o aprendizado também é. E, sempre que precisamos passar por experiências desafiadoras, também desenvolvemos as habilidades necessárias para lidar com a mudança de maneira mais eficaz. Pode-se dizer que tivemos alguns cursos intensivos de flexibilidade emocional nos últimos anos.

Depois de repetidas recessões, levantes políticos e sociais e uma pandemia, a maioria de nós encararia a mudança de forma diferente atualmente. No caso daqueles que lideramos, suas reações serão similares e ajudarão nossas organizações a explorar a mudança com menos medo.

Nossos cérebros não gostam do desconhecido. Dessa forma, depois que algo se faz conhecido, podemos nos apoiar nele para prever como lidaremos com o futuro. Essas disrupções do nosso passado nos ensinaram que, apesar do desconforto, perseveramos. Enquanto líderes, essa precisa ser a nossa mensagem. Precisamos perguntar consistentemente: "O que aprendemos?"

Aqui está um exemplo de uma intervenção que pode ajudar a formar equipes emocionalmente flexíveis:

- » Peça aos funcionários que escrevam um momento altamente estressante e desafiador em suas vidas. Não pode ser algo pessoal demais a ponto de não se sentirem confortáveis ou sofrerem danos emocionais ao recontar.
- » Faça com que descrevam por que aquilo foi desafiador, por que esse momento específico ficou marcado para eles.
- » Agora, peça que todos escrevam ou debatam como isso poderia se tornar um ponto alto de suas vidas. Eles precisam se forçar a colocar o chapéu da oposição e explicar o máximo de vantagens que tiraram da experiência.

As histórias que contamos e recontamos mudam de forma. Já que nossa memória configura novas realidades toda vez que refletimos sobre o acontecido, podemos considerar outras maneiras de interpretar o mesmo conjunto de eventos. Que maneiras de interpretar as coisas nos servem melhor?

Agora, peça às pessoas que tentem confrontar cada pensamento negativo da própria história. Em vez de ver as coisas como sempre, elas começam a adotar pensamentos que se encaixam na situação e refletem uma visão mais positiva.

Isso não significa que infortúnios não aconteçam. Esse é o mito em relação à ressignificação. Não estamos pedindo que ninguém (muito menos nós mesmos) veja a vida cor-de-rosa. Trata-se de olhar para um acontecimento a partir de dois lados opostos e, por fim, chegar perto da verdade.

Vou dar um exemplo: a pandemia.

Primeiro, precisamos perceber nossos pensamentos. Como descrevemos essa experiência? Fazemos afirmações categóricas como "Odiei cada minuto" ou "Não quero pensar no *lockdown* nunca mais" ou "Não cresci nada profissionalmente – foi um ano jogado fora para a minha carreira".

Agora, confronte esses pensamentos. Uma parte eficaz da ressignificação envolve examinar a verdade e a exatidão (ou a falta delas) em nossas histórias. Então, precisamos nos perguntar: estamos nos contando a verdade verdadeira?

E se nunca mais pensássemos em 2020 – estaríamos perdendo alguma coisa? Talvez o nascimento de um novo bebê que entrou para a família. Uma nova oportunidade que surgiu no trabalho. Um amigo que veio ajudá-lo quando você estava precisando. Um aumento de compaixão, empatia, resiliência – todas coisas que fazem bem para a nossa vida pessoal e profissional. Nós termos desacelerado e tido mais tempo para sentar com a família à mesa.

É muito improvável, talvez até impossível, que não tenha havido nem um bom minuto sequer nesse ano inteiro. Quando confrontamos essas afirmações, elas deixam de ser válidas, e nosso cérebro pode aceitar novas realidades.

Precisamos ajudar nossos funcionários a ajustarem sozinhos o filtro. Não é nosso papel suavizar as coisas ou dar uma de Pollyanna para alcançar nosso bem-estar. No entanto, é vital que forneçamos aos nossos funcionários as ferramentas para que vejam que têm mais controle do que imaginam sobre o futuro.

Se pudermos chegar a um ponto em que alguém atingido por um acontecimento extremamente estressante consiga dizer: "Foi um inferno, e ainda estou superando, mas tirei uma coisa boa disso, que foi o seguinte...". A essa altura, estamos progredindo muito como líderes. E nossos funcionários ficarão mais saudáveis e mais felizes.

Conectando uns com os outros por meio de histórias

A arte de contar histórias existe há milhares de anos. Ela está profundamente enraizada em nossa natureza. É com ela que entretemos, comunicamos e passamos nossa história adiante. É com ela que evoluímos e inovamos para estender nossa expectativa de vida. Também é com ela que formamos relacionamentos duradouros e nos apegamos aos nossos entes queridos. A contação de histórias é o que nos une.

Quando estamos liderando organizações e procurando fazer mudanças transformacionais, essas histórias criam laços entre nós e aqueles que lideramos. Pesquisadores descobriram que "a arte de contar histórias pode alavancar o conhecimento de uma organização, especialmente o seu conhecimento tácito, para construir as competências essenciais[16]". As histórias têm a capacidade de construir confiança, algo necessário em tempos de incerteza e quando uma transformação se faz necessária.

Já que todos da organização conseguem participar dos processos de contação de histórias, isso, de acordo com os pesquisadores Karl E. Weick e Larry D. Browning, "promove a igualdade quando comparado com outros estilos de liderança. Os líderes e seus seguidores conseguem sentir que compartilham a mesma realidade organizacional, em vez de ficarem presos em barreiras hierárquicas e diferenças de poder na organização[17]".

No artigo "Constructing Leadership by Storytelling – the Meaning of Trust and Narratives" [sem publicação no Brasil], os autores afirmam que a arte de contar histórias pode ser uma fonte valiosa de confiança, criando um contexto e um senso de propósito compartilhados entre líderes e a força de trabalho que eles supervisionam[18].

No início de 2021, eu tive a oportunidade de palestrar para os funcionários da Royal LePage, uma das maiores empresas imobiliárias do mundo. Sediada no Canadá, ela teve uma participação de US$81 bilhões no volume de transações em dólar em nível nacional.

Antes do evento, conversei com vários funcionários sobre aspectos logísticos padrão – parte do trabalho de um palestrante. Eles mencionaram que Phil Soper, o CEO, abriria o evento, então, eu precisaria esperar ele terminar de falar. Acho que nunca se sabe ao certo se as palestras dele serão longas; podem durar 30 minutos, ou 1 hora. Ninguém pareceu ver problema nisso, porque Soper era muito querido e eles gostavam das atualizações que ele trazia.

Alicia Omand, uma das funcionárias de Soper, descreveu o CEO como um líder carismático e destemido, alguém acessível e fácil de se identificar, o que é importante quando se está passando por um ano turbulento.

Enquanto eu esperava minha vez de subir ao palco depois do discurso de abertura de Soper, eu concordei com aquilo. Quem diria que o LAJIDA pudesse ser tão empolgante?

Agora fazia sentido todo mundo adorar Soper.

Uma boa história faz as pessoas se sentirem incluídas. De repente, eu me senti como outra funcionária qualquer, celebrando aquele nosso sucesso.

Em geral, uma boa comunicação é de importância crítica para uma cultura saudável. Mas há um limite tênue entre a falta e o excesso. É essa zona de "cachinhos dourados" que requer esforços constantes para ser encontrada. Durante períodos de estresse, isso é ainda mais desafiador.

Por exemplo, no início da crise de 2020, os líderes ainda estavam tentando entender como se comunicar de forma eficaz. O que seria o ideal? Pouco? Muito? Assustador demais? Alegre demais? No ponto certo?

Soper disse que eles enviavam comunicados mensais ou quinzenais e passaram a fazê-lo diariamente. Às vezes, até oito vezes na semana. Ele admitiu que isso provavelmente era "um baita exagero", mas não queria que ninguém da sua equipe se sentisse alheio ao que estava acontecendo ou que se desesperasse por informações não fornecidas por ele.

Todavia, com sua comunicação, Soper também queria conectar as pessoas. Então, ele teve uma ideia. Vamos contar as histórias dos nossos funcionários e como eles estão lidando com essa experiência.

Um exemplo foi a história de uma gerente intermediária que era mãe de duas criancinhas e casada com um trabalhador essencial. Ela se preocupava dia e noite com a possibilidade de as crianças adoecerem ou já estarem doentes. "Dava para ver que estava com dificuldades quando conversamos", disse Soper. "Como perfeccionista que gosta de controlar a situação, aquilo foi o oposto. Ela realmente estava muito estressada. Então, eu a convenci a fazer uma pequena apresentação sobre as dificuldades que estava enfrentando, resumindo como era ser uma mãe solo de crianças pequenas. Por que ela continuava sentindo que estava decepcionando os outros. Foi uma maneira dela expressar que não estava só trabalhando contando widgets, e que a situação era difícil."

Ela concordou, e o impacto daquele relato pessoal na empresa foi transformador.

Soper continuou, "O momento ou percepção mais catártica foi saber que estávamos prontos para apoiá-la, que todos estavam – seus amigos, família, colegas. Que estávamos todos juntos nisso. E que ela precisava estar bem e fazendo o melhor. E, como você sabe, para uma perfeccionista, isso é difícil de aceitar. Estava claro que ela sentia que não estava correspondendo às próprias expectativas. Mas depois de compartilhar sua história, isso definitivamente a ajudou a perceber que havia centenas de pessoas na empresa sentindo exatamente a mesma coisa, e eles também precisavam ficar bem. E que isso também ia passar. Foi de uma importância muito, mas muito crítica que continuássemos a apontar para a luz no fim do túnel."

As Sextas Philosóficas também foram estabelecidas durante o mesmo período. Soper parecia se divertir com o trocadilho ao incorporar seu próprio nome, Phil, no nome do evento, o que trouxe um toque de humor e leveza. Quando os líderes não se levam muito a sério, eu sempre aproveito muito mais as nossas conversas. Em qualquer evento, ele começava essa conversa semanal com uma abordagem leve que engajava muito bem os funcionários.

Um dos primeiros projetos das Sextas Philosóficas foi uma entrevista no local com um dos funcionários seniores, John, e sua companheira, que estavam morando e trabalhando em um apartamento de 46m². Soper queria aprender e compartilhar com os outros como era trabalhar lado a lado em um espaço tão confinado.

"A chave era a comunicação", explicou Soper. "Foi até bem divertido ouvir da companheira de John que ele fazia muito barulho, tanto que ela mal conseguia pensar. Voltamos a entrar em contato com eles mais tarde, e eles disseram que aquilo ajudou muito, foi como uma sessão de terapia em grupo. E ajudou todos que estavam na mesma situação. Sabe, as pessoas compartilham essas histórias pelo mesmo motivo que leem, assistem a filmes e se identificam, na vida e na imaginação, com situações pelas quais alguém passou. É porque conseguimos nos colocar no lugar do outro."

Enquanto ele falava, eu concordava com a cabeça e pensava – mais uma vez – que uma boa liderança está ligada à empatia.

Soper completou, "Ah, o outro final feliz dessa história é que eles se mudaram... para um lugar com 167m²".

Volto ao momento em que estava esperando Soper terminar o discurso de abertura. Ele tinha acabado de destacar os momentos animadores de um ano cheio de desafios. Os baixos da primavera e os altos do verão, do outono e até mesmo – o que foi atípico – do inverno. Ele disse que, no mercado imobiliário, 2020 seria resumido como o ano dos três "Ps":

Pintinhos. Pelotões. Propriedade.

Ser engraçado também ajuda.

...

Todo grande líder sabe que a empatia leva a uma boa liderança. Se esse princípio estiver no cerne da nossa tomada de decisão, é mais provável que consigamos prevenir o burnout, porque são muitos os benefícios de uma abordagem que estimula a socialização.

Os líderes empáticos constroem relacionamentos de confiança com suas equipes e entre elas; têm uma força de trabalho baseada na integridade e conectada por objetivos comuns; fazem os outros se sentirem psicologicamente seguros durante períodos de incerteza; criam um espaço de cura para o luto e a perda; iniciam conversas inclusivas, integrando as pessoas à história da organização, e são mais propensos a praticar a escuta ativa para evitar danos futuros.

Sabe o que a empatia não é? Ser manteiga derretida.

7

NÃO SE ESQUEÇA DE SE CUIDAR TAMBÉM

PASSAMOS QUASE O LIVRO INTEIRO COM ESTRATÉGIAS E TÁTICAS PARA apoiar nossos funcionários. Mas, até onde sei, ainda sou humana. E você também.

Os líderes tendem a tirar sua motivação e combustível da liderança de suas equipes, mas essa paixão também pode se esgotar. Já discutimos o burnout passional, mas não analisamos os tipos de intervenção necessários para nos defender dele. Se conseguirmos manter uma paixão harmoniosa no trabalho, isso é o ideal. Os dados reforçam como o significado e o propósito no ambiente profissional podem ser uma profilaxia contra o burnout.

Além da empatia, a resiliência é uma habilidade valiosa para desenvolvermos uma boa forma emocional. Líderes resilientes têm alta flexibilidade emocional e podem mudar rapidamente. Mantêm a calma durante a adversidade e encontram benefícios na crise. Seguem em frente. Recuperam-se. Voltam à ativa.

Assim são os líderes resilientes.

E, reiterando, ser resiliente não significa dar fim ao burnout sistêmico. Não combatemos o excesso de trabalho ou uma higiene organizacional inadequada com resiliência. A falta de justiça e a incompatibilidade de valores também não se resolvem com ela. Isso pede uma estratégia diferente.

O autocuidado não vai consertar sistemas organizacionais decadentes, mas é o que podemos controlar em um mundo cheio de situações incontroláveis.

SENTIR O PROPÓSITO

Para prevenir o burnout na liderança, encontrar propósito no trabalho é essencial. Essa sensação pode ter idas e vindas, o que é natural ao longo da carreira. Mas se parecer ter desaparecido permanentemente, nosso bem-estar pode sofrer.

Então, como podemos conectar um propósito ao nosso papel como líderes, o que, por sua vez, inspirará aqueles que lideramos? Primeiro, precisamos encontrar aquilo que amamos no nosso trabalho. Qual aspecto da liderança faz dela a nossa vocação?

CONECTAR O IMPACTO

Eu participei de um programa de rádio interativo, e a radialista pediu que os ouvintes compartilhassem como se alegravam, já que estávamos entrando em um período de diminuição da pandemia. Por motivos óbvios, 2020 foi desafiador para muitas pessoas, então essa era uma oportunidade para contarem o que tinham feito para sair desse marasmo.

Uma ouvinte, Jennifer, descreveu como seu trabalho a ajudou a passar pelos últimos meses. Ela trabalhava para o governo canadense, supervisionando um grande parque em uma das maiores cidades locais. Entre outras responsabilidades, seu trabalho incluía descartar galhos secos, tirar o lixo, varrer e assim por diante. Para algumas pessoas, esse não pareceria um cargo dos sonhos. Mas Jennifer conectava profundamente seu trabalho de manutenção com o orgulho que sentia pelo parque. O gestor lembrou-a do papel essencial que ela tinha, pois fornecia às pessoas um lugar para se encontrarem, uma vez que não podiam se conectar em lugares fechados.

Durante a chamada, ela compartilhou que a pandemia incentivou as pessoas de sua comunidade a explorar lugares em que não tinham se aventurado antes. Parte do seu dia consistia em dar as boas-vindas aos novos visitantes e conversar com os que vinham sempre. Era importante que o parque – seu parque – estivesse em boas condições.

Quando conseguimos ligar a rotina do nosso trabalho a algo maior, essas tarefas se tornam muito mais significativas.

Se você estiver liderando funcionários no setor de manufatura, talvez eles estejam em risco. O que estão criando diariamente?

Estão fabricando freios para veículos? Ou estão incluindo nesse transporte aquilo que fará a diferença entre uma futura mãe chegar ao hospital em segurança ou sofrer um acidente no caminho?

Estão construindo uma cadeira de rodas? Ou estão finalmente proporcionando mobilidade a um pai recém-paralisado para que ele possa ir trabalhar?

Estão vendendo imóveis? Ou fornecendo às pessoas um local onde se sintam seguras, onde possam começar suas vidas e envelhecer?

Precisamos ter uma visão mais geral em nosso trabalho cotidiano para manter o foco na nossa missão.

Para tanto, tente praticar este exercício a cada dois ou três meses para garantir que está no caminho certo. Continue completando suas respostas e avalie como o propósito aparece e varia ao longo do tempo. Analise e anote:

» Quais aspectos do seu trabalho conferem propósito a ele?
» De que maneiras você enfrenta a desmotivação?
» O que você ama no exercício da liderança?
» Como você escolhe inspirar o propósito nas suas equipes?
» Como seus funcionários devem se sentir em relação ao propósito de seu trabalho?

Aumentar nosso bem-estar no trabalho fica mais fácil se esse foco vier de cima. Mais uma vez, precisamos dar o exemplo do que queremos ver nos funcionários. Podemos fazer isso ao tornar a felicidade no trabalho uma estratégia baseada em valores.

Faço parte de um *think tank* de políticos e pesquisadores que tem o propósito de promover a felicidade e o bem-estar subjetivo por meio da identificação das políticas públicas pelos seus responsáveis e a padronização da felicidade como uma medida para orientar governos. O World Happiness Council se reúne anualmente em Dubai como parte da Cúpula Mundial de Governo para discutir as pesquisas, evidências e dados mais recentes que reforçam os valores do bem-estar em todas as áreas da vida. Nesse conselho, participo do comitê de bem-estar global no local de trabalho e contribuo para o capítulo sobre esse tema no *Relatório Mundial da Felicidade.*

A estratégia-chave na formação do conselho foi garantir a presença de acadêmicos, profissionais de saúde, economistas, cientistas, políticos, especialistas e muitos outros na mesa redonda, examinando tanto o bem-estar como o impacto dele no mundo.

Todos entendemos que quando há evidências que corroboram cenários de ganha-ganha, elas ajudam os responsáveis pelas políticas e os líderes a adotarem estratégias de bem-estar. Em outras palavras, os funcionários *e* os acionistas ficam felizes.

Os membros do conselho incluem Richard Layard, da London School of Economics; Jan-Emmanuel De Neve, professor de economia da Universidade de Oxford; Martine Durand, estatística-chefe e diretora do departamento de estatísticas da Organização para a Cooperação e Desenvolvimento Econômico; e Jeffrey Sachs, economista estadunidense conhecido e diretor do Centro de Desenvolvimento Sustentável da Universidade Columbia.

O conselheiro do meu comitê é Jan-Emmanuel De Neve, que ao longo dos anos tem provado que o bem-estar tem um impacto causal nos resultados dos negócios. O relatório de 2018 também compartilhou que o propósito aumenta significativamente a motivação dos funcionários, mais do que o próprio salário. E antes disso, o capítulo sobre o local de trabalho do relatório de 2017 identificou que os trabalhadores aceitam uma redução de até 37% do salário para sentirem mais propósito no trabalho[1].

Ainda mais revelador é que o último relatório sobre culturas de trabalho do LinkedIn afirma que quase 9 em 10 *millennials* (os nascidos entre 1981 e 1996), ou 86%, considerariam um corte de salário para trabalhar em uma empresa cuja missão e valores estivessem alinhados com os seus. Em comparação, apenas 9% dos *baby boomers* (os que nasceram entre 1946 e 1964) fariam o mesmo.

Mas e se eu dissesse que o bem-estar e a rentabilidade andam juntos? Recentemente, desde 2019, vários pesquisadores conseguiram bater o pé e anunciar que a felicidade causa rentabilidade. Os não acadêmicos podem estar pensando "e daí?". Os acadêmicos provavelmente já estão investigando a revisão por pares.

Em um mundo de pesquisa, conseguir afirmar que uma coisa causa a outra e afirmar que uma coisa está relacionada a outra é muito diferente. Isso significa que o trabalho já foi pesquisado, modelado, medido, dissecado por pares, reprovado e mostrado o suficiente, provavelmente por vários anos a essa altura.

Digo isso porque fazer da felicidade uma prioridade estratégica não é um mar de rosas; é um esforço que começa cedo e impacta a saúde mental e o bem-estar (inclusive o seu). Ele também previne o burnout.

Aqui está a evidência.

Em 2019, Jan-Emmanuel De Neve colaborou com George Wared, membro do programa de bem-estar do Centro de Performance Econômica, e Clément S. Bellet, professor assistente da Erasmus School of Economics, em Roterdã. Eles apresentaram evidências de que a felicidade dos trabalhadores no decorrer das semanas impactava sua produtividade em uma das maiores empresas privadas do Reino Unido – a British Telecom (BT), uma companhia global de telecomunicações.

Pesquisas anteriores sobre o bem-estar e a performance dos funcionários tinham sido forçadas a recorrer apenas a resultados subjetivos, como avaliações de performance feitas pelos gestores. De Neve e sua equipe viram os benefícios de estudar, com um conjunto de métricas de performance objetivas e quantitativas que a firma mede rotineiramente, a população de um call center.

Eles analisaram 1.800 trabalhadores do setor de vendas de 11 call centers diferentes. Os pesquisadores observaram a felicidade desses funcionários semanalmente por um período de seis meses. Eles compararam os dados de felicidade relatados com outros dados administrativos detalhados sobre vários comportamentos e resultados de performance no local de trabalho. A equipe também queria incluir o clima para determinar se condições adversas impactavam a performance das vendas.

A principal medida utilizada para determinar os resultados focava o número de vendas semanais feitas por cada funcionário. Para avaliar a produtividade deles, os pesquisadores mediram os minutos gastos nas ligações, a porcentagem delas que resultaram em vendas e até que ponto os funcionários cumpriam as tarefas agendadas.

Primeiro, a equipe descobriu que a felicidade causava impacto na produtividade e, além disso, aumentava as vendas. Estar no estado emocional mais feliz possível (em comparação ao estado neutro) está associado a um aumento aproximado de 6% nas vendas semanais. Já estar em um estado emocional negativo (em comparação ao estado neutro) está associado a uma queda aproximada de 7% nas vendas semanais.

Comparando as semanas em que os trabalhadores relatavam se sentir infelizes com aquelas em que estavam muito felizes, a diferença nas vendas gira em torno de 13%.

Depois, uma segunda medida que usou um modelo diferente também determinou um forte efeito causal da felicidade em relação à performance de vendas. O aumento de 1 ponto na medida de felicidade, que ia de 1 a 5, levou a um aumento de 24% nas vendas semanais.

Mesmo uma diferença de 13% entre funcionários infelizes e muito felizes é significativa. Se você aplicar isso a qualquer organização, verá que essas margens são benéficas. De Neve e sua equipe também descobriram que os funcionários que tinham maiores níveis de felicidade conseguiam ser mais multitarefas em comparação com os colegas menos felizes. A felicidade também aumentou a velocidade e a eficiência dos trabalhadores; eles fizeram mais ligações, e essas, por sua vez, foram mais produtivas[2].

No que se refere ao clima, a equipe descobriu que as condições climáticas ruins na região geográfica do call center tiveram um efeito negativo na performance de vendas. Seus achados reforçam as evidências bem documentadas do impacto negativo do clima ruim no bem-estar. Por exemplo, baseado nos achados de 207 mil processos judiciais[3], a temperatura mostrou um efeito significativo na decisão dos juízes em casos de alto risco. O comportamento dos mercados de ações também é igualmente afetado por dias ensolarados e pelas horas mais iluminadas, e o mesmo ocorre com os resultados de jogos de futebol[4].

De Neve e equipe também descobriram mais evidências para apoiar pesquisas anteriores que sugeriam que a felicidade induzida tem um efeito positivo em processos como motivação, flexibilidade cognitiva, negociação e habilidades de resolução de problemas. Além disso, eles conseguiram confirmar que permitir que funcionários de call centers trabalhassem de casa aumenta sua produtividade, além da felicidade e da satisfação – uma boa notícia para os milhares desses trabalhadores que passaram a atuar remotamente em 2020.

Em nossa entrevista, De Neve compartilhou a importância de mais pessoas se sentirem cheias de propósito e engajamento no serviço: "O trabalho confere às pessoas um senso de identidade, conexões sociais, além de uma rotina e uma estrutura ao longo do dia, e essas coisas são realmente muito importantes."

Ele trabalhou com um conjunto de dados de tamanho extraordinário – o Gallup World Poll – e, baseando-se neles e na pesquisa de 18 milhões de questionários de engajamento de funcionários, criou, a partir de evidências, as seguintes sugestões para os líderes adotarem uma estratégia mais poderosa de bem-estar:

- » Priorizar a melhora das habilidades de gestão no foco organizacional, especialmente a empatia.
- » Enfatizar as contribuições positivas. Isso pode ser alcançado por meio do aumento de programas de reconhecimento de funcionários – De Neve cita o Bravo como exemplo, que é o utilizado atualmente pelo LinkedIn. A empresa tem comemorado que o uso desse sistema foi um caso excelente na sua cultura. Esse software específico incentiva as pessoas a

premiarem e reconhecerem os esforços daqueles que foram além do seu dever para ajudar os colegas.

» Criar pacotes de compensação mais participativos. De Neve deu o seguinte exemplo: "Se uma parte do seu pacote de compensação consiste em compartilhar lucros, conceder bônus coletivos em vez de individuais e planos de compra compartilhados, esse projeto é um jeito de unir as pessoas, especialmente no caso de bônus coletivos, e, se houver algum compartilhamento de lucros, acabamos engajando as pessoas na empresa."
» Priorizar a vida, não o trabalho. Isso significa que é necessário oferecer horários flexíveis, autonomia e possivelmente uma semana de trabalho de quatro dias. De Neve compartilha estudos de caso em que essa modalidade está indo muito bem, inclusive, mais recentemente, na Microsoft Japão.

Na nossa entrevista, o entusiasmo do pesquisador era palpável. Para alguém que dedicou a carreira a estudar a economia da felicidade, isso é encorajador. Ele disse: "Então, enquanto olhamos e nos aprofundamos nos dados de maneira mais detalhada, descobrimos que eles revelam, cada vez mais, insights interessantes sobre o poder da felicidade quando se trata de estimular a produtividade. Isso é bem animador, eu diria, e provavelmente é essa a evidência de campo mais robusta por aí atualmente."

Como os líderes podem ser felizes, saudáveis e ter alta performance

Pesquisas demonstram que o valor do bem-estar vai além da sensação de estar bem; ele também tem consequências reais e benéficas. Comparando pessoas com menor e com maior bem-estar, estas últimas:

» Demonstram melhor performance no trabalho.
» Vivem relacionamentos mais satisfatórios.
» São mais cooperativas.
» Têm sistemas imunológicos mais fortes.
» Apresentam melhor saúde física.

» Desfrutam de maior expectativa de vida.
» Têm menor mortalidade por doenças cardiovasculares.
» Padecem de menos problemas de sono.
» São menos propensas ao burnout.
» Detêm maior autocontrole.
» São mais autorreguladas e lidam melhor com os problemas.
» Apresentam comportamentos mais pró-sociais.
» Sofrem menos de depressão e ansiedade.

É óbvio que essa lista destaca os muitos benefícios de uma força de trabalho que está bem. Talvez o mais interessante seja como um ambiente de trabalho saudável pode aumentar o bem-estar dos funcionários. Essa relação simbiótica pode ser poderosa se houver harmonia. Foi por isso que mudei o foco da minha pesquisa, abandonando o tópico da felicidade na vida geral e passando ao bem-estar no local de trabalho. Se gastarmos 50% das nossas horas despertas no trabalho, e ele nos deixar infelizes, como esperar que sejamos realmente felizes?

A ciência do florescimento foi a base das minhas primeiras consultorias. Ela estabeleceu muito da pesquisa e dos passos seguintes. Mas seu defeito era me parecer mais um destino e não tanto uma jornada. Apesar de Martin Seligman e sua equipe da Universidade da Pensilvânia serem os pioneiros desse trabalho e continuarem sendo os líderes nessa área, como praticante dela, eu queria ver como poderíamos criar mais adesão dos líderes para que adotassem o bem-estar como estratégia. Para isso, era preciso provar, com dados, a importância dele.

Nossa equipe de pesquisadores, cientistas de dados e especialistas no local de trabalho examinou de perto a cultura e a importância da felicidade nela. Começamos medindo traços que consistiam com o primeiro elemento essencial de Seligman, a emoção positiva, mas adicionamos ainda alguns outros. Denominamos essas habilidades, que podem ser desenvolvidas por meio de ações diárias curtas, mas intencionais, como traços HERO GEM (na sigla em inglês): esperança, eficácia, resiliência, otimismo, gratidão, empatia e *mindfulness*. Após anos de pesquisa e testes, descobrimos que as pessoas que detêm esse conjunto de traços também eram as mais saudáveis, felizes e as que apresentavam a maior performance no trabalho e na vida.

Existem milhares de exemplos de intervenções que podem melhorar essas habilidades cognitivas. Mas seria a nossa conexão com a neuroplasticidade – a capacidade cerebral de formar novas conexões e caminhos, mudando a programação dos próprios circuitos – que possibilitou que ainda mais organizações passassem a engajar esses traços.

Rick Hanson explica no livro *O Cérebro e a Felicidade* que o cérebro tem uma capacidade única de se reprogramar para a positividade. Isso requer tempo e intenção, mas pode ser uma forma de reduzir nossos vieses de negatividade e diminuir as respostas do nosso corpo às ameaças.

Tomamos componentes de vários cientistas e pesquisadores, combinando-os para começar nossa antiga empresa, a Plasticity Labs. Foi a base do nosso aprendizado. Eu já listei algumas das minhas intervenções favoritas que podem ser adotadas por todos – líderes e funcionários – para se aprimorar: tipo a "Lei da Vovó", mas com base científica.

Esperança

Charles Robert Snyder foi um psicólogo e professor de psicologia clínica da Universidade do Kansas. Ele também instituiu o conceito de teoria da esperança cognitiva. Snyder define a esperança como a crença na própria habilidade de criar os caminhos (planos) para encontrar os objetivos desejados e se automotivar usando o pensamento de agência para dar sequência a esses planos. Ele sugere que a teoria da esperança pode ser comparada àquelas do otimismo aprendido, do otimismo, da autoeficácia e da autoestima. Sua pesquisa mostra que "ter maior esperança consistentemente está relacionado a melhores resultados no meio acadêmico, atlético, da saúde física, do ajustamento psicológico e da psicoterapia[5]."

E se quisermos construir a esperança cognitiva? A ciência sugere que arrumemos a nossa cama. Parece bobo, não é? Eu normalmente pergunto quantas pessoas arrumam suas camas quando estou palestrando para um grande público, e todos costumam levantar as mãos. Na verdade, sete em cada dez pessoas arrumam a cama todos os dias, então a maioria delas está sendo sincera.

Em um discurso de abertura na Universidade do Texas, William McRaven, autor de *Arrume a Sua Cama: Pequenas coisas que podem mudar a sua vida... e talvez o mundo*, contou aos alunos que a importância de arrumar a cama diariamente foi uma das lições mais poderosas que ele aprendeu durante o período em que serviu na marinha como Navy SEAL.

"Se você sempre arrumar a sua cama pela manhã, já terá cumprido a primeira tarefa do dia", disse. "Isso lhe dará uma pontinha de orgulho e o incentivará a realizar outra tarefa, e depois outra, e assim por diante. E ao fim do dia, essa primeira tarefa que você completou terá se transformado em muitas tarefas completas[6]."

Ele acrescentou que arrumar a cama ajuda a reforçar a importância dos pequenos detalhes da vida. Ele enfatizou que "se por acaso você tiver um dia péssimo, quando chegar em casa, terá uma cama arrumada – por você – lhe esperando".

No entanto, a cama é apenas um exemplo. Qualquer objetivo concluído envia uma mensagem ao seu cérebro "Mandou bem! Agora você está pronto para um desafio maior! Continue assim!".

Podemos encontrar esperança nos pequenos objetivos. Em períodos de crise, isso é extremamente importante. No trabalho, começar o dia completando uma pequena tarefa também é importante. Talvez limpando a mesa. Ou escrevendo uma lista das três maiores prioridades que você precisa focar. Talvez abrindo tempo na agenda para fazer uma pausa ou agradecer rapidinho a um colega. Basicamente, trata-se de completar uma tarefa – e celebrar com um pouco de reconhecimento.

Eficácia

Segundo Albert Bandura, psicólogo e professor emérito da Universidade Stanford, a autoeficácia é, essencialmente, a crença de alguém na própria capacidade de ter sucesso em determinada situação[7].

Nossa autoeficácia sofreu grande impacto em 2020. Muitos de nós precisaram se adaptar rapidamente, perdendo eficácia em nossos trabalhos. Levamos mais tempo para alcançar nossos objetivos, e a maioria de nós estava tentando aprender como fazer videoconferências e liderar equipes enquanto trabalhávamos de casa. Muitos de nós (inclusive eu) tivemos dificuldades com o ensino à distância. Era constrangedor ser tão ruim nisso.

Para aumentar a autoeficácia, precisamos voltar a um período em que aprendemos a dominar um novo conceito ou fazer algo novo. Posso afirmar com certeza que 2020 me mostrou como passar por uma dificuldade e atravessá-la. Posso não ser uma expert em videoconferências, mas estou melhor do que antes. Como palestrante que migrou para o virtual, precisei me dedicar e testar várias novas ferramentas, inclusive uma em que eu precisava virar um avatar. (Isso foi estranho.)

Para desenvolver sua autoeficácia (autoestima), escreva algo que você não achava que faria ou saberia antes de 2020 e que, agora, talvez até consiga fazer muito bem. Isso comunica ao seu cérebro: "Eu já fiz isso. Consigo fazer de novo."

Resiliência

Já abordamos a resiliência a fundo neste capítulo, mas aqui está uma maneira de desenvolvê-la. Tente encontrar por si mesmo um crescimento nas adversidades, o que também chamamos de ressignificação. Pense em um momento muito desafiador da sua vida. Agora, liste todos os pontos positivos resultantes dessa experiência que lhe vierem à cabeça. Pode parecer impossível – ver algo bom em uma situação ruim –, mas vale a tentativa.

O que você aprendeu? O que ganhou?

Otimismo

Somos considerados otimistas quando temos esperança e confiança no futuro ou em um resultado bem-sucedido. Tendemos a acreditar que tudo vai ficar bem. No trabalho, isso traz consequências, porque líderes otimistas tendem a receber mais apoio para suas ideias. Eles se sentem mais à vontade para correr riscos e permitir que os outros também o façam.

Podemos praticar o otimismo a partir da linguagem que utilizamos. No decorrer da próxima semana, experimente dizer "Eu posso" em vez de "Eu preciso", mesmo quando se tratar da tarefa mais chata do mundo. Isso nos ajuda a sentir que temos escolha e que nossos feitos têm valor.

Não somos escravos dessas tarefas, mas elas fazem parte de um conjunto maior de objetivos.

Gratidão

Porta de entrada para a felicidade, a gratidão oferece o retorno mais rápido do nosso investimento. Quando a praticamos por qualquer período de tempo, ela começa a reprogramar nosso cérebro para focar o que temos em vez do que não temos. Um estudo de Robert Emmons, professor da UC Davis, revelou que escrever os pontos positivos da nossa semana toda sexta-feira durante dez semanas pode melhorar nosso sistema imunológico e nosso sono, diminuir nossa solidão, aumentar nossa compaixão e enriquecer nossos relacionamentos[8].

Do ponto de vista da neurociência, comunicar ao nosso cérebro que precisamos relatar alguma coisa faz com que ele nos ouça. Nós comunicamos: "Agora, você tem uma tarefa; toda sexta-feira, você precisa escrever as coisas pelas quais é grato." "OK, bem, então acho que é melhor eu começar a prestar mais atenção nos momentos do dia que me fazem sentir grato".

Imaginemos uma criança que está aprendendo francês. No início, ela está constantemente traduzindo do seu primeiro idioma para o francês. Mas, após se imergir nessa língua todos os dias, aos poucos ela para de traduzir e começa a pensar nesse novo idioma, até que um dia se torna fluente. É assim que a gratidão funciona. De traduzi-la, passamos a ser gratos.

Tente fazer este exercício. Configure um cronômetro para sessenta segundos. Aperte para começar e escreva todas as coisas pelas quais você é grato até o tempo acabar. Quantos itens você listou? Tente repetir isso por uma semana e veja se fica mais rápido. Quanto mais rápido você conseguir acessar esses itens, maior será a sua fluência.

Outro exercício que gosto de fazer é marcar uma reunião recorrente na minha agenda de trabalho às 14:49h nas sextas-feiras, que é a hora em que, segundo especialistas, nós nos desligamos mentalmente do trabalho da semana. Então, faça dessa reunião um encontro de agradecimentos e envie um e-mail, uma mensagem de texto ou do Slack – pode usar a ferramenta de comunicação que preferir – com uma ou duas linhas para agradecer a uma pessoa por algo que ela fez para melhorar sua vida naquela semana.

A gratidão é contagiante socialmente. Ela não impacta apenas a nossa experiência no trabalho; também pode impactar a experiência de outras pessoas.

Empatia

Já dei o grito de guerra: "Queremos mais empatia em nossas práticas e políticas!" Acredito que isso é fundamental para o sucesso da futura força de trabalho. Como você já sabe, dediquei um capítulo inteiro ao caminho para uma liderança empática, mas se você estiver procurando mais um conjunto de habilidades para desenvolver, olhe para a tão celebrada Brené Brown.

Brown é uma professora e pesquisadora que passou as duas últimas décadas estudando coragem, vulnerabilidade, vergonha e empatia. Ela nos instiga a parar de dizer "pelo menos", afirmando que nenhuma resposta empática deve começar com essas palavras.

Da próxima vez que alguém estiver passando dificuldades e precisando de alguém para ouvi-lo, simplesmente ouça. Ninguém quer ver o lado bom da história. Só precisamos dizer: "Entendo você e agradeço por compartilhar comigo como se sentiu nessa situação. Deve ter sido difícil."

Mindfulness

Praticar a atenção plena ao presente é uma habilidade essencial não apenas para a vida, mas também tem um valor enorme no local de trabalho. Isso porque, quando praticamos o *mindfulness*, a região cerebral do estresse, onde reside a resposta de luta ou fuga, se acalma. Quando começamos a prática do *mindfulness* no presente, nossas respostas instintivas ao estresse são suplantadas por outras mais ponderadas.

Então imagine que um funcionário irritado, desequilibrado ou estressado venha bater à sua porta para falar sobre como está se sentindo. Como você vai querer atendê-lo? Com caos ou com calma? Se praticamos o *mindfulness*, não precisamos estar no mesmo estado alterado da outra pessoa. Isso nos permite controlar a atmosfera emocional e acalmá-la quando estiver muito agitada.

Além disso, quando se trata de gerir tarefas, essa prática aumenta a atenção, a consciência e a concentração. Segundo um estudo com atletas de alto nível, praticar o *mindfulness* pode até ajudar a lidar melhor com a dor[9].

Desenvolver essa habilidade não é difícil. Podemos fazê-lo ao saborear mais as coisas. Na próxima refeição, coma mais devagar. Concentre-se na comida. No cheiro, no gosto. Desacelerar de modo geral é crucial nesse caso. Outro exercício que sugiro é a "Atividade das Três Coisas". A certa altura do dia, pare e olhe ao seu redor. Cite três coisas que você está:

» *Vendo.*
» *Ouvindo.*
» *Sentindo.*

Só de parar e observar com seus sentidos, você pode ganhar todos os benefícios cognitivos que mencionei.

Mais uma vez, todas essas atividades são simples. Mas trazem muitos benefícios complexos. Como disse antes, é a Lei da Vovó com base científica. Quando combinadas, elas tornam você um líder mais saudável e feliz, e melhoram sua performance.

Crescimento Pós-Traumático

Como líderes, precisamos cuidar e demonstrar compaixão pelos outros enquanto lidamos com nossas próprias responsabilidades e emoções. Isso pode ser avassalador, especialmente quando estamos liderando durante crises ou períodos difíceis – seja para nós, nossos funcionários ou nossas organizações.

Essas situações não são ideais. São estressantes e, por vezes, intoleráveis. Mas são inevitáveis. Tragédias. Pandemias. Recessões. Elas vão acontecer. E cabe a nós aprender e crescer o máximo que conseguirmos com essas experiências.

Eu conversei com Tracy Brower, socióloga que passou os últimos 30 anos explorando as perspectivas da vida profissional e da plenitude. Ela é autora do livro *Bring Work to Life by Bringing Life to Work: A Guide for Leaders and Organizations* [sem publicação no Brasil] e acredita que, depois de qualquer grande crise ou trauma, podemos experimentar um momento de crescimento pós-traumático.

O que isso significa?

O crescimento pós-traumático é uma teoria que explica esse tipo de transformação que se segue ao trauma. Richard Tedeschi e Lawrence Calhoun cunharam o termo "crescimento pós-traumático" para capturar esse fenômeno, definindo-o como a mudança psicológica positiva que é sentida como resultado de circunstâncias extremamente desafiadoras na vida.

Eles descobriram que muitos que sofrem traumas não só demonstram uma resiliência incrível, mas realmente chegam a prosperar depois do evento traumático. Estudos mostram que a maioria dos sobreviventes de traumas não desenvolvem a síndrome do estresse pós-traumático e que boa parte deles relata ter crescido a partir dessa experiência.

Considerando que, antes da pandemia, aproximadamente 61% dos homens e 51% das mulheres nos Estados Unidos relataram ter sofrido ao menos um evento traumático ao longo de suas vidas, a capacidade humana de resiliência é bem impressionante[10].

Segundo Tedeschi e Calhoun, estas são as sete áreas de crescimento relatadas pelos participantes como resultado das adversidades:

» Maior apreço pela vida.

- Maior valorização e fortalecimento dos relacionamentos íntimos.
- Aumento da compaixão e do altruísmo.
- Identificação de novas possibilidades ou de um propósito de vida.
- Maior consciência e aplicação das qualidades pessoais.
- Aumento do desenvolvimento espiritual.
- Crescimento criativo[11].

Claro que não queremos precisar passar por traumas para crescer. No entanto, já que a maioria de nós enfrentará grandes momentos de estresse na vida, prefiro sair deles mais forte do que completamente desestruturada. Ressignificar também nos ajuda a dar sentido a um acontecimento incompreensível.

Esse foi o caso de Lucy Hone, uma pesquisadora de renome mundial que começou a estudar a resiliência há mais de uma década na Universidade da Pensilvânia. Ela fazia parte da equipe de pesquisa que treinou 1,1 milhão de soldados estadunidenses para estarem mentalmente em boa forma, assim como sempre estão fisicamente.

Hone voltara à sua terra natal em Christchurch, Nova Zelândia, para começar sua pesquisa de doutorado quando, em 2014, durante um feriado prolongado, ela e duas outras famílias decidiram ir a um lago. De última hora, sua filha de 12 anos, Abigail (Abi) decidiu entrar no outro carro com sua melhor amiga, Ella, da mesma idade, e a mãe dela, Sally, uma das melhores amigas de Lucy. Enquanto estavam a caminho do lago, um carro não respeitou um sinal de "Pare", batendo no veículo e matando as três na hora.

Em um momento, Hone passou de especialista em resiliência a uma mãe em luto. Ela me contou: "De repente, era eu quem estava precisando de todos esses conselhos de especialistas. E pode acreditar, eu não gostei nem um pouco do que ouvi."

Ela descobriu que os panfletos e os psicólogos, apesar de bem-intencionados, só a faziam se sentir pior. Ela disse: "Mas com todos aqueles conselhos, eles faziam com que nos sentíssemos como vítimas. Totalmente sobrecarregadas pela jornada que estava à frente e impotentes para exercer qualquer influência sobre nosso luto. Eu não precisava que me dissessem o quão difícil a situação estava. Acredite, eu já sabia que as coisas estavam realmente terríveis. O que eu mais precisava era de esperança. Precisava de uma jornada para atravessar toda aquela angústia, dor e saudade. Mais do que tudo, eu queria participar ativamente do meu processo de luto."

Assim, Hone, determinada a tomar outro caminho para a sua cura, encontrou novas estratégias para lidar com o luto. Cinco anos depois, ela descobriu três que funcionaram. Três estratégias para superar traumas e adversidades monumentais, que todos nós podemos acessar, se tentarmos:

» "Pessoas resilientes entendem que situações difíceis acontecem", disse Hone. Aqueles muito resilientes sabem que sofrer faz parte da vida. Isso não significa que queiram sofrer; não estão delirando. É só que, quando os tempos difíceis chegam, eles parecem saber que o sofrimento faz parte da existência humana. "E saber disso impede as pessoas de se sentirem discriminadas quando os tempos difíceis chegam. Eu nunca me peguei pensando 'Por que logo comigo?'. Na verdade, eu me lembro de ter pensado 'Por que não seria comigo? Coisas terríveis acontecem com todo mundo. Esta é a minha vida agora, é pegar ou largar.'"

» As pessoas resilientes são seletivas em relação à sua atenção. Elas têm o costume de avaliar as situações de maneira realista, e normalmente focalizam as coisas que podem mudar, encontrando formas de aceitar as que não podem.

Hone explica como os vestígios evolutivos entram em jogo nessa situação. "Já temos uma resposta programada para ameaças profundamente enraizada em nós, o que nos faz tender a ignorar as boas notícias e absorver apenas as ruins. Isso pode ter nos servido bem quando precisávamos nos proteger de perigos como tigres-dente-de-sabre, mas hoje só somos bombardeados com ameaças que nos mantêm 'permanentemente ligados'." Hone enfatiza que pessoas resilientes não negam o aspecto negativo, mas também encontram maneiras de sintonizar-se com as coisas positivas.

Em seu agora famoso TED talk, "Três Segredos das Pessoas Resilientes", Hone compartilha: "Um dia, quando dúvidas ameaçavam tomar conta de mim, me lembro claramente de ter pensado: 'Não, você não será consumida por isso. Você tem que aguentar. Você ainda tem muito para viver. Escolha a vida, não a morte. Não desperdice o que você tem por aquilo você já perdeu'. Na psicologia, chamamos isso de 'ganho percebido'. No meu admirável mundo novo, isso envolvia tentar encontrar coisas pelas quais ser grata. Pelo menos nossa garotinha não morreu de alguma doença terrível e prolongada. Morreu de repente, instantaneamente, poupando a nós e a ela mesma da dor. Recebemos um enorme apoio de nossa família e amigos para superar isso. E o mais importante, ainda tínhamos dois lindos meninos para cuidar, que agora precisavam de nós e mereciam ter uma vida normal e o nosso melhor. Ser capaz de mudar o foco da atenção para incluir também aspectos positivos foi cientificamente demonstrado como uma ótima estratégia[12]."

» Pessoas resilientes se perguntam: "O que estou fazendo está me ajudando ou prejudicando?" Hone contou sobre a quantidade de decisões que precisou tomar naqueles primeiros dias após a morte de Abi e como constantemente se perguntava "Isso está me ajudando ou me prejudicando?". Debruçada sobre as fotos da filha, sentindo-se cada vez mais triste, ela ponderava: "Isso está te ajudando ou prejudicando? Guarde essas fotos, vá dormir, seja gentil consigo mesma."

Aproveite esse momento para se perguntar: está fazendo alguma coisa que está prejudicando você? Está obcecado, preocupado ou preso em sentimentos de raiva ou perdão? Está reprimindo o amor de alguém ou o seu próprio amor? Está se sentindo envergonhado ou culpado por alguma coisa que, em vez disso, requer autocompaixão? Isso está sendo benéfico ou prejudicial para você?

Lucy Hone nos apresenta essas três estratégias simples, porém brilhantes, para o crescimento pós-traumático – todas acessíveis e à nossa disposição.

Na nossa entrevista, compartilhei com Hone que sua história simultaneamente quebra e remenda nossos corações. Sua mensagem é muito tangível. A resiliência é possível. Ela disse: "Se vocês um dia se encontrarem em uma situação e acharem que nunca conseguirão voltar dela inteiros, imploro que recorram a essas estratégias e repensem sua decisão. Não vou fingir que pensar assim foi fácil. E isso não acaba com toda a dor. Mas, se aprendi algo nos últimos cinco anos, é que pensar assim realmente ajuda."

Quando consideramos a situação recente e coletiva que enfrentamos, Tracy Brower disse que precisamos aprofundar nossa compreensão e identificar os benefícios. "O burnout está aumentando, e os problemas de saúde mental são corriqueiros", disse Brower. "É raro passar uma semana em que não publiquem novos estudos sobre a extensão dos nossos problemas de saúde mental. Mas o burnout não é uma evidência de que não conseguiremos voltar inteiros dessa; na verdade, ele pode ser a matéria-prima para nosso crescimento. Estamos enfrentando tempos realmente muito difíceis, e estamos aprendendo muito e fortalecendo nossa resiliência. As maiores inovações surgem de barreiras e desafios significativos – então esses tempos estão nos incentivando a reconfigurar, repensar e encontrar novas abordagens para tudo, desde a educação das crianças até o trabalho e a vida."

Infelizmente, os líderes se sentem isolados em suas posições – é uma expectativa do trabalho. Todavia, de acordo com Brower, "pessoas com forte senso de propósito – as que lidam com os problemas com mais eficiência – são aquelas que têm conexões mais profundas com a comunidade e que já atravessaram outras tempestades".

Períodos de trauma e estresse podem catalisar oportunidades para o crescimento pós-traumático. "Quando se trata de criar laços, não há nada mais significativo do que um inimigo em comum, e crises como a do coronavírus são o exemplo perfeito do que fortalece relacionamentos", esclareceu Brower. "Podemos passar por tempos muito difíceis e, quando sairmos do outro lado – tendo passado por aquilo juntos –, teremos níveis mais profundos de conexão com nossos colegas e com aqueles que lideramos."

No artigo "Leadership and Loneliness" [sem publicação no Brasil], Ami Rokach escreve que "os líderes (educacionais, estaduais, empresariais e organizacionais) suportam o estresse, a alienação, a solidão e uma miríade de emoções. Isso pode levar a problemas de saúde, bem como afetar seus relacionamentos sociais e familiares[13]".

A liderança pode se tornar isoladora, pois a posição tende a separar os líderes de seus antigos colegas, que agora estão subordinados a eles. Isso pode fazer com que sintam que têm menos conexões e apoio. Rokach observa que a "solidão do comando" tem sido mencionada com frequência no contexto da liderança: "A incapacidade de testar as próprias percepções, a tendência de perder o contato com a realidade devido à posição de autoridade, é um perigo que ameaça qualquer um em posição de liderança."

Durante a nossa conversa, ele compartilhou algumas diferenças cruciais quanto à definição da solidão, permitindo-nos identificar se estamos enfrentando uma experiência de isolamento aguda ou crônica.

"A solidão aguda, normalmente, é situacional, devido à perda de alguém na vida. Já a crônica pode surgir de duas causas", explicou Rokach. "A solidão essencial está entrelaçada com a alma ou a personalidade da pessoa, normalmente resultando das conexões com os pais ou parceiros, a partir das quais o indivíduo internaliza que o mundo é um lugar ingrato que desconsiderará suas necessidades e pode nem mesmo reconhecê-las. Na minha opinião, só se pode lidar com esse tipo de solidão a longo prazo na psicoterapia", disse.

Rokach descreveu a segunda causa: "um episódio situacional ou transitório de solidão do qual a pessoa não consegue escapar – uma perda significativa que resultou em solidão e, possivelmente, depressão, levando a uma sensação de desamparo aprendido, e, logo, perpetuando esse ciclo".

Ele mencionou o desamparo aprendido – termo que é importante que todos os líderes e seus funcionários entendam. Trata-se de "uma condição em que uma pessoa experimenta uma sensação de desamparo decorrente de um acontecimento traumático ou de falhas persistentes em alcançar o sucesso. Isso é considerado uma das causas subjacentes da depressão".

O desamparo aprendido ocorre quando alguém enfrenta continuamente uma situação negativa e incontrolável e para de tentar mudar as circunstâncias, mesmo tendo a capacidade para isso. Por exemplo, um fumante pode tentar repetidamente parar de fumar e, após várias falhas, simplesmente aceitar que fumará a vida inteira.

Para os líderes, dizer que "o topo é solitário" pode parecer uma piada, mas muitas vezes não é o caso. Adotar narrativas como "Ficar sozinho faz parte do meu trabalho" ou "Preciso lidar com isso sozinho – não tem ninguém para me ajudar" promove uma mentalidade derrotista, um comportamento que se torna pervasivo e pode levar ao burnout.

O que achei interessante no decorrer da minha pesquisa e das conversas que tive com os líderes, especialmente durante a pandemia do coronavírus, é que eles, na verdade, não estão sozinhos. Ouvi várias vezes como o fato de abandonar o estoicismo melhorou seus relacionamentos e nivelou a hierarquia durante a crise. Em um dos meus workshops de liderança, uma executiva compartilhou que percebera que eles podiam até estar em barcos diferentes, mas estavam navegando na mesma tempestade.

Embora minha posição na organização possa diferir drasticamente da de algumas pessoas, continuo equilibrando as mesmas demandas familiares, sentindo uma preocupação crônica quanto à possibilidade de adoecer e me preocupando com os outros membros da minha família. Essa compreensão ajudou os líderes a perceberem que não precisam se isolar em uma ilha. Só porque alguém é nosso subordinado, não quer dizer que precisamos continuar desconectados. Podemos compartilhar vislumbres de nossas vidas e, assim, melhorar nossa cultura.

Em outro workshop que ministrei, analisando as perspectivas da crise, ao invés de ouvir "Nunca mais quero pensar em 2020", ouvi "Nossa equipe se aproximou tanto. Estávamos totalmente alinhados com metas comuns, e senti que estávamos juntos nessa".

"Este período, que talvez nenhum de nós tenha vivenciado antes, foi um alerta para todos nós", disse Rokach. "Nós, no mundo ocidental, vivemos uma corrida de gato e rato em busca de posses materiais, promoções no trabalho e nos colocando sempre em primeiro lugar. Fomos lembrados de quanto desejávamos um abraço, um contato humano real, carinho e apoio – o que requer, mais do que tudo, interações cara a cara. Aprendemos a nos relacionar com os outros de modo mais significativo, a valorizá-los e a perceber o quanto precisamos deles em nossas vidas."

...

Então, como isso tudo está relacionado ao burnout? Imagino que nem precise explicar muito, mas só para concluir, esses são os impactos que nos ajudarão desde cedo a cuidar da nossa parte da equação do burnout. Precisamos combinar nossos esforços, e é assim que contribuímos. É assim que aparecemos para liderar.

Ao chegar ao trabalho em boa forma psicológica, as pequenas questões não nos afetarão tanto. Isso nos ajudará a perdoar os outros quando for necessário e a nos conceder autocompaixão quando precisarmos, especialmente diante de acontecimentos extremamente estressantes, como uma pandemia, ou as oito crises econômicas, ou incêndios que se propagam, ou antes da próxima crise chegar. Conseguiremos enfrentar qualquer desafio que surja.

À medida que avançamos em todas as instâncias, precisamos nos permitir dar uma pausa quando não tivermos todas as respostas.

Perdoar e ser perdoado em tempos turbulentos só é possível se nos prepararmos mentalmente. Podemos fazer isso ao praticar habilidades de inteligência emocional, investir nos traços HERO e na nossa boa forma psicológica.

Isso requer um esforço conjunto para promover o bem-estar e a felicidade por meio de esforços pessoais e individuais, bem como a promessa de uma higiene corporativa saudável, sistemas melhores, políticas de apoio à saúde mental e o compromisso de resolver esse problema de uma vez por todas.

Líderes, eu acredito em nós. Estou otimista – talvez pela primeira vez – e acho que, juntos, talvez possamos realmente enfrentar o burnout e vencê-lo.

AGRADECIMENTOS

NÃO FOI FÁCIL ESCREVER UM LIVRO SOBRE BURNOUT EM MEIO A UMA pandemia. Precisei de um apoio extraordinário dos que me são mais próximos e de muitos incentivos do meu círculo pessoal e profissional. Mais do que tudo, minha família precisou ser meu porto seguro em meio ao caos de um mundo que virou de cabeça para baixo. Especialmente o meu marido, Jim. Obrigada, Jim, por virar minha rocha. Seus conselhos foram imparciais, esclarecedores, persuasivos e gentis. Você foi extremamente generoso com o seu tempo. Não me senti sozinha – nem uma vez – durante esse processo. Por isso, a minha gratidão.

Agradeço a meus filhos, Wyatt, Olivia e Lyla, pelo respeito e paciência. Sou especialmente grata pelos momentos em que vocês vinham ao meu quarto/escritório para me dar um beijo na testa e saíam do jeito que entravam, em silêncio. Esses pequenos gestos foram os mais importantes. Vocês são as partes que me tornam completa.

Desde que consigo lembrar, meu pai dizia que eu mudaria o mundo. Essa narrativa consistente ao fundo teve um impacto incrivelmente positivo em mim. Todos os pais deviam dizer às filhas que elas têm superpoderes. Mas talvez a maneira como meus pais viviam o dia a dia tenha me impactado ainda mais. Minha mãe foi a primeira enfermeira praticante do país – pioneira e cuidadora. O primeiro emprego do meu pai no banco foi enrolar moedinhas. Ele se aposentou como vice-presidente assistente da mesma instituição. Isso me imbuiu de uma ética de trabalho e de uma vontade que me ajudaram a escrever um livro durante o lockdown. Obrigada, Sally e Doug, por colocarem as palavras em prática. Amo vocês.

Quero agradecer aos meus irmãos, Janice e Allen, às minhas irmãs de coração, Patti e Melissa, e aos pais do Jim (minha segunda mãe e meu segundo pai), Connie e Ron, por serem meus defensores constantes. Janice, obrigada por me amar incondicionalmente. Por passar aqui em casa para pegar as crianças, antecipar minhas necessidades – você me ajudou levar este livro até a linha de chegada. Allen e Melissa, obrigada por estarem presentes como família para ouvir meus medos e preocupações e por adicionar uma boa dose de risadas à minha vida. Nossas brincadeiras semanais me ajudavam a escapar. Patti, obrigada por me desafiar intelectualmente e me lembrar por que este livro ser tão importante para o mundo. A vida não é apenas métricas. Connie e Ron, realmente tenho muita sorte de ter vocês na minha vida. Connie (ou Gigi), obrigada por demonstrar tanto orgulho e gosto pelo meu trabalho – você me encorajou a continuar no caminho.

Preciso agradecer aos meus amigos, especialmente à minha alma gêmea, Lydia Vargo. A segurança psicológica que você traz à minha vida, o estado natural de pertencimento que sinto quando estou com você, não pode ser medido. Quando digo que todos precisamos de amigos que nos tirariam da prisão – a minha é você, Lydia. Obrigada, Jen Schneider, Sandra Leelook, Sarah Simpson, e Lindsay Lane, por serem meu tipo de pessoa. Pelas ligações, visitas virtuais, passeios de carro e os cafés dentro dele, janelinhas de distanciamento social com máscaras e pelos primeiros dias de liberdade assim que as vacinas chegaram. Pelas gargalhadas de doer a barriga, pelas lágrimas – vocês sempre estiveram comigo, e caramba! Como eu precisava disso! Vocês me ajudaram a evitar ser a expert em burnout que sofre burnout enquanto escreve sobre burnout. Obrigada.

Katie Lewis, obrigada. Você não tem ideia do quanto me ajudou, tanto profissional quanto pessoalmente, durante a escrita deste livro. Desde o cuidado com todo aspecto logístico da minha empresa até a garantia de que eu ainda estava praticando meu autocuidado, seu apoio foi inestimável. Foi um ano de sobrevivência, e você sempre esteve presente, puxando o bote salva-vidas.

Claro, quero agradecer à minha poderosa equipe de editores da *Harvard Business Review Press*. Primeiro, Kevin Evers. Obrigada por defender este livro e ver seu potencial desde o início, por ter me deixado contar a história do jeito que eu precisava e me dado a liberdade que você instigava nos melhores momentos do meu trabalho. Obrigada por manter este livro no caminho certo (o que nem sempre foi fácil). Você é bom demais no que faz. Anne Starr e Jane Gebhart, obrigada por aperfeiçoarem minha prosa bruta, limpando-a, organizando-a e tornando-a muito, muito mais legível! Anne, sua orientação durante esse processo me ajudou demais.

Também gostaria de agradecer a toda a equipe da HBR por fazer este livro nascer. Dana Rousmaniere, ele só existe por sua causa. É graças à sua defesa e paixão por esse tema que estamos aqui. Obrigada – adoro trabalhar com você. Gretchen Gavett, obrigada por acreditar em mim e me confiar com "A Grande Ideia". Esse projeto criativo que teve um impacto positivo na minha vida. Kelsey Gripenstraw, obrigada por me conectar com líderes de negócios de todo o mundo pela HBR. Continuo recebendo feedback sobre como aquele empurrãozinho iniciou conversas sobre prevenção do burnout naqueles ambientes de trabalho.

Obrigada, Barbara Henricks, Jessica Krakoski e Emily Lavelle, minha incrível equipe de relações públicas da Cave Henricks. Todas vocês acreditaram no poder inovador deste livro e trabalharam incessantemente a favor dele. Agradeço à equipe de marketing e comunicação da HBR Press: Julie Devoll, Lindsey Dietrich, Alicyn Zall, Alexandra Kephart, Felicia Sinusas, Erika Heilman, Jon Shipley, Sally Ashworth, Ella Morrish e Brian Galvin. Sou muito grata por tudo que fizeram para levar *A Epidemia do Burnout* até os leitores mundo afora.

Agradeço aos cientistas, pesquisadores e experts que me precederam e que continuam fazendo campanha pela conscientização do burnout. Christina Maslach, Michael Leiter e Susan Jackson, obrigada por criarem as escalas acadêmicas que continuaram como a regra de ouro para medir o burnout por várias décadas. Christina e Michael, obrigada por terem se juntado a mim, bem como David Whiteside, durante a pandemia. Nossos dados mostraram como uma crise pode exacerbar um problema já existente como o burnout a níveis epidêmicos. Compartilhar isso com o mundo foi o impulso que deu início às mudanças, e sou extremamente grata por isso. Esse grupo, bem como outros cientistas, de Freudenberger a Herzberg e Schaufeli, já conheciam há anos o impacto catastrófico do burnout. Seus esforços para encontrar uma solução para esse problema que vem se desenvolvendo rapidamente são incomparáveis. Darei o meu melhor para honrar seu trabalho ao defender com paixão e continuar pesquisando nessa área.

E, por último, mas não menos importante, obrigada a todos vocês que estão lendo este livro e lutando por mudanças reais. Os pedidos diários de ajuda que recebo de empresas globais e de seus líderes são um lembrete de que muitos estão dispostos a construir uma força de trabalho que esteja bem e florescendo por aí – um futuro do trabalho em que o burnout seja coisa do passado.

SOBRE A AUTORA

JENNIFER MOSS É JORNALISTA, AUTORA E PALESTRANTE internacional premiada. Ela é uma radialista cujo conteúdo é transmitido por várias rádios estadunidenses e contribui regularmente para a *Harvard Business Review*. É considerada uma especialista quando o assunto é ambientes de trabalho globais e frequentemente aparece na mídia, incluindo BBC, CBS, CNN, NBC, *Forbes*, *Fortune*, *Time magazine* e *Wall Street Journal*, entre outros. Moss atua como estrategista de burnout para grandes empresas globais e *think tanks* que pesquisam sobre a força de trabalho.

A *Epidemia do Burnout* é seu segundo livro sobre liderança focado na cultura do ambiente de trabalho e no bem-estar. Sua última obra, *Felicidade no Trabalho: Estratégias para Otimizar Sua Performance*, foi nomeada o livro de negócios do ano no Reino Unido. Ela foi reconhecida como *Canadian Innovator of the Year* ["Inovadora Canadense do Ano", em tradução livre] e *International Female Entrepreneur of the Year* ["Empresária do Ano", em tradução livre] e recebeu um *Public Service Award* do gabinete do presidente Barack Obama. Mas o papel que ela mais ama é o de mãe de três filhos e esposa, sendo casada há vinte anos.

NOTAS

INTRODUÇÃO

1. "More than 2.6 Billion Worldwide Told to Observe Lockdowns, *Medical Xpress*, 24 de março de 2020. Disponível em: https://medicalx press.com/news/2020-03-billion-worldwide-told-lockdowns.html; CORONAVIRUS: Four Out of Five People's Jobs Hit by the Pandemic, *BBC News*, 7 de abril de 2020. Disponível em: https://www.bbc.com/news/business-52199888.

2. REUTERS. Zoom's Daily Participants Jumped from 10 Million to Over 200 Million in 3 Months (Updated). *VentureBeat*, 2 de abril de 2020. Disponível em: https://venturebeat.com/business/zooms-daily-active-users-jumped-from-10-million-to-over-200-million-in-3-months/.

3. ORGANIZAÇÃO MUNDIAL DA SAÚDE. Burn-out an 'Occupational Phenomenon': International Classification of Diseases. 28 de maio de 2019. Disponível em: https://www.who.int/news/item/28-05-2019-burn-out-an-occupational-phenomenon-international-classification-of-diseases.

4. A Message from the Maslach Burnout Inventory Authors. *Mind Garden Blog*, 19 de março de 2019. Disponível em: https://www.mindgarden.com/blog/post/44-a-message-from-the-maslach-burnout-inventory-authors.

5. CLIFTON, Jim. "The World's Broken Workplace". *Gallup Chairman's Blog*, 13 de junho de 2017. Disponível em: https://news.gallup.com/opinion/chairman/212045/world-broken-workplace.aspx.

6. ONE-Third of Your Life Is Spent at Work. *Gettysburg College*, s.d. Disponível em: https://www.gettysburg.edu/news/stories?id=79db7b34-630c-4f49-ad32-4ab9ea48e72b&pageTitle=1%2F3+of+your+life+is+spent+at+work; THOMPSON, Karl. What Percentage of Your Life Will You Spend at Work?. *ReviseSociology*, 16 de agosto de 2016. Disponível em: https://revisesociology.com/2016/08/16/percentage-life-work/.

7. THE OFFICE. Jeffrey Blitz (dir.). 5ª temporada, episódios 14/15, "Aliviando o Estresse", estreia em 1 de fevereiro de 2009 na NBC.

8. OLSON, Kristine D. Physician Burnout — A Leading Indicator of Health System Performance?. *Mayo Clinic Proceedings* 92, n. 11 (1° de novembro de 2017). Disponível em: https://www.mayoclinicproceedings.org/article/S0025-6196(17)30690-0/fulltext.

9. ENZMANN, Dirk; KLEIBER, Dieter. Helfer-Leiden: Streß und Burnout in Psychosozialen Berufen. Heidelberg: Asanger, 1989. 18. 236.

CAPÍTULO 1

1. HERZBERG, Frederick. The Hygiene Motivation Theory. Thinker 001, Chartered Management Institute, s.d. Disponível em: https://www.managers.org.uk/~/media/CampusResources/FrederickHerzberg-Thehygienemotivation theory.ashx.

2. MASLOW'S Hierarchy of Needs. *Encyclopedia of Child Behavior and Development*, 2011. Disponível em: https://link.springer.com/referenceworkentry/10.1007%2F978-0-387-79061-9_1720.

3. *Ibid.*

4. BERGER, Kathleen Stassen. *The Developing Person through the Life Span.* Nova York: Worth, 1983. 44.

5. WIGERT, Ben. Employee Burnout: The Biggest Myth. *Gallup*, 13 de março de 2020. Disponível em: https://www.gallup.com/workplace/288539/employee-burnout-biggest-myth.aspx.

6. EDWARDS, Rob. Pyramids Broke the Backs of Workers. *New Scientist*, 20 de janeiro de 1996. Disponível em: https://www.newscientist.com/article/mg14920131-100-pyramids-broke-the-backs-of-workers/.

7. GOH, Joel; PFEFFER, Jeffrey; ZENIOS, Stefanos A. The Relationship between Workplace Stressors and Mortality and Health Costs in the United States, *Management Science* 62, n. 2 (2016): iv-vii.

8. ORGANIZAÇÃO INTERNACIONAL DO TRABALHO. World Day for Safety and Health at Work, 28 de abril de 2019. Disponível em: https://www.ilo.org/safework/events/safeday/lang--en/index.htm.

9. THREE Out of Five Employees Are Highly Stressed, According to ComPsych Survey. [Comunicado de Imprensa], *ComPsych*, 30 de outubro de 2017. Disponível em: https://www.compsych.com/press-room/press-article?nodeId=37b20f13-6b88-400e-9852-0f1028bd1ec1.

10. DAVIS, Michelle; GREEN, Jeff Green. Three Hours Longer, the Pandemic Work-Day Has Obliterated Work-Life Balance, *BNN Bloomberg*, 27 de abril de 2020. Disponível em: https://www.bnnbloomberg.ca/three-hours-longer-the-pandemic-workday-has-obliterated-work-life-balance-1.1425827.

11. ORACLE. Global Study: 82% of People Believe Robots Can Support Their Mental Health Better Than Humans. [Comunicado de Imprensa], 7 de outubro de 2020. Disponível em: https://www.oracle.com/emea/news/announcement/artificial-intelligence-supports-mental-health-2020-10-07/.

12. RAJAN, Durairaj. Negative Impacts of Heavy Workload: A Comparative Study among Sanitary Workers. *Sociology International Journal* 2, n. 6 (2018): 465-474.

13. DAHLGREN, Anna; KECKLUND, Göran; ÅKERSTEDT, Torbjörn. Different Levels of Work-Related Stress and the Effects on Sleep, Fatigue, and Cortisol. *Scandinavian Journal of Environmental Health* 31, n. 4 (2005): 277-285.

14. ROSS, John. Only the Overworked Die Young. *Harvard Health Blog, Harvard Health Publishing, Harvard Medical School*, 14 de dezembro de 2015. Disponível em: https://www.health.harvard.edu/blog/only-the-overworked-die-young-201512148815.

15. SHOOBRIDGE, Gonzalo. Dealing with Chronically Overworked Employees. *LinkedIn Pulse*, 18 de fevereiro de 2016. Disponível em: https://www.linkedin.com/pulse/chronic-overwork-gonzalo-shoobridge/.

16. DEFILIPPIS, Evan *et al.* Collaborations during Coronavirus: The Impact of COVID-19 on the Nature of Work. *National Bureau of Economic Research*, working paper 27612, julho de 2020. Disponível em: https://www.nber.org/papers/w27612.

17. DAVIS, Michelle F.; GREEN, Jeff. Three Hours Longer, the Pandemic Work-Day Has Obliterated Work-Life Balance. *Bloomberg*, 23 de abril de 2020. Disponível em: https://www.bloomberg.com/news/articles/2020-04-23/working-from-home-in-covid-era-means-three-more-hours-on-the-job#xj4y7vzkg.

18. FOUR-Day Week Pays Off for UK Business. *Henley Business School*, 3 de julho de 2019. Disponível em: https://www.henley.ac.uk/news/2019/four-day-week-pays-off-for-uk-business.

19. ORGANIZAÇÃO MUNDIAL DA SAÚDE. Looking After Our Mental Health, #Healthy at Home, s. d. Disponível em: https://www.who.int/campaigns/connecting-the-world-to-combat-coronavirus/healthyathome/healthyathome---mental-health.

20. MENTAL Health — Having Courageous Conversations. *Canadian Centre for Occupational Health and Safety*, s. d. Disponível em: https://www.ccohs.ca/oshanswers/psychosocial/mh/mentalhealth_conversations.html.

21. NEALE, Palena. "Serious" Leaders Need Self-Care, Too. *hbr.org*, 22 de outubro de 2020. Disponível em: https://hbr.org/2020/10/serious-leaders-need-self-care-too.

22. *Ibid.*

23. *Ibid.*

24. BREAKING Boredom: What's Really Driving Job Seekers in 2018. *Korn Ferry.* Disponível em: https://www.kornferry.com/insights/this-week-in-leadership/job-hunting-2018-boredom.

25. SAUNDERS, Elizabeth Grace. 6 Causes of Burnout, and How to Avoid Them. *hbr.org*, 5 de julho de 2019. Disponível em: https://hbr.org/2019/07/6-causes-of-burnout-and-how-to-avoid-them.

26. COLLINS, Susan K.; COLLINS, Kevin S. Micromanagement — a Costly Management Style. *Radiology Management* 24, n. 6 (2002): 32-35.

27. KARASEK, Robert. Lower Health Risk with Increased Job Control among White Collar Workers. *Journal of Organizational Behavior* 11, n. 3 (1990): 171-185.

28. COLLINS, Susan K.; COLLINS, Kevin S. Micromanagement — a Costly Management Style. *Radiology Management* 24, n. 6 (2002): 32-35.

29. JUDGE, Timothy A. *et al.* Do Nice Guys and Gals Really Finish Last The Joint Effects of Sex and Agreeableness on Income. *Journal of Personality and Social Psychology* 102, n. 2 (2011): 390-407.

30. CABBAGE, Michael. Still Haunted by Columbia's End. *Baltimore Sun*, 1° de fevereiro de 2014. Disponível em: https://www.baltimoresun.com/news/bs-xpm-2004-02-01-0402010042-story.html.

31. HESHMAT, Shahram. Eight Reasons Why We Get Bored. *Psychology Today*, 16 de junho de 2017. Disponível em: https://www.psychologytoday.com/ca/blog/science-choice/201706/eight-reasons-why-we-get-bored.

32. How We Form Habits, Change Existing Ones. *Science Daily*, 8 de agosto de 2014. Disponível em: https://www.sciencedaily.com/releases /2014 /08 /140808 111931.htm.

33. DUTTON, Jane E. *et al.* Being Valued and Devalued at Work: A Social Valuing Perspective. *Qualitative Organizational Research*: Best Papers from the Davis Conference on Organizational Research, vol. 3. Charlotte, NC: Information Age Publishing, 2012.

34. *Ibid.*

35. VIOLANTI, J. M. *et al.* Effort-Reward Imbalance and Overcommitment at Work: Associations with Police Burnout. *Police Quarterly* 21, n. 4 (2018): 440-460.

36. BAKKER, A. B. *et al.* Effort- Reward Imbalance and Burnout among Nurses. *Journal of Advanced Nursing* 31, n. 4 (2000): 884-891.

37. BASINSKA, Beata; WILCZEK-RUZYCZKA, Ewa. The Role of Rewards and Demands in Burnout among Surgical Nurses. *International Journal of Occupational Medicine and Environmental Health* 26 (2013): 593-604.

38. ALIYU, Wale. 25 Investigates: Overworked Police Departments Paying Big Money in Overtime. *Boston 25 News*, 1° de novembro de 2019. Disponível em: https://www.boston25news.com/news/25-investigates-overworked-police-departments-paying-big-money-in-overtime/1010669867/.

39. WILLIAMSON, A. M.; FEYER, Anne-Marie. Moderate Sleep Deprivation Produces Impairments in Cognitive and Motor Performance Equivalent to Legally Prescribed Levels of Alcohol Intoxication. *Occupational and Environmental Medicine* 57 (2000): 649-655.

40. DUQUETTE, Alison. Fact Sheet — Pilot Fatigue Rule Comparison. *Federal Aviation Administration*, 21 de dezembro de 2011. Disponível em: https://www.faa.gov/news/fact_sheets/news_story.cfm?newsKey=12445.

41. GAYNOR, Michael J. 43 Percent of Internships at For-Profit Companies Don't Pay. This Man Is Helping to Change That. *Washington Post*, 15 de janeiro de 2015. Disponível em: https://www.washingtonpost.com/lifestyle/magazine/his-quest-to-get-interns-paid-is-paying-off/2019/01/11/93df2b2a-ff2a-11e8-83c0-b06139e540e5_story.html.

42. POLOGEORGIS, Nicolas A. Unpaid Internship Impact on the Labor Market. *Investopedia*, 25 de junho de 2019. Disponível em: https://www.investopedia.com/articles/economics/12/impact-of-unpaid-internships.asp.

43. 2020 Branch Report. Disponível em: https://www.branchapp.com/resources/the-2020-branch-report.

44. SON, Sabrina. The Most Embarrassing Employment Stories We've Heard. *TinyPulse*, 25 de fevereiro de 2015. Disponível em: https://www.tinypulse.com/blog/the-most-embarrassing-employee-recognition-stories-weve-heard.

45. HASLAM, S. Alexander *et al.* Social Identity, Health and Well-being: An Emerging Agenda for Applied Psychology. *Applied Psychology* 58, n. 1 (2009): 1-23.

46. MCCARTHY, Mary; PRETTY, Grace; CATANO, Vic. Psychological Sense of Community and Burnout, *Journal of College Student Development* 31 (maio de 1990): 211-216.

47. THOMPSON, Karl. What Percentage of Your Life Will You Spend at Work?. *ReviseSociology*, 16 de agosto de 2016. Disponível em: https://revisesociology.com/2016/08/16/percentage-life-work/.

48. DELOITTE INSIGHTS. The Social Enterprise at Work: Paradox as a Path Forward: 2020 Deloitte Global Human Capital Trends. Deloitte Insights, s. d. Disponível em: https://www2.deloitte.com/content/dam/Deloitte/cn/Documents/human-capital/deloitte-cn-hc-trend-2020-en-200519.pdf.

49. THE Value of Belong at Work: New Frontiers for Inclusion in 2021 and Beyond. *BetterUp*. Disponível em: https://www.betterup.com/en-us/resources/reports/the-value-of-belonging-at-work-the-business-case-for-investing-in-workplace-inclusion.

50. WORKWELL: Living Your Best Life, At Work. YMCA, s. d. Disponível em: https://www.thisisy.ca/workwell/#lp-pom-block-8.

51. ITEM 10: I Have a Best Friend at Work. *Gallup, Workplace*, 26 de maio de 1999. Disponível em: https://www.gallup.com/workplace/237530/item-best-friend-work.aspx.

52. *Ibid.*

53. *Ibid.*

54. RATH, Tom; HARTER, Jim. Your Friends and Your Social Well-Being. *Gallup Business Journal*, 19 de agosto de 2010. Disponível em: https://news.gallup.com/businessjournal/127043/friends-social-wellbeing.aspx.

55. SHIROM, Arie *et al.* Work-Based Predictors of Mortality: A 20-Year Follow-up of Healthy Employees. *Health Psychology* 30, n. 3, 2011.

56. SCHAWBEL, Dan. *Back to Human: How Great Leaders Create Connection in the Age of Isolation*. Cambridge, MA: Da Capo Press, 2018.

57. BALLARD, Jaime. During COVID, Many Millennials Still Feel Lonely. *YouGov*, 1° de maio de 2020. Disponível em: https://today.yougov.com/topics/relationships/articles-reports/2020/05/01/loneliness-mental-health-coronavirus-poll-data.

58. KENNY, Emmy. Why Workplace Friendships Are Worth the Effort. *Milkround*, 22 de janeiro de 2021. Disponível em: https://www.milkround.com/advice/why-workplace-friendships-are-worth-the-effort.

59. CREATIVE Thinking and the Brain. *Harvard Health Letter*, dezembro de 2010. Disponível em: https://www.health.harvard.edu/newsletter_article/creative-thinking-and-the-brain.

60. KILDUFF, Gavin *et al.* The Psychology of Rivalry: A Relationally Dependent Analysis of Competition. *Academy of Management Journal* 53, n 5 (2010): 943-969.

61. CACIOPPO, John T.; HAWLEY, Louise C. Perceived Social Isolation and Cognition. *Trends in Cognitive Science* 13, n. 10 (2009): 447-454.

62. ITEM 10: I Have a Best Friend at Work. *Gallup, Workplace*, 26 de maio de 1999. Disponível em: https://www.gallup.com/workplace/237530/item-best-friend-work.aspx.

63. LEINEWEBER, Constanze *et al*. Interactional Justice at Work Is Related to Sickness Absence: A Study Using Repeated Measures in the Swedish Working Population. *BMC Public Health* 17, n. 1, 2017.

64. *Ibid*.

65. COMISSÃO DE DIREITOS HUMANOS DE ONTÁRIO. Resolving Human Rights Issues in the Workplace. 2008. Disponível em: https://www.ohrc.on.ca/en/iv-human-rights-issues-all-stages-employment/12-resolving-human-rights-issues-workplace.

66. WINGFIELD, Adia Harvey. The Disproportionate Impact of Covid-19 on Black Health Care Workers in the U.S. *hbr.org*, 14 de maio de 2020. Disponível em: https://hbr.org/2020/05/the-disproportionate-impact-of-covid-19-on-black-health-care-workers-in-the-u-s.

67. CLARK, Tiana. This Is What Black Burnout Feels Like. *BuzzFeed News*, 11 de janeiro de 2019. Disponível em: https://www.buzzfeednews.com/article/tianaclark poet/millennial-burnout-black-women-self-care-anxiety-depression.

68. HOLT, Brianna. Beyond Burnout. *The Cut*, 13 de agosto de 2020. Disponível em: https://www.thecut.com/article/black-women-on-burnout.html.

69. *Ibid*.

70. SAUNDERS, Elizabeth Grace. 6 Causes of Burnout, and How to Avoid Them. *hbr.org*, 5 de julho de 2019. Disponível em: https://hbr.org/2019/07/6-causes-of-burnout-and-how-to-avoid-them

71. KALLEBERG, Arne L. The Mismatched Worker: When People Don't Fit Their Jobs. *Academy of Management Perspectives* 22, n. 1 (2008): 24-40.

72. DELOITTE INSIGHTS. Millennials: The Overqualified Workforce. Deloitte Insights, janeiro de 2019. Disponível em: https://www2.deloitte.com/us/en/insights/economy/spotlight/economics-insights-analysis-01-2019.html.

73. TURNER, Camilla; RUDGARD, Olivia. Almost One in Three Graduates Are Overqualified for Their Job, Major Report Finds. *Telegraph*, 12 de setembro de 2018. Disponível em: https://www.telegraph.co.uk/education/2018/09/11/almost-one-three-graduates-overqualified-job-major-report-finds/.

74. DELOITTE INSIGHTS. Millennials: The Overqualified Workforce. Deloitte Insights, janeiro de 2019. Disponível em: https://www2.deloitte.com/us/en/insights/economy/spotlight/economics-insights-analysis-01-2019.html.

75. *Ibid*.

76. FRY, Richard. Share of Young Adults Not Working or in School Is at a 30-Year Low in U.S. *Pew Research Center*, 29 de outubro de 2019. Disponível em: https://www.pewresearch.org/fact-tank/2019/10/29/share-of-young-adults-not-working-or-in-school-is-at-a-30-year-low-in-u-s/.

77. TUITION Costs of Colleges and Universities. *National Center for Education Statistics*, s. d. Disponível em: https://nces.ed.gov/fastfacts/display.asp?id=76.

78. HARARI, Michael; MANAPRAGADA, Archana; VISWESVARAN, Chockalingam. Who Thinks They're a Big Fish in a Small Pond and Why Does It Matter? A Meta-analysis of Perceived Overqualification. *Journal of Vocational Behavior* 102 (outubro de 2017): 28-47.

79. *Ibid*.

80. *Ibid*.

81. PORTER, Terrence Jermyn. Employees' Responses to the Mismatch between Organizations' Espoused Values and Basic Assumptions about Organizational Culture. PhD dissertation, University of St. Thomas, St. Paul, MN, 2013. Disponível em: https://ir.stthomas.edu/cgi/viewcontent.cgi?article=1025&context=caps_ed_orgdev_docdiss.

82. SHELLENBARGER, Sue. The Dangers of Hiring for Cultural Fit. *Wall Street Journal*, 23 de setembro de 2019. Disponível em: https://www.wsj.com/articles/the-dangers-of-hiring-for-cultural-fit-11569231000.

CAPÍTULO 2

1. FREUDENBERGER, Herbert J. Staff Burn-Out. *Journal of Social Issues* 30, n. 1 (inverno de 1974): 1-7.

2. THOMPSON, E. R. Development and Validation of an International English Big-Five Mini-Markers. *Personality and Individual Differences* 45, n. 6 (2008): 542-548.

3. MAYLOR, Sharon Maylor. *The Relationship Between Big Five Personality Traits and Burnout*: A Study among Correctional Personnel. PhD dissertation, Walden University: Minneapolis, MN, 2018. Disponível em: https://scholarworks.waldenu.edu/cgi/viewcontent.cgi?article=6214&context=dissertations.

4. MARK, Gloria *et al.* Neurotics Can't Focus: An In Situ Study of Online Multitasking in the Workplace. *In:* Proceedings of the 2016 CHI Conference on Human Factors in Computing Systems, maio de 2016, 1739-1744.

5. FLETCHER, Jason M. The Effects of Personality Traits on Adult Labor Market Outcomes. *Journal of Economic Behavior and Organization* 89 (2013): 122-135.

6. CANLI, Turhan. Functional Brain Mapping of Extraversion and Neuroticism: Learning from Individual Differences in Emotion Processing. *Journal of Personality* 72 (2005): 1105-1132.

7. CAIN, Susan. *O poder dos quietos*: Como os tímidos e introvertidos podem mudar um mundo que não para de falar. Rio de Janeiro: Agir, 2013.

8. OWENS, Molly. Personality Type and Career Achievement. *Typefinder*, fevereiro de 2015. Disponível em: https://www.truity.com/sites/default/files/PersonalityType-CareerAchievementStudy.pdf.

9. LAYMAN, Elizabeth; GUYDEN, Janet A. Reducing Your Risk of Burnout. *Health Care Supervisor* 15, n. 3 (1997): 57-69.

10. STOEBER, Joachim; OTTO, Kathleen. Positive Conceptions of Perfectionism: Approaches, Evidence, Challenges. *Personality and Social Psychology Review* 10 (2006): 259-319.

11. HILL, Andrew P.; CURRAN, Thomas. Multidimensional Perfectionism and Burnout: A Meta-Analysis, *Personality and Social Psychology Review* 20, n. 3 (2016): 269-288.

12. BURNS, David. *Feeling Good*: The New Mood Therapy. Nova York: Quill, 2000.

13. BURNS, David. Secrets of Self-Esteem #2. *Feeling Good* (blog). Disponível em: https://feelinggood.com/2014/01/06/secrets-of-self-esteem-2-negative-and-positive-distortions/.

14. ORESKOVICH, Mick; ANDERSON, James Anderson. Physician Personalities and Burnout. *Bulletin of the American College of Surgeons*, 1° de junho de 2013. Disponível em: https://bulletin.facs.org/2013/06/personalities-and-burnout/.

15. GOTTLIEB, Scott. Patients Are at Risk Because of Nurses' Long Hours, Says Report. *British Medical Journal* 327, n. 7424 (15 de novembro de 2003): 1128.

16. STIMPFEL, Amy Witkoski; SLOANE, Douglas M.; AIKEN, Linda. The Longer the Shifts for Hospital Nurses, the Higher the Levels of Burnout and Patient Dissatisfaction. *Health Affairs* 31, n. 11 (novembro de 2012): 2501-2509.

17. BALL, Jane *et al.* The 12-Hour Shift: Friend or Foe?. *Nursing Times* 111, n. 6 (2015): 12-14.

18. GRIFFITHS, Peter Donald *et al.* Nurses' Shift Length and Overtime Working in 12 European Countries. *Medical Care*, setembro de 2014. Disponível em: https://www.researchgate.net/publication/265692122_Nurses'_Shift_Length_

and_Overtime_Working_in_12_European_Countries_The_Association_With_Perceived_Quality_of_Care_and_Patient_Safety.

19. WEN, Jin *et al.* Workload, Burnout, and Medical Mistakes among Physicians in China: A Cross-Sectional Study. *BioScience Trends* 2016 10, n. 1 (2016): 27-33.

20. BALCH, Charles M. *et al.* Personal Consequences of Malpractice Lawsuits on American Surgeons. *Journal of the American College of Surgeons* 213, n. 5 (novembro de 2011): 657-667.

21. MELNICK, Edward R. *et al.* The Association between Perceived Electronic Health Record Usability and Professional Burnout among US Physicians. *Mayo Clinic Proceedings* 95, n. 3 (2020): 476-487.

22. *Ibid.*

23. YALE UNIVERSITY. Obama Administration Pumped $27 Billion into Electronic Health Records — Doctors Give an 'F'. *SciTech Daily*, 17 de novembro de 2019. Disponível em: https://scitechdaily.com/obama-administration-pumped-27-billion-into-electronic-health-records-doctors-give-an-f/.

24. *Ibid.*

25. SHANAFELT, Tait D. *et al.* Changes in Burnout and Satisfaction with Work-Life Integration in Physicians and the General US Working Population between 2011 and 2017. *Mayo Clinic Proceedings* 94, n. 9 (1° de setembro de 2019): 1681-1694.

26. AMERICAN ACADEMY OF FAMILY PHYSICIANS. COVID-19 Is Increasing Physician Burnout. *Quick Tips* (blog), 18 de setembro de 2020. Disponível em: https://www.aafp.org/journals/fpm/blogs/inpractice/entry/covid_burnout_survey.html.

27. ELLISON, Edward M. Beyond the Economics of Burnout. *Annals of Internal Medicine*, 4 de junho de 2019. Vídeo disponível em: https://www.acpjournals.org/doi/10.7326/M19-1191.

28. VAN MOL, Margo M. C. *et al.* The Prevalence of Compassion Fatigue and Burnout among Healthcare Professional in Intensive Care Units: A Systematic Review, *PLOS ONE* 10, n. 8 (31 de agosto de 2015). Disponível em: https://journals.plos.org/plosone/article?id=10.1371/journal.pone.0136955.

29. Dr. LORNA BREEN HEROES FOUNDATION. Disponível em: https://drlornabreen.org/.

30. O'CONNOR, Maureen. A Doctor's Emergency. *Vanity Fair*, 17 de setembro de 2020. Disponível em: https://www.vanityfair.com/style/2020/09/will-lorna-breens-death-change-doctors-mental-health.

31. GARCIA, Emma; WEISS, Elaine. The Teacher Shortage Is Real, Large and Growing, and Worse Than We Thought. *Economic Policy Institute*, 26 de março de 2019. Disponível em: https://www.epi.org/publication/the-teacher-shortage-is-real-large-and-growing-and-worse-than-we-thought-the-first-report-in-the-perfect-storm-in-the-teacher-labor-market-series/.

32. LAMBERT, Keith. Why Our Teachers Are Leaving. *Education World*, s. d. Disponível em: https://www.educationworld.com/why-our-teachers-are-leaving.

33. UNESCO. The World Needs Almost 69 Million New Teachers to Reach the 2030 Education Goals. *UNESCO Institute for Statistics*, outubro de 2016. Disponível em: https://unesdoc.unesco.org/ark:/48223/pf0000246124.

34. SCHAFFHAUSER, Dian. Educators Feeling Stress, Anxious, Overwhelmed and Capable. *Journal*, 2 de junho de 2020. Disponível em: https://thejournal.com/articles/2020/06/02/survey-teachers-feeling-stressed-anxious-overwhelmed-and-capable.aspx.

35. KRANTZ-KENT, Rachel. Teachers' Work Patterns: When, Where, and How Much Do U.S. Teachers Work? *Monthly Labor Review* (março de 2008): 52-59.

36. ALLEGRETTO, Sylvia; MISHEL, Lawrence. The Teacher Pay Penalty Has Reached a New High. *Economic Policy Institute*, 5 de setembro de 2018. Disponível em: https://www.epi.org/publication/teacher-pay-gap-2018/; NATIONAL CENTER

FOR EDUCATION STATISTICS. Table 211.10: Average Total Income, Base Salary, and Other Sources of School and Nonschool Income for Full-Time Teachers in Public and Private Elementary and Secondary Schools, by Selected Characteristics: 2017-18. *Digest of Education Statistics*. Disponível em: https://nces.ed.gov/programs/digest/d19/tables/dt19_211.10.asp?current=yes.

37. REILLY, Katie. "I Work 3 Jobs and Donate Plasma to Pay the Bills." This Is What It's Like to Be a Teacher in America, *Time*, 24 de setembro de 2018. Disponível em: https://time.com/magazine/us/5394910/september-24th-2018-vol-192-no-12-u-s/.

38. COOPER, David; KROEGER, Teresa. Employers Steal Billions from Workers' Paychecks Each Year. *Economic Policy Institute*, 10 de maio de 2017. Disponível em: https://www.epi.org/publication/employers-steal-billions-from-workers-paychecks-each-year/.

39. NATIONAL EDUCATION ASSOCIATION. Teacher Compensation: Fact vs. Fiction. 1° de setembro de 2018. Disponível em: https://www.nea.org/resource-library/teacher-compensation-fact-vs-fiction.

40. KREKEL, Christian; WARD, George; DE NEVE, Jan-Emmanuel. Employee Well-being, Productivity, and Firm Performance: Evidence and Case Studies. *Global Happiness Council, Global Happiness and Well-Being Policy Report* 2019, apresentado no World Government Summit, Dubai, 10 de fevereiro de 2019, 39-42.

41. FOWLER, James H.; CHRISTAKIS, Nicholas A. Dynamic Spread of Happiness in a Large Social Network: Longitudinal Analysis over 20 Years in the Framingham Heart Study. *British Medical Journal* (2008). Disponível em: https://www.bmj.com/content/337/bmj.a2338.

42. GOLBERSTEIN, Ezra *et al*. Social Contagion of Mental Health: Evidence from College Roommates, *Health Economics* 22, n. 8 (2013): 965-986.

43. KANTOR, Jodi; STREITFELD, David. Inside Amazon: Wrestling Big Ideas in a Bruising Workplace. *New York Times*, 15 de agosto de 2015. Disponível em: https://www.nytimes.com/2015/08/16/technology/inside-amazon-wrestling-big-ideas-in-a-bruising-workplace.html.

44. KOUL, Parul; SHAW, Chewy. We Built Google. This Is Not the Company We Want to Work For, *New York Times*, 4 de janeiro de 2021. Disponível em: https://www.nytimes.com/2021/01/04/opinion/google-union.html.

45. MOSS, Jennifer. Disrupting the Tech Profession's Gender Gap. *Society of Human Resource Management*, 19 de maio de 2019. Disponível em: https://www.shrm.org/hr-today/news/all-things-work/pages/disrupting-the-tech-profession-gender-gap.aspx.

46. KLEIMAN, Rich. Jack Dorsey, podcast Out of the Office, s. d. Disponível em: https://podcasts.apple.com/us/podcast/episode-1-jack-dorsey/id1526 198958 ?i=1000487879010.

47. MOSS, Jennifer. When Passion Leads to Burnout. *hbr.org*, 1° de julho de 2019. Disponível em: https://hbr.org/2019/07/when-passion-leads-to-burnout.

48. VALLERAND, Robert J. *et al*. On the Role of Passion for Work in Burnout: A Process Model. *Journal of Personality* 78, n. 1 (fevereiro de 2010): 289-

CAPÍTULO 3

1. WALTON, Kathryn *et al*. Exploring the Role of Family Functioning in the Association between Frequency of Family Dinners and Dietary Intake among Adolescents and Young Adults. *JAMA Network Open*, 1° de novembro de 2018. Disponível em: https://jamanetwork.com/journals/jamanetworkopen/fullarticle/2715616.

2. SAKSENA, Michelle J. *et al*. American's Eating Habits: Food Away from Home. *Economic Information Bulletin* 196 (setembro de 2018). Disponível em: https://www.ers.usda.gov/webdocs/publications/90228/eib-196.pdf.

3. WANT to Eat Better and Live Longer? Learn to Cook. *Blue Zones*, abril de 2018. Disponível em: https://www.bluezones.com/2018/04/want-to-eat-better-and-live-longer-learn-to-cook/.

4. HOFFERTH, Sandra L.; SANDBERG, John F. How American Children Spend Their Time. *Journal of Marriage and Family* 63, n. 2 (2001): 295-308.

5. ELIAS, Jennifer. Google Is Accelerating Partial Reopening of Offices and Putting Limits on Future of Remote Work. *CNBC*, 31 de março de 2021. Disponível em: https://www.cnbc.com/2021/03/31/google-speeds-partial-office-reopening-and-puts-limits-on-remote-work.html.

6. MESSENGER, Haley. Google Delays Return to Offi ce, Announces Plan to Test "Flexible Work Week". *NBC News*, 14 de dezembro de 2020. Disponível em: https://www.nbcnews.com/business/business-news/google-delays-return-office-announces-plan-test-flexible-work-week-n1251194.

7. GIURGE, Laura M.; BOHNS, Vanessa K. 3 Tips to Avoid WFH Burnout. *hbr.org*, 3 de abril de 2020. Disponível em: https://hbr.org/2020/04/3-tips-to-avoid-wfh-burnout.

8. OSWALD, Andrew J. *et al.* Happiness and Productivity. *Journal of Labor Economics* 33, n. 4 (2015): 789-822.

9. WYLD, David. Do Happier Employees Really Stay Longer?. *Academy of Management Perspectives* 28, n. 1 (2014): 1-3; HAASE, Claudia M.; POULIN, Michael J.; HECKHAUSEN, Jutta. Happiness as a Motivator: Positive Affect Predicts Primary Control Striving for Career and Educational Goals. *Personality and Social Psychology Bulletin* 38, n. 8 (8 de maio de 2012): 1093-1104.

10. SHIN, Shung J. *et al.* Cognitive Team Diversity and Individual Team Member Creativity: A Cross-Level Interaction. *Academy of Management Journal* 55, n. 1 (2013). Disponível em: https://journals.aom.org/doi/abs/10.5465/amj.2010.0270; BARLING, Julian *et al.* Effects of Transformational Leadership Training on Attitudinal and Financial Outcomes: A Field Experiment. *Journal of Applied Psychology* 81, n. 6 (1996): 827-832; WANG, Hui *et al.* Leader-Member Exchange as a Mediator of the Relationship between Transformational Leadership and Followers' Performance and Organizational Citizenship Behavior. *Academy of Management Journal* 48, n. 3 (2005). Disponível em: https://journals.aom.org/doi/abs/10.5465/amj.2005.17407908.

11. BOEHM, Julia K.; LYUBOMIRSKY, Sonja. Does Happiness Promote Career Success?. *Journal of Career Assessment* 26, n. 2 (2018). Disponível em: http://sonjalyubomirsky.com/wp-content/themes/sonjalyubomirsky/papers/BLinpressb.pdf.

12. Namely. *HR Mythbusters*: The Reality of Work at Mid-Market Companies Worldwide. 2017. Disponível em: https://cdn2.hubspot.net/hubfs/228948/Namely%20HR%20Mythbusters%20Report.pdf.

13. SONNENTAG, Sabine. Psychological Detachment from Work during Leisure Time: The Benefits of Mentally Disengaging from Work. *Current Directions in Psychological Science* 21, n. 2 (março de 2012): 114-118.

14. ZUKEL, William J. *et al.* The Multiple Risk Factor Intervention Trial (MRFIT): I. Historical Perspectives. *Preventive Medicine* 10, n. 4 (1981): 387-401.

15. MCCARTHY, Justin. Taking Regular Vacations May Help Boost Americans' Well-Being. *Gallup Wellbeing*, 30 de dezembro de 2014. Disponível em: https://news.gallup.com/poll/180335/taking-regular-vacations-may-help-boost-americans.aspx.

16. LA PLACE, John. The EY Better You Survey Uncovers Benefits Preferences of Employed Adults and College Students. [Comunicado de Imprensa] *EY*, 25 de fevereiro de 2020. Disponível em: https://www.ey.com/en_us/news/2020/02/ey-better-you-survey-uncovers-benefits-preferences-of-employed-adults-and-students.

17. STRAUSS-BLASCHE, Gerhard *et al.* Does Vacation Enable Recuperation?

Changes in Well-Being Associated with Time Away from Work. *Occupational Medicine* 50, n. 3 (2000): 167-172.

18. CHIKANI, Vatsal *et al.* Vacations Improve Mental Health among Rural Women: The Wisconsin Rural Women's Health Study. *Wisconsin Medical Journal* 104, n. 6 (2005): 20-23.

19. GIURGE, Laura M.; WOOLLEY, Kaitlin. Don't Work on Vacation. Seriously. *hbr.org*, 22 de julho de 2020. Disponível em: https://hbr.org/2020/07/dont-work-on-vacation-seriously.

20. PENCAVEL, John. The Productivity of Working Hours. Documento de trabalho. Stanford University: Palo Alto, CA, abril de 2014. Disponível em: http://ftp.iza.org/dp8129.pdf.

21. *Ibid.*

22. GLOBAL WELLNESS INSTITUTE, 2018 GLOBAL WELLNESS ECONOMY MONITOR. Disponível em: https://globalwellnessinstitute.org/industry-research/2018-global-wellness-economy-monitor/.

23. STATISTA. Health and Fitness App Downloads Worldwide from 1st Quarter 2019 to 2nd Quarter 2020. s. d. Disponível em: https://www.statista.com/statistics/1127248/health-fitness-apps-downloads-worldwide/.

24. WEARABLE Fitness Trackers Market to Reach $48.2 Billion. *GlobeNewswire*, 28 de março de 2018. Disponível em: https://www.globenewswire.com/news-release/2018/03/28/1454453/0/en/Wearable-Fitness-Trackers-Market-to-Reach-48-2-Billion-by-2023-P-S-Market-Research.html.

25. HOW Fitness Trackers Can Improve Your Health. *Harvard Women's Health Watch*, Dezembro de 2015. Disponível em: https://www.health.harvard.edu/staying-healthy/how-fitness-trackers-can-improve-your-health.

26. SLOANE, Robert A. *et al.* Effectiveness of Activity Trackers with and without Incentives to Increase Physical Activity (TRIPPA): A Randomised Controlled Trial. *Lancet Diabetes and Endocrinology* 4, n. 12 (1 de dezembro de 2016): 983-995.

27. WANG, Rui. *Mental Health Sensing Using Mobile Phones.* Tese de doutorado, Dartmouth College. Hanover, NH, 29 de setembro de 2018. Disponível em: https://www.cs.dartmouth.edu/~campbell/dr_rui_wang_thesis-2018.pdf.

28. KLINE, Daniel B. Be Merry (But Not That Merry): A Guide to Office Holiday Parties. *Yahoo*, 4 de novembro de 2018. Disponível em: https://www.yahoo.com/news/merry-not-merry-guide-office-114600017.html.

29. RANDSTAD USA. What Do American Employees Really Want for the Holidays? Hint: Not a Cookie Swap. [Comunicado de Imprensa], 16 de novembro de 2017. Disponível em: https://rlc.randstadusa.com/press-room/press-releases/what-do-american-employees-really-want-for-the-holidays-hint-not-a-cookie-swap.

30. MOSS, Jennifer. Holidays Can Be Stressful. They Don't Have to Stress Out Your Team. *hbr.org*. 18 de dezembro de 2018. Disponível em: https://hbr.org/2018/12/holidays-can-be-stressful-they-dont-have-to-stress-out-your-team.

31. GERVIS, Zoya. A Lot of People Have Office Holiday Party Regrets. *New York Post*, 28 de novembro de 2018. Disponível em: https://nypost.com/2018/11/28/a-lot-of-people-have-office-holiday-party-regrets/.

32. GREENBERG QUINLAN ROSNER. Holiday Stress. [Comunicado de Imprensa], 12 de dezembro de 2006. Disponível em: https://www.apa.org/news/press/releases/2006/12/holiday-stress.pdf.

33. FEINSTEIN, P. J. An Office Holiday Party Survival Guide for Introverts and Shy People. *Muse*, s. d. Disponível em: https://www.themuse.com/advice/office-holiday-party-survival-guide-introvert-shy.

34. MOSS, Jennifer. Holidays Can Be Stressful. They Don't Have to Stress Out Your Team. *hbr.org*. 18 de dezembro de 2018. Disponível em: https://hbr.org/2018/12/holidays-can-be-stressful-they-dont-have-to-stress-out-your-team

35. MEAD, Rebecca. Cold Comfort: Tech Jobs and Egg Freezing. *New Yorker*, 17 de outubro de 2014. Disponível em: https://www.newyorker.com/news/daily-comment/facebook-apple-egg-freezing-benefits.

36. ETHICS COMMITEE OF THE AMERICAN SOCIETY FOR REPRODUCTIVE MEDICINE. Planned Oocyte Cryopreservation for Women Seeking to Preserve Future Reproductive Potential: An Ethics Committee Opinion. *Fertility and Sterility* 110, n. 6 (2018). Disponível em: https://www.asrm.org/globalassets/asrm/asrm-content/news-and-publications/ethics-committee-opinions/planned_oocyte_cryopreservation_for_women_seeking_to_preserve-pdfmembers.pdf.

CAPÍTULO 4

1. VITELES, Morris S. *Motivation and Morale in Industry*. Nova York: Norton, 1953.

2. HEINEMANN, Linda V.; HEINEMANN, Torsten. Burnout Research: Emergence and Scientific Investigation of a Contested Diagnosis. *SAGE Open*, janeiro-março 2017, 1-12.

3. LEITER, Michael P.; MASLACH, Christina. Areas of Worklife: A Structured Approach to Organizational Predictors of Job Burnout. *Em: PERREWE, Pamela L.; GANSTER*, Daniel C. (eds.). *Emotional and Physiological Processes and Positive Intervention Strategies*, vol. 3. Bingeley, UK: Emerald Insight, 2003, 91-134; MOSS, Jennifer. *Rethinking Burnout* (pesquisa). Disponível em: https://wlu.ca1.qualtrics.com/jfe/preview/SV_3n4KhcTKet5fsMJ?Q_SurveyVersionID=current&Q_CHL=preview.

4. A Message from the Maslach Burnout Inventory Authors. *Mind Garden*, 19 de março de 2019. Disponível em: https://www.mindgarden.com/blog/post/44-a-message-from-the-maslach-burnout-inventory-authors.

5. CAINDO NA REAL. Ben Stiller (dir.). Universal Pictures, 1994.

6. SCHAUFELI, Wilmar B. *et al*. The Measurement of Engagement and Burnout: A Two Sample Confirmatory Factor Analytic Approach. *Journal of Happiness Studies* 3 (2002): 71-92.

7. TARIS, Toon W.; YBEMA, Jan Fekke; VAN BEEK, Ilona. Burnout or Engagement: Identical Twins or Just Close Relatives?. *Burnout Research* 5 (junho de 2017): 3-11.

8. BAXTER, Leslie A.; MONTGOMERY, Barbara M. *Relating*: Dialogues and Dialectics. Nova York: Guilford Press, 1996.

9. KAHN, William A. Psychological Conditions of Personal Engagement and Disengagement at Work. *Academy of Management Journal* 33, n. 4 (2017). Disponível em: https://journals.aom.org/doi/abs/10.5465/256287.

10. *Ibid*.

11. ACHOR, Shawn Achor; GIELAN, Michelle. What Leading with Optimism Really Looks Like. *hbr.org*, 4 de junho de 2020. Disponível em: https://hbr.org/2020/06/what-leading-with-optimism-really-looks-like.

12. *Ibid*.

CAPÍTULO 5

1. GINO, Francesca. The Business Case for Curiosity. *Harvard Business Review* (setembro-outubro de 2018): 48-57.

2. *Ibid*.

3. LIVIO, Mario. Why Do We Ask Why?. *Psychology Today*, 23 de junho de 2017. Disponível em: https://www.psychologytoday.com/ca/blog/why/201706/why-do-we-ask-why.

4. *Ibid*.

5. *Ibid*.

6. KIDD, Celeste; HAYDEN, Benjamin Y. The Psychology and Neuroscience of

Curiosity. *Neuron* 88, n. 3 (4 de novembro de 2015): 449-460.

7. DI DOMENICA, Stefano I.; RYAN, Richard M. The Emerging Neuroscience of Intrinsic Motivation: A New Frontier in Self- Determination Research. *Frontiers in Human Neuroscience* 11 (24 de março de 2017). Disponível em: https://www.ncbi.nlm.nih.gov/pmc/articles/PMC5364176/.

8. REIO JR., Thomas G.; WISWELL, Albert. Field Investigation of the Relationship among Adult Curiosity, Workplace Learning, and Job Performance. *Human Resource Development Quarterly* 11, n. 1 (2001): 5-30.

9. KRZNARIC, Roman. Six Habits of Highly Empathic People. *Greater Good Magazine*, 27 de novembro de 2012. Disponível em: https://greatergood.berkeley.edu/article/item/six_habits_of_highly_empathic_people1.

10. HALPERN, Jodi. Empathy and Patient-Physician Conflicts. *Journal of General Internal Medicine* 22, n. 5 (2007): 696-700.

11. KASHDAN, Todd B. *et al.* Curiosity and Exploration: Facilitating Positive Subjective Experiences and Personal Growth Opportunities. *Journal of Personality Assessment* 82, n. 3 (2004): 291-305.

12. BERNS, Yancy. Best Company Culture 2019. *Comparably*, 10 de dezembro de 2019. Disponível em: https://www.comparably.com/news/best-company-culture-2019/.

13. BUSSING, Heather. ADP Women in STEM Profile: Martha Bird. *ADP Spark*, s. d. Disponível em: https://www.adp.com/spark/articles/2018/11/adp-women-in-stem-profile-martha-bird.aspx.

14. DUHIGG, Charles. What Google Learned from Its Quest to Build the Perfect Team. *New York Times*, 25 de fevereiro de 2016. Disponível em: https://www.nytimes.com/2016/02/28/magazine/what-google-learned-from-its-quest-to-build-the-perfect-team.html.

15. *Ibid.*

16. WHAT Is Scrum?. *Scrum.org*, s. d. Disponível em: https://www.scrum.org/resources/what-is-scrum.

17. TAKEUCHI, Hirotaka; NONAKA, Ikujiro. The New New Product Development Game. *Harvard Business Review* (janeiro de 1986): 137-146.

18. SCRUM GUIDES. Disponível em: https://scrumguides.org/.

19. SMALL Teams. *Published Patterns*, s. d. Disponível em: https://sites.google.com/a/scrumplop.org/published-patterns/product-organization-pattern-language/development-team/small-teams.

20. CLARK, Jill; BAKER, Trish. "It's Not Fair!" Cultural Attitudes to Social Loafing in Ethnically Diverse Groups. *Intercultural Communication Studies* 20 (2011): 124-140.

21. LIM, Beng-Chong; KLEIN, Katherine J. Team Mental Models and Team Performance: A Field Study of the Effects of Team Mental Model Similarity and Accuracy. *Journal of Organizational Behavior* 27, n. 4 (2006): 403-418.

22. POSITIVE PSYCHOLOGY CENTER. Perma Theory of Well-Being and Perma Workshops. University of Pennsylvania, 2021. Disponível em: https://ppc.sas.upenn.edu/learn-more/perma-theory-well-being-and-perma-workshops.

23. ONE-Third of Your Life Is Spent at Work. *Gettysburg College*, s. d. Disponível em: https://www.gettysburg.edu/news/stories?id=79db7b34-630c-4f49-ad32-4ab9ea48e72b&pageTitle=1%2F3+of+your+life+is+spent+at+work.

24. TWARONITE, Karyn. The Surprising Power of Simply Asking Coworkers How They're Doing. *hbr.org*, 28 de fevereiro de 2019. Disponível em: https://hbr.org/2019/02/the-surprising-power-of-simply-asking-coworkers-how-theyre-doing.

25. *Ibid.*

26. SANDERSON, Catherine A. *Social Psychology*. Hoboken, NJ: Wiley, 2009, 344.

27. GINO, Francesca. The Business Case for Curiosity. *Harvard Business Review* (setembro-outubro de 2018): 48-57.

28. MANN, Annamarie. Why We Need Best Friends at Work. *Gallup*, 15 de janeiro de 2018. Disponível em: https://www.gallup.com/workplace/236213/why-need-best-friends-work.aspx.

29. BETHEJA, Ruma. Here's How You Can Hire Curious Talent. *People Matters*, 3 de outubro de 2019. Disponível em: https://www.peoplemattersglobal.com/article/talent-acquisition/heres-how-you-can-hire-curious-talent-23321.

30. HORSTMEYER, Alison. Using Curiosity to Enhance Meaningfulness of Work. *Graziadio Business Review* 22, n. 2 (8 de agosto de 2019). Disponível em: https://gbr.pepperdine.edu/2019/08/using-curiosity-to-enhance-meaningfulness-of-work/.

CAPÍTULO 6

1. CENTER FOR ARMY LEADERSHIP, The U.S. Army Leadership Field Manual: Battle-Tested Wisdom for Leaders in Any Organization. Nova York: McGraw-Hill, 2004.

2. DOWD, Maureen. Lady of the Rings: Jacinda Rules. *New York Times*, 8 de setembro de 2018. Disponível em: https://www.nytimes.com/2018/09/08/opinion/sunday/jacinda-ardern-new-zealand-prime-minister.html.

3. MOSS, Jennifer. Making Your Workplace Safe for Grief. *hbr.org*, 6 de junho de 2017. Disponível em: https://hbr.org/2017/06/making-your-workplace-safe-for-grief.

4. MOTARJEMI, Yasmine Motarjemi. Société des Produits Nestlé SA (ex Nestec SA). Disponível em: https://assets.gov.ie/88067/21cee589-2411-4197-a280-7a9b6ef7f5dd.pdf.

5. MCMICHAEL, Benjamin J. The Failure of "Sorry": An Empirical Evaluation of Apology Laws, Health Care, and Medical Malpractice. *Lewis and Clark Law Review* 22, n. 4 (1° de março de 2019): 1199-1281.

6. SAITTA, Nicole; HODGE JR., Samuel D. Efficacy of a Physician's Words of Empathy: An Overview of State Apology Laws. *Journal of the American Osteopathic Association* 112 (2012): 302-306.

7. *Ibid.*

8. PIETRANGELO, Anne. The Effects of Stress on Your Body. *Healthline*, 29 de março de 2020. Disponível em: https://www.healthline.com/health/stress/effects-on-body#.

9. EDMONDSON, Amy. Psychological Safety, Trust, and Learning in Organizations: A Group-Level Lens. *ResearchGate*, outubro de 2011. Disponível em: https://www.researchgate.net/publication/268328210_Psychological_Safety_Trust_and _Learning_in_Organizations_A_Group-level_Lens.

10. EDMONSON, Amy. Creating Psychological Safety in the Workplace. *HBR Podcast*, 22 de janeiro de 2019. Disponível em: https://hbr.org/podcast/2019/01/creating-psychological-safety-in-the-workplace.

11. BANDURA, Albert. Toward a Psychology of Human Agency. *Perspectives on Psychological Science* 1, n. 2 (2006): 164-180.

12. *Ibid.*

13. KASHSAN, Todd B.; ROTTENBERG, Jonathan. Psychological Flexibility as a Fundamental Aspect of Health. *Clinical Psychology Review* 30, n. 7 (2010): 865-878.

14. LAMB, Danielle Jessica. *Examining Psychological Flexibility at the Individual, Team, and Leadership Levels in Crisis Resolution Teams*. PhD thesis, University College London, 2018. Disponível em: https://discovery.ucl.ac.uk/id/eprint/10043365/1/DL%20PhD%20thesis%20-%20final%20version.pdf.

15. THOMPSON, Brian. Experiential Avoidance and Its Relevance to PDST. *Portland Psychotherapy*, s. d. Disponível em: https://portlandpsychotherapytraining.

com/2012/09/22/experiential-avoidance-and-its-relevance-to-ptsd/.

16. SWAP, Walter *et al.* Using Mentoring and Storytelling to Transfer Knowledge in the Workplace. Journal of Management Information Systems 18, n. 1 (2001): 95-114.

17. WEICK, Karl E.; BROWNING, Larry D. Argument and Narration in Organizational Communication. *Journal of Management* 12, n. 2 (1986): 243-259.

18. AUVINEN, Tommi; AALTIO, Iiris; BLOMQVIST, Kirsimarja. Constructing Leadership by Storytelling — the Meaning of Trust and Narratives. *Leadership and Organization Development Journal* 34, n. 6 (23 de agosto de 2013): 496-514.

CAPÍTULO 7

1. DE NEVE, Jan-Emmanuel; WARD, George. Happiness at Work. *World Happiness Report*, 2017. Disponível em: https://s3.amazonaws.com/happiness-report/2017/HR17-Ch6_wAppendix.pdf.

2. DE NEVE, Jan-Emmanuel. Equation for Happiness. *Global HR Forum*, 2019, Disponível em: https://www.youtube.com/watch?v=bZKLvIBJtFc&.

3. HEYES, Anthony; SABERIAN, Soodeh. Temperature and Decisions: Evidence from 207,000 Court Cases. *American Economic Journal: Applied Economics* 11, n. 2 (2019): 238-265.

4. HIRSHLEIFER, David; SHUMWAY, Tyler. Good Day Sunshine: Stock Returns and the Weather. *Journal of Finance* 58, n. 3 (2003): 1009-1032; EDMANS, Alex *et al.* Sports Sentiment and Stock Returns. *Journal of Finance* 62, n. 4 (2007): 1967-1998.

5. SNYDER, Charles R. Hope Theory: Rainbows in the Mind. *Psychological Inquiry* 13, n. 4 (2002): 249-275.252

6. MCRAVEN, William H. *Commencement Address.* University of Texas em Austin, 19 de maio de 2014. Disponível em: https://www.youtube.com/watch?v=pxBQLFLei70.

7. BANDURA, Albert. Regulation of Cognitive Processes through Perceived Self-Efficacy. *Developmental Psychology* 25, n. 5 (1989): 729-735.

8. EMMONS, Robert A., MCCOLLOUGH, Michael E.; TSANG, Jo-Ann. The Assessment of Gratitude. *Em:* LOPEZ, S. J.; SNYDER, C. R. (eds.). *Positive Psychological Assessment:* A Handbook of Models and Measures. Washington, DC: American Psychological Association, 2003, 327-341.

9. NIEN, Jui-Ti *et al.* Mindfulness Training Enhances Endurance Performance and Executive Functions in Athletes: An Event-Related Potential Study. *Neural Plasticity* (28 de agosto de 2020). Disponível em: https://www.ncbi.nlm.nih.gov/pmc/articles/PMC7474752/.

10. OLAYA, Beatriz. Association between Traumatic Events and Post-Traumatic Disorder: Results from the ESEMeD-Spain Study. *Epidemiology and Psychiatric Sciences* 24, n. 2 (abril de 2015): 172-183.

11. TEDESCHI, Richard G.; CALHOUN, Lawrence G. Posttraumatic Growth: Conceptual Foundations and Empirical Evidence. *Psychological Inquiry* 15, n. 1 (2004): 1-18.

12. HONE, Lucy. 3 Secrets of Resilient People. *TEDxChristchurch*, agosto de 2019. Disponível em: https://www.ted.com/talks/lucy_hone_3_secrets_of_resilient_people?language=en.

13. ROKACH, Ami. Leadership and Loneliness. *International Journal of Leadership and Change* 2, n. 1 (2014): 48-58.

ÍNDICE

A

Abena Anim-Somuah 73–74
Abraham Maslow 30
absenteísmo 137
Adia Harvey Wingfield 72–73
Alan Ingham 200
Alan May 59–60, 121–122
Albert Bandura 227–229, 249
alinhamento pessoa-organização 78
alto desempenho 142–143
altruísmo 69–70
ambiente corporativo 28
  fatores higiênicos 29–30
  fatores motivacionais 29–30
  higiene do 28
Amy Edmondson 226–227
Amy Wrzesniewski 50
Andrew Campbell 147–148
Andrew Hill 90–91
Anita Williams Woolley 198
ansiedade 40
apoio social 65–68
aprendizado 46–47
Arianna Huffington 142–143
Arne L. Kalleberg 75–77
autoatualização 31
autocuidado 13–14, 16, 27–28, 240
autonomia 49

B

baby boomers 68
Barbara Montgomery 177–178
bem-estar 14, 116–117
  mercado do 144–148
Ben-Saba Hasan 157, 158
Brené Brown 252
burnout
  causas 14–16
  causas do 27
  definição 13
  estatísticas 20
  origem do 16
  origem do termo 24
  prevenção 27–28
  propensão ao 23–24

C

Carlos Mark Vera 54–56
Charles Duhigg 198
Christina Maslach 14, 28, 71–72, 165–166
Claudia M. Haase 136–137
competitividade 69–70
comportamento
  mudanças de 40
comunicação 22–23
confiança 22–23, 63–64
conformidade 214–218
Conor Heneghan 149–151
Constanze Eib 70–71
Corey Feist 93–94
crescimento
  de crescimento 31
crescimento pós-traumático 254
criatividade 44
culpabilização 27–28
culpa, sentimento de 43–44
cultura organizacional 131
cultura pervasiva 37
curiosidade 189
  epistêmica 191–192
  exercícios para 206
custos financeiros 12

D

Dan Schawbel 67–68, 156–157

David Burns 91
David Ricardo 172–174
David Whiteside 112–114
David Wyld 136–137
depressão 45, 117
desamparo aprendido 260–261
detox digital 38
De Volta às Conexões Humanas: Como Grandes Líderes Formam Vínculos na Era do Isolamento, livro 67–68
De Volta às Conexões Humanas, livro 156–157
diversidade 119–122
dívida estudantil 53
doenças mentais 39
dois fatores, teoria da 29–30
Dorothy Hisgrove 120–122

E

ecossistema, teoria do 113–114
educacional, sistema 109
Edward Ellison 97–100
Edward R. Melnick 95
eficácia 249
Elaine Davis 56
Elizabeth Grace Saunders 45, 75
Elon Musk 118
empatia 23, 190–191, 219, 252
  falta de 160–161
Employee Net Promoter Score (eNPS) 172
engajamento 175
escuta ativa 219
esforço e compensação 51–53
esperança, teoria da 248
estagiários 54–56
esteriótipos raciais 73
estresse 33–34
  aumento do 172
estressores 91–92
exaustão 17
expectativas
  gestão das 143
extroversão 86–87
Eyal Ronen 17

F

feedback 49, 58, 175
felicidade 116–117
Fitbit 148–151
flexibilidade emocional 239–240
flow, estado de 89, 124–125, 176–178
foco 44
força de trabalho 12
Francesca Gino 190, 204
Frederick Herzberg 29–30

G

generosidade 158
geração Z 39
Glassdoor 66–68
Gonzalo Shoobridge 35–36
Grande Potencial, livro 181–182
gratidão 61, 251
Great Place to Work 35–36

H

Herbert J. Freudenberger 83–84
hierarquia das necessidades 30
honestidade 63–64
humildade 23, 205
humor
  volatilidade no 40

I

Índice de Burnout de Maslach (MBI) 28
individualismo 62–64
inquietude 40
insatisfação 30
inteligência emocional 15–16, 211–212
introversão 86–87
  e liderança 87
  qualidades 87
Inventário de Burnout de Maslach (MBI) 164
irritabilidade 40

Isaura Gaeta 121–122

J

Jacinda Ardern 212–213
Jack Dorsey 122
James Anderson 92
James Fowler 116–117
James Park 148–151
Jamie Coakley 139–141, 229
Jane Dutton 50
Jeffrey Pfeffer 32
Jill Larsen 121–122
Jill Lepore 217–218
Jim Moss 170
Joachim Stoeber 89–90
job crafting 50
Joel Goh 32
John Pencavel 142–143
Jordan Grafman 158
Jorge Moll 158
jornada de trabalho 35–36
Julia Boehm 137
justiça, falta de 70

K

Kaitlin Woolley 142–143
Karoshi 12
Kathleen Otto 89–90

L

Laura Gallaher 47
Laura M. Giurge 142–143
Leslie Baxter 177–178
licença-maternidade 159–160
liderança 24, 41
  como dialogar melhor 46
  comportamentos saudáveis 134
  empática 23–24
  introvertidos 87
  ponto cego da 171–172
  solidão do comando 259–261
  transformacional 137
Linda Ham 47–49
lockdown 12, 42–44
longevidade 133–134
Lorna Breen 100–101
Louise Lambert 158–159

M

Mae West 51
Mark Zuckerberg 134
Martin Seligman 193, 202, 247–248
Matt Leon 177–178
Maurice Klein 150–151
Mayo Clinic 23–24
medicina 36–37, 93–94
medo de ficar de fora (FOMO) 124–125
Michael Gaynor 54–56
Michael Harari 76–77
Michael Leiter 14, 28
Mick Oreskovich 92
microexclusão 62–64
microgerenciamento 37, 45
  como reduzir 46
micropausas 44
Mihaly Csikszentmihalyi 176–178
millennials 21–23, 68
mindfullness 15–16
mindfulness 253
Mini Khroad 157
monotonia 49
Morrendo por um Salário, livro 32
motivação 29–30, 44
motivação-higiene, teoria da 29–30
movimento
  definição 29–30

N

nacionalismo 62–64
NASA 47–49, 215–218
necessidades
  de autoatualização 31
  deficitárias 30
  teoria das 30–31
neuroticismo 84–85
  vantagens 85
Nicholas Christakis 116–117
Nicolas A. Pologeorgis 55–56

O

O Cérebro e a Felicidade, livro 248
O Jeito Harvard de Ser Feliz, livro 181–182
O Poder dos Quietos: Como os tímidos e introvertidos podem mudar um mundo que não para de falar, livro 87
Organização Mundial da Saúde (OMS) 13–14
otimismo 250–251

P

pandemia 12, 20, 34, 232
parentalidade 43–44, 60
Patty McCord 78–79
perfeccionismo 89–90, 235–236
  características 91
  cuidados com o 92
polarização 62–64
Por Trás da Felicidade, livro 181–182
preguiça social 200
preocupação 40
privacidade 150–151
produtividade 11, 38–39, 44
professores e educadores 83–84, 104–108
progresso 217–218
propósito 240

Q

quociente emocional 212

R

Rebecca Mead 159–160
reconhecimento 51–53
relacionamentos 64, 124–125
  no trabalho 68
resiliência 15–16, 239–240, 250
responsabilidade moral 218
reuniões 17–20, 37–38
Rodrigo Araujo 112–114
rotatividade 78

S

saúde
  alimentar 133–134
  área da 93
  profissionais da 83–84
  prontuários eletrônicos 95
  psicológica 211–212
  REACH, programa 103
saúde mental 12, 39, 60, 117
  abordagem no trabalho 41
  conversar sobre 40–41
  desestigmatização 151
scrum 200
sensibilidade social 198
Shahram Heshmat 49
Sharon Maylor 84–85
Shawn Achor 181–182
small data 110–114, 156–157
socialização 228–229
soft skills 211–212
Sonja Lyubomirsky 137
sono
  privação de 52–53
Stefanos Zenios 32
Sue Shellenbarger 79
suicídios 12
Sundar Pichai 134
superqualificação 75–77
  consequências 78
Susan Cain 87
Susan Jackson 14, 28

T

teoria das necessidades 30–31
teoria de motivação dos dois fatores 58
Terrence Jermyn Porter 77–78
Thomas Curra 90–91
Tiana Clark 73–74
Timnit Gebru 119–122
Todd McKinnon 34
tomada de decisões 52–53
trabalho 12

abordagem integrada ao 23–24
amizades no 64
carga de 35–36
comportamentos a observar 124
cultura de 15–16
e estresse 35–36
e saúde mental 41
excesso de 35
faltas frequentes ao 40
higiene organizacional 159–160
injustiça no 70
local de 17–20
monotonia no 45
reconhecimento no 51–53
relacionamentos no 124–125
remoto 134
rotina de 184–185
semana de quatro dias 38–39
soluções no 36
trabalho híbrido, modelo 67–68
treinamentos 36–37

U

Utrecht Work Engagement Scale (UWES) 177–178

V

Vanessa Buote 112–114
vantagens comparativas, teoria das 172–174
viés de confirmação 204
vulnerabilidade 252

W

William Kahn 177–178
William Shakespeare 24
Wilmar Schaufeli 175

Y

yoga 15–16, 27–28

Z

Zahi Hawass 32
Zirui Song 145–148
Zoom 12

Este livro foi impresso nas oficinas gráficas da Editora Vozes Ltda.,
Rua Frei Luís, 100 – Petrópolis, RJ.